MINISTÈRE DE LA GUERRE

TRANSPORTS GÉNÉRAUX

ÉTAT DES DISTANCES

ET DES

CHANGEMENTS DE VOIE OU DE WAGON

ARRÊTÉ PAR LE MINISTRE

POUR L'EXÉCUTION ET LE DÉCOMPTE

DES TRANSPORTS DIRECTS

A PARTIR

Du 1er Trimestre 1859 jusqu'à l'expiration du Traité du 31 Décembre 1855.

PARIS

IMPRIMERIE RENOU ET MAULDE

144, RUE DE RIVOLI, 144

1859

MINISTÈRE DE LA GUERRE

TRANSPORTS GÉNÉRAUX

ÉTAT DES DISTANCES

ET DES

CHANGEMENTS DE VOIE OU DE WAGON

ARRÊTÉ PAR LE MINISTRE

POUR L'EXÉCUTION ET LE DÉCOMPTE

DES TRANSPORTS DIRECTS

A PARTIR

Du 1er Trimestre 1859 jusqu'à l'expiration du Traité du 31 Décembre 1855.

PARIS

IMPRIMERIE RENOU ET MAULDE

144, RUE DE RIVOLI, 144.

1859

TRANSPORTS GÉNÉRAUX DE LA GUERRE

ANNEXE

ÉTAT DES DISTANCES

ET

DES CHANGEMENTS DE VOIE OU DE WAGON

LIEUX DE DÉPART	DESTINATIONS	DISTANCES EN KILOMÈTRES		NOMBRE de CHANGEMENTS	LIEUX des CHANGEMENTS DE VOIE OU DE WAGON
		VOIES DE FER	VOIES DE TERRE		
Abbeville	Aire	212	15	1	Hazebrouck.
	Albert	75	»	2	
	Amiens	45	»	2	
	Arras	112	»	2	
	Beaumont	146	»	2	
	Beauvais	163	»	2	
	Béthune	112	30	1	Arras.
	Bergues	246	»	2	
	Bouchain	161	»	2	
	Boulogne	80	»	2	
	Calais	80	35	1	Boulogne.
	Cambrai	175	»	2	
	Camp de Châlons	370	»	2	Laon et Reims.
	Châlons-sur-Marne	358	»	2	Laon et Reims.
	Chalon-sur-Saône	575	»	2	Paris.
	Chauny	198	»	2	
	Clermont	116	»	2	
	Commercy	569	»	2	Laon et Reims.
	Compiègne	158	»	2	
	Creil	125	»	2	
	Dieppe	»	65	»	
	Douai	138	»	2	
	Doullens	»	41	»	
	Dunkerque	253	»	2	
	Épinal	603	»	2	Laon et Reims.
	Esquerdes	233	»	2	
	Fécamp	120	65	1	Dieppe.
	Havre (le)	132	65	1	Dieppe.
	Hazebrouck	212	»	2	
	Hesdin	»	37	»	
	Landrecies	221	»	2	
	Lille	171	»	2	
	Lyon	704	»	2	Paris.
	Mantes	249	»	2	Paris.
	Marseille	1056	»	2	Paris.
	Maubeuge	258	»	2	
	Metz	567	»	2	Laon et Reims.
	Mézières	372	»	2	Laon.
	Montreuil-sur-Mer	51	»	2	
	Nancy	528	»	2	Laon et Reims.
	Nantes	623	»	2	Paris.
	Paris	191	»	2	
	Pontoise	163	»	2	

LIEUX DE DÉPART	DESTINATIONS	DISTANCES EN KILOMÈTRES		NOMBRE de camionnages	LIEUX des changements de voie ou de wagon
		voies de fer	voies de terre		
Abbeville (suite)	Quesnoy (le)	173	17	1	Valenciennes.
	Reims	286	»	2	Laon.
	Rouen	61	65	1	Dieppe.
	Saint-Denis	186	»	2	
	Saint-Omer	233	»	2	
	Saint-Quentin	228	»	2	
	Saint-Valery-sur-Somme	20	»	2	
	Sedan	372	22	1	Laon et Mézieres.
	Soissons	158	37	1	Compiègne.
	Strasbourg	677	»	2	Laon et Reims.
	Toulon	1056	65	1	Paris et Marseille.
	Tours	429	»	2	Paris.
	Valenciennes	173	»	2	
	Verdun	469	54	1	Laon, Reims et Commercy.
	Vernon	272	»	2	Paris.
Agde	Aigues-Mortes	80	18	1	Cette et Lunel.
	Bédarieux	21	34	1	Béziers.
	Béziers	21	»	2	
	Cette	24	»	2	
	Marseille	232	»	2	Cette.
	Mèze	»	20	»	
	Montpellier	56	»	2	Cette.
	Nîmes	109	»	2	Cette.
	Paris	897	»	2	Cette.
	Perpignan	111	»	2	Narbonne.
	Rennes	1061	»	2	Bordeaux et Le Mans.
	Toulon	232	65	1	Cette et Marseille.
	Toulouse	196	»	2	
Agen	Angers	590	»	2	Bordeaux.
	Angoulême	269	»	2	Bordeaux.
	Argenton	371	95	2	Bordeaux, Périgueux et Limoges.
	Auch	»	74	»	
	Bayonne	334	»	2	Bordeaux.
	Blois	551	»	2	Bordeaux.
	Bordeaux	136	»	2	
	Bourges	710	»	2	Bordeaux.
	Brassac (Haute-Loire)	978	»	2	Bordeaux et Le Guétin.
	Cahors	71	62	1	Montauban.
	Castel-Sarrazin	52	»	2	
	Châteauroux	402	95	2	Bordeaux, Périgueux et Limoges.
	Châtellerault	415	»	2	Bordeaux.
	Clermont-Ferrand	924	»	2	Bordeaux et Le Guétin.
	Dax	284	»	2	Bordeaux.
	Étampes	663	»	2	Bordeaux.
	Eysse (Villeneuve-d'Agen)	»	27	»	
	Fumel	»	56	»	
	Gannat	883	»	2	Bordeaux et Le Guétin.
	Guéret	324	129	1	Bordeaux, Périgueux, Limoges et la Souterraine.
	Guétin (Le)	768	»	2	Bordeaux.
	Issoire	959	»	2	Bordeaux et Le Guétin.
	Issoudun	714	»	2	Bordeaux.
	Joigny	805	»	2	Bordeaux et Paris.
	Langon	94	»	2	

LIEUX DE DÉPART	DESTINATIONS	DISTANCES EN KILOMÈTRES — VOIES DE FER	DISTANCES EN KILOMÈTRES — VOIES DE TERRE	NOMBRE de CAMIONNAGES	LIEUX des CHANGEMENTS DE VOIE OU DE WAGON
Agen (suite)	La Rochelle	517	»	2	Bordeaux.
	Lempdes	984	»	2	Bordeaux et Le Guétin.
	Libourne	172	»	2	Bordeaux.
	Limoges	264	95	1	Bordeaux et Périgueux.
	Lyon	702	»	2	Cette.
	Marseille	549	»	2	Cette.
	Mazamet	212	47	1	Carcassonne.
	Montauban	71	»	2	
	Mont-de-Marsan	284	»	2	Bordeaux.
	Montpellier	373	»	2	Cette.
	Moulins	819	»	2	Bordeaux et Le Guétin.
	Nantes	678	»	2	Bordeaux.
	Nevers	779	»	2	Bordeaux et Le Guétin.
	Orléans	598	»	2	Bordeaux.
	Paris	719	»	2	Bordeaux.
	Pau	284	82	1	Bordeaux et Mont-de-Marsan.
	Périgueux	264	»	2	Bordeaux.
	Poitiers	384	»	2	Bordeaux.
	Rennes	744	»	2	Bordeaux et Le Mans.
	Riom	911	»	2	Bordeaux et Le Guétin.
	Roche-Chalais (La)	205	»	2	Bordeaux.
	Ruffec	317	»	2	Bordeaux.
	Saint-Germain-des-Fossés	859	»	2	Bordeaux et Le Guétin.
	Saint-Jean-d'Angély	269	64	1	Bordeaux et Angoulême.
	Saint-Maurice	284	18	1	Bordeaux et Mont-de-Marsan.
	Saumur	546	»	2	Bordeaux.
	Tarbes	»	148	»	
	Tonneins	40	»	2	
	Toulon	549	65	1	Cette et Marseille.
	Toulouse	122	»	2	
	Tours	583	»	2	Bordeaux.
	Tulle	264	101	1	Bordeaux et Périgueux.
	Varennes	847	»	2	Bordeaux et Le Guétin.
	Vierzonville	678	»	2	Bordeaux.
Aigues-Mortes	Béziers	101	18	1	Lunel et Cette.
	Lunel	»	18	»	
	Montpellier	24	18	1	Lunel.
	Nîmes	27	18	1	Lunel.
	Paris	811	18	1	Lunel.
	Toulouse	276	18	1	Lunel et Cette.
Aire	Amiens	169	15	1	Hazebrouck.
	Arras	101	15	1	Hazebrouck.
	Beauvais	287	15	1	Hazebrouck.
	Béthune	»	26	»	
	Boulogne	»	69	»	
	Châtellerault	621	15	1	Hazebrouck et Paris.
	Douai	75	15	1	Hazebrouck.
	Esquerdes	»	25	»	
	Hazebrouck	»	15	»	
	Hesdin	»	59	»	
	Helfaut	»	24	»	
	Lille	43	15	1	Hazebrouck.
	Paris	316	15	1	Hazebrouck.

LIEUX DE DÉPART	DESTINATIONS	DISTANCES EN KILOMÈTRES		NOMBRE de CAMIONNAGES	LIEUX des CHANGEMENTS DE VOIE OU DE WAGON
		VOIES DE FER	VOIES DE TERRE		
	Saint-Omer	»	18	»	
	Saint-Venant	»	25	»	
Aire (suite)	Sedan	360	37	»	Hazebrouck, Laon et Mézières.
	Tulle	717	164	»	Hazebrouck, Paris et Limoges.
	Valenciennes	111	15	1	Hazebrouck.
	Antibes	»	167	»	
	Arles	84	»	2	
	Avignon	119	»	2	
	Brignolles	»	57	»	
	Ciotat (La)	53	30	1	Marseille.
	Colmars (Basses-Alpes)	»	156	»	
	Dax	830	»	2	Cette et Bordeaux.
	Digne	»	119	»	
	Draguignan	»	103	»	
	Fort-de-Bouc	»	35	»	
	Gap	»	149	»	
	Grenoble	380	»	2	Saint-Rambert.
	Lapalud	170	»	2	
	Lyon	349	»	2	
	Marseille	53	»	2	
	Metz	989	»	2	Gray.
	Mont-Dauphin	»	209	»	
Aix	Montpellier	175	»	2	
	Nimes	125	»	2	
	Paris	861	»	2	
	Perpignan	344	»	2	Cette et Narbonne.
	Pont-Saint-Esprit	157	13	1	Mornas.
	Rognac	26	»	2	
	Romans	244	18	1	Valence.
	Saint-Chamas (Poudrerie)	46	»	2	
	Saint-Étienne	406	»	2	Lyon.
	Saint-Hippolyte	125	47	1	Nimes.
	Salon	»	34	»	
	Seyne (La)	»	152	»	
	Sisteron	»	102	»	
	Tarascon-sur-Rhône	98	»	2	
	Toulon	»	80	»	
	Toulouse	426	»	2	Cette.
	Valence	244	»	2	
	Uzès	125	22	1	Nimes.
	Vans (Les)	170	39	1	Alais.
	Alby	352	76	1	Cette et Toulouse.
	Arles	86	»	2	
	Auxonne	548	»	2	
	Avignon	93	»	2	
	Beaucaire	71	»	2	
Alais	Beaune	485	»	2	
	Besançon	614	»	2	
	Bourg	399	»	2	Lyon.
	Cette	128	»	2	
	Chalon-sur-Saône	454	»	2	
	Dijon	521	»	2	
	Dôle	569	»	2	

LIEUX DE DÉPART	DESTINATIONS	DISTANCES EN KILOMÈTRES		NOMBRE de CAMIONNAGES	LIEUX DES CHANGEMENTS DE VOIE ET DE WAGON
		VOIES DE FER	VOIES DE TERRE		
	Feurs	423	»	2	Lyon.
	Fontainebleau	777	»	2	
	Joigny	690	»	2	
	La Palud	145	»	2	
	Largentière	»	61	»	
	La Roche (Yonne)	675	»	2	
	Lyon	324	»	2	
	Mâcon	398	»	2	
	Marseille	172	»	2	
	Melun	792	»	2	
	Metz	944	»	2	Gray.
	Montbard	593	»	2	
	Montélimart	174	»	2	
	Montereau	757	»	2	
	Montpellier	100	»	2	
	Montrond	410	»	2	Lyon.
	Mornas	132	»	2	
	Narbonne	203	»	2	Cette.
	Nîmes	49	»	2	
	Nogent-sur-Seine	803	»	2	Montereau.
	Orange	127	»	2	
	Paris	836	»	2	
Alais (suite)	Perpignan	276	»	2	Cette et Narbonne.
	Plombières (Côte-d'Or)	520	»	2	
	Pont-Saint-Esprit	132	13	1	Mornas.
	Privas	»	102	»	
	Roanne	465	»	2	Lyon.
	Rognac	139	»	2	
	Romans	218	18	1	Valence.
	Saint-Chamas (Poudrerie)	124	»	2	
	Saint-Étienne	381	»	2	Lyon.
	Saint-Florentin	658	»	2	
	Saint-Hippolyte-du-Fort	49	47	1	Nîmes.
	Sens	723	»	2	
	Tarascon	73	»	2	
	Tonnerre	646	»	2	
	Toulon	172	65	1	Marseille.
	Toulouse	352	»	2	Cette.
	Tournus	428	»	2	
	Troyes	777	»	2	Gray.
	Uzès	49	22	1	Nîmes.
	Valence	233	»	2	
	Vans (Les)	»	39	»	
	Vienne	297	»	2	
	Villefranche (Rhône)	358	»	2	
	Aurillac	98	117	»	Saint-Antonin et Décazeville.
	Bayonne	458	49	1	St-Antonin, Montauban et Bordeaux
	Béziers	176	76	1	Toulouse.
	Bordeaux	260	49	1	Saint-Antonin et Montauban.
	Cahors	»	106	»	
Alby	Carcassonne	»	107	»	
	Castres	»	42	»	
	Châtellerault	539	49	1	St-Antonin, Montauban et Bordeaux
	Clermont-Ferrand	60	256	1	Lempdes.
	Grenoble	642	78	1	Toulouse, Cette et Saint-Rambert.
	Marseille	428	76	1	Toulouse et Cette.

LIEUX DE DÉPART	DESTINATIONS	DISTANCES EN KILOMÈTRES — VOIES DE FER	DISTANCES EN KILOMÈTRES — VOIES DE TERRE	NOMBRE de CAMIONNAGES	LIEUX des CHANGEMENTS DE VOIE OU DE WAGON
Alby (suite)	Milhau	»	109	»	
	Montauban	54	49	1	Saint-Antonin.
	Montpellier	252	76	1	Toulouse et Cette.
	Paris	843	49	1	St-Antonin, Montauban et Bordeaux.
	Perpignan	214	76	1	Toulouse et Narbonne.
	Provins	913	71	»	St-Antonin, Montauban, Bordeaux, Paris et Nangis.
	Rodez	»	80	»	
	Saint-Flour	»	202	»	
	Toulon	428	141	»	Toulouse, Cette et Marseille.
	Toulouse	»	76	»	
	Tulle	98	202	»	Saint-Antonin et Décazeville.
Albert	Amiens	32	»	2	
	Armentières	111	»	2	
	Arras	37	»	2	
	Bergues	170	»	2	
	Boulogne	154	»	2	
	Calais	200	»	2	
	Chauny	186	»	2	
	Clermont (Oise)	97	»	2	
	Compiègne	155	»	2	
	Creil	112	»	2	
	Douai	63	»	2	
	Dunkerque	178	»	2	
	Hazebrouck	137	»	2	
	Landrecies	156	»	2	
	Lille	96	»	2	
	Maubeuge	173	»	2	
	Montreuil-Verton	117	»	2	
	Paris	179	»	2	
	Pontoise	150	»	2	
	Saint-Denis	174	»	2	
	Saint-Omer	158	»	2	
	Saint-Quentin	215	»	2	
	Valenciennes	98	»	2	
Aldudes (Les)	Baigorry	»	15	»	
	Bayonne	»	77	»	
	Bedous	»	146	»	
	Saint-Jean-Pied-de-Port	»	17	»	
Alençon	Angers	263	»	2	Le Mans.
	Argentan	43	»	2	
	Arras	482	»	2	Paris.
	Bagnoles	»	47	»	
	Beaumont-sur-Sarthe	27	»	2	
	Beauvais	372	»	2	Paris.
	Bec-Hellouin	»	104	»	
	Bernay	»	85	»	
	Besançon	673	»	2	Paris.
	Blois	214	»	2	Le Mans.
	Bourges	382	»	2	Le Mans.
	Brest	218	247	1	Rennes.
	Caen	43	57	1	Argentan.

LIEUX DE DÉPART	DESTINATIONS	DISTANCES EN KILOMÈTRES		NOMBRE de CORRESPONDANCES	LIEUX des CHANGEMENTS DE VOIE OU DE MAINS
		VOIES DE FER	VOIES DE TERRE		
Alençon (suite)	Castres	815	53	1	Le Mans, Bordeaux et Castelnaudary
	Chartres	179	»	2	
	Cherbourg	175	87	2	Argentan et Caen.
	Compiègne	368	»	2	Paris.
	Dol (Ille-et-Vilaine)	218	55	1	Rennes.
	Dunkerque	623	»	2	Paris.
	Épinal	694	»	2	Paris et Nancy.
	Évreux	51	85	1	Bernay.
	Fontainebleau	330	»	2	Paris.
	Granville	63	131	1	Argentan.
	Havre (Le)	61	86	1	Argentan, Lisieux, Pont-l'Évêque et Honfleur.
	Honfleur	61	76	1	Argentan, Lisieux et Pont-l'Évêque.
	Huningue	786	»	2	Paris.
	La Ferté-Bernard	98	»	2	
	La Flèche	56	42	1	Le Mans.
	La Loupe	153	»	2	
	Lamballe	218	80	1	Rennes.
	La Rochelle	501	»	2	Le Mans.
	Laval	456	»	2	
	Lille	542	»	2	Paris.
	Lisieux	53	66	1	Argentan.
	Lyon	750	»	2	Le Mans et Le Guétin.
	Maintenon	199	»	2	
	Mamers	»	23	»	
	Mans (Le)	56	»	2	
	Mantes	323	»	2	Paris.
	Marseille	1092	»	2	Le Mans, Le Guétin et Lyon.
	Maubeuge	513	»	2	Paris.
	Melun	342	»	2	Paris.
	Moulins	490	»	2	Le Mans et Le Guétin.
	Nantes	359	»	2	Le Mans.
	Nancy	629	»	2	Paris.
	Napoléon-Vendée	350	71	1	Le Mans et Nantes.
	Neuf-Brisach	800	16	1	Paris et Colmar.
	Nevers	551	»	2	Le Mans et Le Guétin.
	Niort	334	»	2	Le Mans.
	Nogent-le-Rotrou	119	»	2	
	Orléans	270	»	2	Le Mans.
	Paris	267	»	2	
	Rambouillet	219	»	2	
	Rennes	218	»	2	
	Rouen	507	»	2	Paris.
	Saint-Avold	706	»	2	Paris.
	Saint-Brieuc	218	100	1	Rennes.
	Saint-Cyr	246	»	2	
	Saint-Denis	274	»	2	Paris.
	Saint-Germain-en-Laye	250	13	1	Versailles.
	Saint-Lô	73	92	1	Argentan, Caen et Bayeux.
	Saint-Maixent	311	»	2	Le Mans.
	Saint-Malo	218	79	1	Rennes.
	Sarreguemines	725	18	1	Paris et Forbach.
	Saumur	219	»	2	Le Mans.
	Sillé-le-Guillaume	93	»	2	
	Tarascon	992	»	2	Le Mans, Le Guétin et Lyon.
	Thionville	686	»	2	Paris.
	Tonneins	539	»	2	Le Mans et Bordeaux.

2

LIEUX DE DÉPART	DESTINATIONS	DISTANCES EN KILOMÈTRES VOIES DE MER	DISTANCES EN KILOMÈTRES VOIES DE TERRE	NOMBRE de CAMIONNAGES	LIEUX des CHANGEMENTS DE VOIE OU DE WAGON
Alençon (suite)	Toulon	1092	65	1	Le Mans, Le Guétin, Lyon et Marseille.
	Tours	155	»	2	Le Mans.
	Troyes	434	»	2	Paris.
	Tulle	550	89	1	Le Mans et Limoges.
	Valence	846	»	2	Le Mans, Le Guétin et Lyon.
	Valenciennes	546	»	2	Paris.
	Vendôme	106	58	1	Le Mans et Château-du-Loir.
	Vernon	347	»	2	Paris.
	Versailles	250	»	2	
	Vesoul	648	»	2	Paris.
Alfort	Mantes	67	»	2	
	Paris	»	7	»	
	Périgueux	606	»	2	
	Versailles	17	»	2	
Amboise	Angers	132	»	2	
	Auxonne	560	»	2	Paris.
	Blois	35	»	2	
	Bourges	203	»	2	
	Châteauroux	235	»	2	
	Dijon	538	»	2	Paris.
	Marseille	913	»	2	Le Guétin et Lyon.
	Nantes	219	»	2	
	Nevers	272	»	2	Le Guétin.
	Orléans	92	»	2	
	Paris	213	»	2	
	Poitiers	125	»	2	
	Rennes	285	»	2	Le Mans.
	Saint-Étienne	507	»	2	Le Guétin.
	Saumur	88	»	2	
	Strasbourg	715	»	2	Paris.
	Toulon	913	65	1	Le Guétin, Lyon et Marseille.
	Tours	25	»	2	
	Tulle	372	89	1	Limoges.
	Vierzon-Ville	172	»	2	
Amélie-les-Bains	Marseille	346	38	1	Perpignan, Narbonne et Cette.
	Paris	1011	38	1	Perpignan, Narbonne et Cette.
	Perpignan	»	38	»	
	Toulon	346	103	»	Perpignan, Narbonne, Cette et Marseille.
Amiens	Angers	493	»	2	Paris.
	Armentières	142	»	2	
	Arras	68	»	2	
	Bapaume	32	18	1	Albert.
	Beauvais	119	»	2	
	Bergues	201	»	2	
	Blois	328	»	2	Paris.
	Boulogne-sur-Mer	124	»	2	
	Bordeaux	731	»	2	Paris.
	Caen	386	»	2	Paris.
	Calais	231	»	2	

LIEUX DE DÉPART	DESTINATIONS	DISTANCES EN KILOMÈTRES		NOMBRE de changements	LIEUX des changements de voie ou de wagon
		voies de fer	voies de terre		
	Cambrai	131	»	2	
	Camp de Châlons	326	»	2	Laon et Reims.
	Chartres	236	»	2	Paris.
	Châteauroux	414	»	2	Paris.
	Châtellerault	453	»	2	Paris.
	Chauny	134	»	2	
	Clermont-Ferrand	595	»	2	Paris et le Guétin.
	Clermont (Oise)	66	»	2	
	Commercy	425	»	2	Laon et Reims.
	Compiègne	114	»	2	
	Creil	81	»	2	
	Dieppe	55	65	1	Abbeville.
	Douai	94	»	2	
	Doullens	»	30	»	
	Dunkerque	209	»	2	
	Fécamp	363	»	2	Paris.
	Givet	328	67	1	Laon et Mézières.
	Guingamp	522	131	1	Paris et Rennes.
	Ham	»	66	»	
	Havre (Le)	377	»	2	Paris.
	Hazebrouck	169	»	2	
	Hesdin	45	37	1	Abbeville.
	La Fère	168	»	2	
	Landrecies	177	»	2	
	Lille	127	»	2	
	Marseille	1012	»	2	Paris.
	Maubeuge	204	»	2	
	Metz	523	»	2	Laon et Reims.
Amiens (suite)	Mézières	328	»	2	Laon.
	Montdidier	36	14	1	Breteuil.
	Montreuil-sur-Mer	85	»	2	
	Nantes	579	»	2	Paris.
	Nevers	450	»	2	Paris et Le Guétin.
	Niort	562	»	2	Paris.
	Orléans	270	»	2	Paris.
	Paris	158	»	2	
	Péronne	32	25	1	Albert.
	Pontoise	119	»	2	
	Reims	242	»	2	Laon.
	Rennes	522	»	2	Paris.
	Rouen	288	»	2	Paris.
	Saumur	449	»	2	Paris.
	Saint-Denis	152	»	2	
	Saint-Omer	189	»	2	
	Saint-Quentin	184	»	2	
	Saint-Valéry-sur-Somme	64	»	2	
	Saint-Venant	68	50	1	Arras.
	Strasbourg	633	»	2	Laon et Reims.
	Thionville	550	»	2	Laon et Reims.
	Toulon	1012	64	1	Paris et Marseille.
	Tours	385	»	2	Paris.
	Valenciennes	129	»	2	
	Vendôme	328	32	1	Paris et Blois.
	Vernon	228	»	2	Paris.
	Versailles	165	»	2	Paris.
	Vesoul	529	»	2	Paris.
	Villers	328	»	2	Laon.

LIEUX DE DÉPART	DESTINATIONS	DISTANCES EN KILOMÈTRES		NOMBRE de CAMIONNAGES	LIEUX des CHANGEMENTS DE VOIE OU DE WAGON
		VOIES DE FER	VOIES DE TERRE		
Ancenis	Nantes	33	»	2	
	Rennes	»	101	»	
Andrézieux	Lyon	74	»	2	
	Montbrison	18	14	1	Montrond.
	Montrond	18	»	2	
	Moulins	178	»	2	
	Nevers	240	»	2	
	Roanne	70	»	2	
	Saint-Étienne	20	»	2	
Angers	Angoulême	322	»	2	
	Argenton	397	»	2	
	Auch	590	74	1	Bordeaux et Agen.
	Baugé	»	39	»	
	Bayonne	652	»	2	Bordeaux.
	Beaupréau	»	57	»	
	Blois	167	»	2	
	Bordeaux	454	»	2	
	Bourges	335	»	2	
	Brassac (Haute-Loire)	603	»	2	Le Guétin.
	Brest	428	286	1	Savenay.
	Caen	306	57	1	Le Mans et Argentan.
	Chartres	331	»	2	Le Mans.
	Châteauroux	367	»	2	
	Châtellerault	176	»	2	
	Chollet	»	60	»	
	Clermont-Ferrand	559	»	2	Le Guétin.
	Dax	603	»	2	Bordeaux.
	Dijon	660	»	2	Paris.
	Dôle	707	»	2	Paris.
	Épinal	772	»	2	Paris.
	Étampes	283	»	2	
	Falaise	306	22	1	Le Mans et Argentan.
	Fontenay-le-Comte	286	34	1	Niort.
	Gannat	508	»	2	Le Guétin.
	Guétin (Le)	391	»	2	
	Guingamp	73	205	»	Laval et Rennes.
	Issoire	584	»	2	Le Guétin.
	Issoudun	340	»	2	
	Langon	497	»	2	Bordeaux.
	La Flèche	»	56	»	
	La Rochelle	352	»	2	
	Laval	»	74	»	
	Libourne	420	»	2	
	Lourdes	602	118	1	Bordeaux et Mont-de-Marsan.
	Mans (Le)	207	»	2	
	Marseille	1042	»	2	Le Guétin et Lyon.
	Melun	390	»	2	Paris.
	Mézières	605	»	2	Paris et Reims.
	Montpellier	962	»	2	Bordeaux et Cette.
	Morlaix	73	260	»	Laval et Rennes.
	Moulins	442	»	2	Le Guétin.
	Nantes	88	»	2	
	Napoléon-Vendée	88	71	1	Nantes.

LIEUX DE DÉPART	DESTINATIONS	DISTANCES EN KILOMÈTRES		NOMBRE de CHANGEMENTS	LIEUX des CHANGEMENTS DE VOIE OU DE WAGON
		VOIES DE FER	VOIES DE TERRE		
Angers (suite)	Napoléonville	88	159	1	Nantes.
	Nevers	493	»	2	Le Guétin.
	Niort	280	»	2	
	Orléans	223	»	2	
	Paris	345	»	2	
	Parthenay	263	29	1	Saint-Maixent.
	Poitiers	299	»	2	
	Pouancé	»	69	»	
	Rennes	73	74	1	Laval.
	Riom	535	»	2	Le Guétin.
	Roanne	559	»	2	Le Guétin.
	Roche-Chalais (La)	386	»	2	
	Rouen	435	»	2	Paris.
	Ruffec	276	»	2	
	Saint-Brieuc	73	174	»	Laval et Rennes.
	Saint-Étienne	630	»	2	Le Guétin.
	Saint-Germain-en-Laye	367	»	2	Paris.
	Saint-Germain-des-Fossés	484	»	2	Le Guétin.
	Saint-Lô	337	92	1	Le Mans, Argentan, Caen et Bayeux.
	Saint-Maixent	263	»	2	
	Saint-Malo	73	134	»	Laval et Rennes.
	Saumur	45	»	2	
	Sées	283	»	2	Le Mans.
	Segré	»	36	»	
	Tonneins	351	»	2	Bordeaux.
	Toulon	1042	65	1	Le Guétin, Lyon et Marseille.
	Toulouse	711	»	2	Bordeaux.
	Tours	108	»	2	
	Tulle	503	89	1	Limoges.
	Vannes	128	76	1	Savenay.
	Varennes	471	»	2	Le Guétin.
	Vendôme	167	32	1	Blois.
	Vernon	425	»	2	Paris.
	Versailles	362	»	2	Paris.
	Vierzon	304	»	2	
Angoulême	Angoulême (poudrerie)	»	6	»	
	Argenton	197	103	1	Limoges.
	Auch	269	74	1	Bordeaux et Agen.
	Aurillac	590	68	1	Bordeaux, Montauban et Decazeville.
	Bayonne	351	»	2	Bordeaux.
	Blaye	133	50	1	Bordeaux.
	Blois	271	»	2	
	Bordeaux	133	»	2	
	Bourges	341	»	2	
	Brassac (Haute-Loire)	710	»	2	Le Guétin.
	Brest	475	247	1	Le Mans et Rennes.
	Cahors	339	62	1	Bordeaux et Montauban.
	Castel-Sarrasin	320	»	2	Bordeaux.
	Châteauroux	135	103	1	Limoges.
	Châtellerault	146	»	2	
	Clermont-Ferrand	654	»	2	Le Guétin.
	Coutras	84	»	2	
	Dax	281	»	2	Bordeaux.

LIEUX DE DÉPART	DESTINATIONS	DISTANCES EN KILOMÈTRES		NOMBRE de CAMIONNAGES	LIEUX des TRANSBORDEMENTS DE VOIE OU DE WAGON
		VOIES DE FER	VOIES DE TERRE		
Angoulême (suite)	Étampes	395	»	2	
	Fontenay-le-Comte	182	31	1	Niort.
	Gannat	614	»	2	Le Guétin.
	Gibaud (Le)	»	75	»	
	Grenoble	930	»	2	Le Guétin, Lyon et Saint-Rambert.
	Guéret	60	137	»	Limoges et La Souterraine.
	Guétin (Le)	499	»	2	
	Issoire	690	»	2	Le Guétin.
	Issoudun	445	»	2	
	Langon	175	»	2	Bordeaux.
	La Rochelle	253	»	2	
	Lempdes	715	»	2	Le Guétin.
	Libourne	98	»	2	
	Lille	725	»	2	Paris.
	Limoges	»	103	»	
	Lyon	796	»	2	Le Guétin.
	Marseille	817	»	2	Bordeaux et Cette.
	Moulins	548	»	2	Le Guétin.
	Nantes	509	»	2	
	Nevers	508	»	2	Le Guétin.
	Niort	182	»	2	
	Orléans	329	»	2	
	Paris	450	»	2	
	Pau	281	82	1	Bordeaux et Mont-de-Marsan.
	Phalsbourg	882	47	1	Paris et Sarrebourg.
	Périgueux	158	»	2	
	Poitiers	113	»	2	
	Riom	642	»	2	Le Guétin.
	Roanne	655	»	2	Le Guétin.
	Roche-Chalais (La)	65	»	2	
	Rochefort	256	»	2	
	Ruelle (fonderie de canons)	»	7	»	
	Ruffec	47	»	2	
	Saintes	»	71	»	
	Saint-Étienne	742	»	2	Le Guétin.
	Saint-Germain-des-Fossés	590	»	2	Le Guétin.
	Saint-Jean-d'Angely	»	65	»	
	Saumur	278	»	2	
	Strasbourg	952	»	2	Paris.
	Tarbes	281	99	1	Bordeaux et Mont-de-Marsan.
	Tonneins	230	»	2	Bordeaux.
	Tonnerre	647	»	2	Paris.
	Touvre	»	5	»	
	Toulon	847	65	1	Bordeaux, Cette et Marseille.
	Toulouse	390	»	2	Bordeaux.
	Tours	214	»	2	
	Tulle	158	101	1	Périgueux.
	Varennes	578	»	2	Le Guétin
	Vierzon	409	»	2	
Annonay	Lyon	55	21	1	Le Péage.
	Marseille	278	21	1	Saint-Vallier.
	Montélimart	77	21	1	Saint-Vallier.
	Paris	565	21	1	Le Péage.
	Valence	33	21	1	Saint-Vallier.

LIEUX DE DÉPART	DESTINATIONS	DISTANCES EN KILOMÈTRES		NOMBRE de [illegible]	LIEUX des CHANGEMENTS DE VOIE OU DE WAGON
		VOIES DE FER	VOIES DE TERRE		
Antibes	Avignon	119	167	1	Aix.
	Bayonne	880	167	1	Aix, Cette et Bordeaux.
	Besançon	638	167	1	Aix et Dijon.
	Bordeaux	682	167	1	Aix et Cette.
	Brignolles	»	119	»	
	Cannes	»	12	»	
	Châtellerault	964	167	1	Aix, Cette et Bordeaux.
	Digne	»	228	»	
	Draguignan	»	77	»	
	Entrevaux	»	173	»	
	Forcalquier	»	242	»	
	Gap	»	275	»	
	Grenoble	380	167	1	Aix et Saint-Rambert.
	Lyon	339	167	1	Aix.
	Marseille	»	178	»	
	Metz	960	167	1	Aix et Gray.
	Mont-Dauphin	»	335	»	
	Montpellier	175	167	1	Aix.
	Narbonne	277	167	1	Aix et Cette.
	Nîmes	125	167	1	Aix.
	Paris	861	167	1	Aix.
	Roanne	400	167	1	Aix et Lyon.
	Saint-Étienne	406	167	1	Aix et Lyon.
	Saint-Hippolyte	125	214	»	Aix et Nîmes.
	Saint-Raphaël	»	54	»	
	Saint-Tropez	»	80	»	
	Sisteron	»	228	»	
	Tarascon-sur-Rhône	98	167	1	Aix.
	Toulon	»	139	»	
	Toulouse	326	167	1	Aix et Cette.
	Valence	245	167	1	Aix.
	Vans (Les)	170	266	»	Aix et Alais.
Ardres	Calais	15	»	2	
	Douai	124	»	2	
	Lille	92	»	2	
	Nieulay (fort)	»	6	»	
	Paris	365	»	2	
	Saint-Omer	29	»	2	
	Valenciennes	159	»	2	
Argenton	Bayonne	433	95	2	Limoges, Périgueux et Bordeaux.
	Blois	233	»	2	
	Bordeaux	235	95	2	Limoges et Périgueux.
	Bourges	126	»	2	
	Brassac (Haute-Loire)	395	»	2	Le Guétin.
	Castel-Sarrazin	422	95	2	Limoges, Périgueux et Bordeaux.
	Châteauroux	32	»	2	
	Châtellerault	337	»	2	»
	Clermont-Ferrand	341	»	2	Le Guétin.
	Dax	383	95	2	Limoges, Périgueux et Bordeaux.
	Étampes	240	»	2	
	Gannat	306	»	2	Le Guétin.
	Guetin (Le)	184	»	2	

LIEUX DE DÉPART	DESTINATIONS	DISTANCES EN KILOMÈTRES		NOMBRE de TRANSBORDEMENTS	LIEUX des CHANGEMENTS DE VOIE OU DE WAGON
		VOIES DE FER	VOIES DE TERRE		
	Issoire	376	»	2	Le Guétin.
	Issoudun	69	»	2	
	Lempdes	391	»	2	Le Guétin.
	Langon	278	95	2	Limoges, Périgueux et Bordeaux.
	Libourne	260	95	2	Limoges et Périgueux.
	Limoges	107	»	2	
	Moulins	235	»	2	Le Guétin.
	Nantes	585	»	2	
	Nevers	192	»	2	Le Guétin.
Argenton (suite)	Orléans	174	»	2	
	Paris	296	»	2	
	Riom	328	»	2	Le Guétin.
	Roche-Chalais (La)	171	103	2	Limoges et Angoulême.
	Ruffec	80	103	2	Lothiers et Poitiers.
	Saumur	353	»	2	
	Saint-Germain-des-Fossés	276	»	2	Le Guétin.
	Tonneins	332	95	2	Limoges, Périgueux et Bordeaux.
	Tours	289	»	2	
	Varennes	263	»	2	Le Guétin.
	Vierzon	94	»	2	
	Auxonne	496	»	2	Dijon.
	Avignon	35	»	2	
	Beaucaire	18	»	2	
	Beaune	427	»	2	
	Besançon	555	»	2	Dijon.
	Bourg	341	»	2	Lyon.
	Cette	122	»	2	
	Chalon-sur-Saône	398	»	2	
	Dijon	463	»	2	
	Dôle	510	»	2	Dijon.
	Feurs	362	»	2	Lyon.
	Fontainebleau	719	»	2	
	Joigny	652	»	2	
	La Roche (Yonne)	617	»	2	
	Lapalud	86	»	2	
	Lunel	67	»	2	
Arles-sur-Rhône	Lyon	266	»	2	
	Mâcon	338	»	2	
	Marseille	86	»	2	
	Melun	734	»	2	
	Montbard	535	»	2	
	Montélimart	115	»	2	
	Montereau	699	»	2	
	Montpellier	91	»	2	
	Montrond	358	»	2	Lyon.
	Mornas	74	»	3	
	Nîmes	40	»	2	
	Nogent-sur-Seine	744	»	2	Montereau.
	Orange	64	»	2	
	Paris	778	»	2	
	Perpignan	260	»	2	Cette et Narbonne.
	Plombières (Côte-d'Or)	462	»	2	
	Pont-Saint-Esprit	74	13	4	Mornas.
	Roanne	407	»	2	Lyon.

LIEUX DE DÉPART	DESTINATIONS	DISTANCES EN KILOMÈTRES		NOMBRE de CHANGEMENTS	LIEUX des CHANGEMENTS DE VOIE OU DE WAGON
		VOIES DE FER	VOIES DE TERRE		
Arles-sur-Rhône (suite)	Rognac	59	»	2	
	Saint-Chamas (poudrerie)	38	»	2	
	Saint-Étienne	323	»	2	Lyon.
	Saint-Florentin	600	»	2	
	Saint-Gervais (fonderie)	160	55	1	Valence.
	Sens	665	»	2	
	Tarascon	15	»	2	
	Tonnerre	582	»	2	
	Toulon	86	65	1	Marseille.
	Toulouse	342	»	2	Cette.
	Tournus	370	»	2	
	Troyes	749	»	2	Dijon et Gray.
	Valence	160	»	2	
	Vienne	234	»	2	
	Villefranche (Rhône)	300	»	2	
	Voulte (La) (forges)	160	20	1	Valence.
Arles-sur-Tech	Bellegarde	»	34	»	
	Boulou (Le)	»	22	»	
	Perpignan	»	54	»	
Armentières	Arras	75	»	2	
	Bergues	59	»	2	
	Boulogne	265	»	2	
	Calais	89	»	2	
	Chauny	207	»	2	
	Clermont	208	»	2	
	Compiègne	257	»	2	
	Creil	223	»	2	
	Douai	49	»	2	
	Dunkerque	68	»	2	
	Hazebrouck	27	»	2	
	Landrecies	136	»	2	Busigny.
	Lille	17	»	2	
	Maubeuge	163	»	2	Busigny.
	Montreuil-sur-Mer	226	»	2	
	Paris	290	»	2	
	Pontoise	281	»	2	
	Saint-Denis	284	»	2	
	Saint-Omer	57	»	2	
	Saint-Quentin	132	»	2	
	Valenciennes	85	»	2	
Arras	Avesnes	110	19	1	Busigny et Landrecies.
	Bapaume	»	24	»	
	Bayonne	996	»	2	Paris et Bordeaux.
	Beauvais	186	»	2	
	Bergues	135	»	2	
	Bouchain	50	»	2	
	Boulogne	121	»	2	
	Calais	163	»	2	
	Cambrai	65	»	2	
	Camp de Châlons	305	»	2	Laon et Reims.
	Châlons-sur-Marne	281	»	2	Laon et Reims.

3

LIEUX DE DÉPART	DESTINATIONS	DISTANCES EN KILOMÈTRES		NOMBRE de CAMIONNAGES	LIEUX des CHANGEMENTS DE VOIE OU DE WAGON
		VOIES DE FER	VOIES DE TERRE		
Arras (suite)	Châlon-sur-Saône	598	»	2	Paris.
	Châteauroux	481	»	2	Paris.
	Châtellerault	520	»	2	Paris.
	Chauny	221	»	2	
	Clermont (Oise)	133	»	2	
	Compiègne	184	»	2	
	Creil	158	»	2	
	Dijon	530	»	2	Paris.
	Dôle	577	»	2	Paris et Dijon.
	Douai	26	»	2	
	Doullens	»	35	»	
	Dunkerque	143	»	2	
	Givet	110	125	1	Busigny et Landrecies.
	Ham	116	21	1	Saint-Quentin.
	Havre (Le)	444	»	2	Paris.
	Hazebrouck	101	»	2	
	Hesdin	»	55	»	
	La Fère	235	»	2	
	Landrecies	110	»	2	Busigny.
	Lille	60	»	2	
	Lunéville	584	»	2	Laon et Reims.
	Lyon	727	»	2	Paris.
	Mans (Le)	428	»	2	Paris.
	Mantes	272	»	2	Paris.
	Marseille	1079	»	2	Paris.
	Maubeuge	137	»	2	Busigny.
	Metz	598	»	2	Laon et Reims.
	Mézières	307	»	2	Laon.
	Montreuil-sur-Mer	152	»	2	
	Mutzig	656	34	1	Laon, Reims et Saverne.
	Nancy	551	»	2	Laon et Reims.
	Orléans	336	»	2	Paris.
	Paris	215	»	2	
	Péronne	»	44	»	
	Perpignan	1226	»	2	Paris, Cette et Narbonne.
	Pontoise	187	»	2	
	Rennes	589	»	2	Paris.
	Rouen	352	»	2	Paris.
	Saint-Denis	209	»	2	
	Saint-Lô	484	35	1	Paris et Bayeux.
	Saint-Omer	122	»	2	
	Saint-Quentin	116	»	2	
	Saint-Venant	»	42	»	
	Strasbourg	706	»	2	Laon et Reims.
	Toulon	1079	65	1	Paris et Marseille.
	Tours	452	»	2	Paris.
	Troyes	382	»	2	Paris.
	Valenciennes	61	»	2	
	Villers	307	»	2	Laon.
Attigny (Vosges)	Épinal	»	41	»	
	Metz	58	86	1	Nancy.
	Mutzig	»	155	»	
	Nancy	»	86	»	
	Paris	266	111	1	Joinville.
	Strasbourg	150	86	1	Nancy.

LIEUX DE DÉPART	DESTINATIONS	DISTANCES EN KILOMÈTRES		NOMBRE de CAMIONNAGES	LIEUX des CHANGEMENTS DE VOIE ET DE WAGON
		VOIES DE FER	VOIES DE TERRE		
Auch	Auxonne	810	77	1	Toulouse, Cette et Dijon.
	Bagnères-de-Bigorre	»	94	»	
	Bagnères-de-Luchon	»	123	»	
	Baréges	»	131	»	
	Bayonne	128	112	1	Mont-de-Marsan.
	Bordeaux	136	74	1	Agen.
	Caen	681	131	»	Agen, Bordeaux, Le Mans et Argentan.
	Cahors	»	145	»	
	Châteauroux	402	169	1	Agen, Bordeaux, Périgueux et Limoges.
	Châtellerault	415	74	1	Agen et Bordeaux.
	Dax	78	112	1	Mont-de-Marsan.
	Dôle	825	77	1	Toulouse, Cette et Dijon.
	Grenade-sur-l'Adour	»	98	»	
	Grenade-sur-Garonne	»	79	»	
	La Rochelle	517	74	1	Agen et Bordeaux.
	Libourne	172	74	1	Agen et Bordeaux.
	Limoges	264	169	»	Agen, Bordeaux et Périgueux.
	Lyon	581	77	1	Toulouse et Cette.
	Marseille	428	77	1	Toulouse et Cette.
	Meaux	763	74	1	Agen, Bordeaux et Paris.
	Mérignac	136	74	1	Agen.
	Metz	1142	74	1	Agen, Bordeaux et Paris.
	Montauban	»	83	»	
	Mont-de-Marsan	»	112	»	
	Montpellier	292	77	1	Toulouse et Cette.
	Moulins	819	74	1	Agen, Bordeaux et Le Guétin.
	Nîmes	305	77	1	Toulouse et Cette.
	Pamiers	»	140	»	
	Paris	719	74	1	Agen et Bordeaux.
	Pau	»	113	»	
	Périgueux	264	74	1	Agen et Bordeaux.
	Perpignan	214	77	1	Toulouse.
	Poitiers	382	74	1	Agen et Bordeaux.
	Saint-Jean-Pied-de-Port	128	172	»	Mont-de-Marsan et Bayonne.
	Saint-Maurice	»	137	»	
	Saumur	546	74	1	Agen et Bordeaux.
	Tarbes	»	74	»	
	Toul	1030	74	1	Agen, Bordeaux et Paris.
	Toulon	428	142	»	Toulouse, Cette et Marseille.
	Toulouse	»	77	»	
	Tours	483	74	1	Agen et Bordeaux.
	Tulle	263	175	»	Agen, Bordeaux et Périgueux.
	Versailles	736	74	1	Agen, Bordeaux et Paris.
	Vicens (Le)	»	94	»	
Auray	Brest	»	192	»	
	Nantes	40	94	1	Savenay.
	Napoléonville	»	40	»	
	Paris	374	122	1	Rennes.
	Port-Louis	»	33	»	
	Quiberon	»	26	»	
	Quimper	»	100	»	
	Rennes	»	122	»	
	Vannes	»	18	»	

LIEUX DE DÉPART	DESTINATIONS	DISTANCES EN KILOMÈTRES		NOMBRE DE CHANGEMENTS	LIEUX DES CHANGEMENTS DE VOIE ET DE WAGON
		VOIES DE FER	VOIES DE TERRE		
Aurillac	Bayonne	555	68	1	Décazeville, Montauban et Bordeaux.
	Bordeaux	357	68	1	Décazeville et Montauban.
	Cahors	50	129	»	Décazeville et Villefranche.
	Carcassonne	293	68	1	Décazeville et Montauban.
	Châteauroux	138	174	1	Limoges.
	Châtellerault	636	68	1	Décazeville, Montauban et Bordeaux.
	Clermont-Ferrand	60	108	1	Lempdes.
	Fontenay-le-Comte	672	99	»	Décazeville, Montauban, Bordeaux et Niort.
	Grenoble	486	108	1	Lempdes, Lyon et Saint-Rambert.
	Guéret	66	208	»	Limoges et La Souterraine.
	Limoges	»	174	»	
	Lyon	332	108	1	Lempdes.
	Marseille	633	68	1	Décazeville, Montauban et Cette.
	Mende	»	160	»	
	Montauban	151	68	1	Décazeville.
	Montpellier	457	68	1	Décazeville, Montauban et Cette.
	Moulins	167	108	1	Lempdes.
	Nevers	229	108	1	Lempdes.
	Nîmes	510	68	1	Décazeville, Montauban et Cette.
	Paris	508	108	1	Lempdes et Le Guétin.
	Périgueux	»	185	»	
	Perpignan	416	68	1	Décazeville et Montauban.
	Puy (Le)	»	187	»	
	Rodez	»	163	»	
	Saint-Flour	»	77	»	
	Toulon	633	153	»	Décazeville, Montauban, Cette et Marseille.
	Toulouse	292	68	1	Décazeville et Montauban.
	Tulle	»	85	»	
	Valence	538	108	1	Lempdes et Lyon.
Autun	Auxerre	217	59	1	Beaune.
	Auxonne	69	59	1	Beaune et Dijon.
	Beaune	»	59	»	
	Besançon	129	59	1	Beaune et Dijon.
	Bourges	68	193	1	Nevers et Le Guétin.
	Chalon-sur-Saône	»	54	»	
	Clermont-Ferrand	166	97	1	Moulins.
	Creusot (Le)	»	24	»	
	Dijon	37	59	1	Beaune.
	Dôle	85	59	1	Beaune et Dijon.
	Lyon	126	54	1	Chalon-sur-Saône.
	Mâcon	59	54	1	Chalon-sur-Saône.
	Moulins	»	97	»	
	Nevers	»	103	»	
	Orléans	180	103	1	Nevers et Le Guétin.
	Paris	352	59	1	Beaune.
	Roanne	»	133	»	
	Saint-Étienne	182	54	1	Chalon-sur-Saône et Lyon.
	Troyes	179	96	»	Beaune et Saint-Florentin.
Auxerre	Auxonne	214	»	2	Dijon.
	Avignon	607	»	2	

LIEUX DE DÉPART	DESTINATIONS	DISTANCES EN KILOMÈTRES		NOMBRE de CANTONNEMENTS	LIEUX des CHANGEMENTS DE VOIE OU DE WAGON
		VOIES DE FER	VOIES DE TERRE		
Auxerre (suite)	Bayonne	956	»	2	Paris et Bordeaux.
	Beaucaire	630	»	2	
	Beaune	210	»	2	
	Besançon	271	»	2	Dijon.
	Bordeaux	758	»	2	Paris.
	Bourg	342	»	2	Mâcon.
	Bourges	68	109	1	Nevers et Le Guétin.
	Camp de Châlons	257	47	2	Saint-Florentin et Troyes.
	Cette	737	»	2	
	Chalon-sur-Saône	248	»	2	
	Charité (La)	»	93	»	
	Châteauroux	162	109	1	Nevers et Le Guétin.
	Châtellerault	480	»	2	Paris.
	Dijon	153	»	2	
	Dôle	225	»	2	Dijon.
	Feurs	420	»	2	Lyon.
	Fontainebleau	116	»	2	
	Guéret	515	34	1	Paris et La Souterraine.
	Joigny	30	»	2	
	Lapalud	531	»	2	
	La Roche (Yonne)	20	»	2	
	Lille	450	»	2	Paris.
	Limoges	570	»	2	Paris.
	Lunel	682	»	2	
	Lyon	376	»	2	
	Mâcon	396	»	2	
	Marseille	728	»	2	
	Meaux	220	»	2	Paris.
	Melun	131	»	2	
	Metz	555	»	2	Montereau.
	Montbard	108	»	2	
	Montélimart	527	»	2	
	Montereau	96	»	2	
	Montpellier	705	»	2	
	Montrond	459	»	2	Lyon.
	Mornas	563	»	2	
	Moulins	63	109	1	Nevers.
	Nancy	516	»	2	Montereau.
	Nevers	»	109	»	
	Nîmes	655	»	2	
	Nogent-sur-Seine	142	»	2	
	Orange	579	»	2	
	Orléans	297	»	2	Paris.
	Paris	175	»	2	
	Perpignan	875	»	2	Cette et Narbonne.
	Plombières (Côte-d'Or)	175	»	2	
	Pont-Saint-Esprit	556	»	2	
	Provins	142	18	1	Nogent-sur-Seine.
	Rambouillet	223	»	2	Paris.
	Roanne	509	»	2	Lyon.
	Rognac	695	»	2	
	Saint-Chamas (poudrerie)	680	»	2	
	Saint-Étienne	433	»	2	Lyon.
	Saint-Florentin	37	»	2	
	Sens	62	»	2	
	Strasbourg	524	»	2	Dijon et Belfort.
	Tarascon	628	»	2	

LIEUX DE DÉPART	DESTINATIONS	DISTANCES EN KILOMÈTRES		NOMBRE de camionnages	LIEUX des changements de voie ou de wagon
		Voies de fer	Voies de terre		
	Tonnerre	62	»	2	
	Toulon	728	65	1	Marseille.
	Tournus	273	»	2	
Auxerre (suite)	Troyes	38	47	1	Saint-Florentin.
	Valence	482	»	2	
	Vienne	508	»	2	
	Villefranche (Rhône)	342	»	2	
	Vincennes	175	»	2	
	Avignon	469	»	2	Dijon.
	Beaucaire	486	»	2	Dijon.
	Beaune	69	»	2	Dijon.
	Belfort	156	»	2	
	Besançon	60	»	2	
	Bèze	»	42	»	
	Bourg	196	»	2	Dijon et Mâcon.
	Bourges	580	»	2	Dijon et Paris.
	Cette	590	»	2	Dijon.
	Chalon-sur-Saône	101	»	2	Dijon.
	Châtellerault	651	»	2	Dijon et Paris.
	Chaumont	128	»	2	Gray.
	Colmar	246	»	2	Belfort.
	Creusot (Le)	84	33	1	Dijon et Chagny.
	Dijon	32	»	2	
	Dôle	15	»	2	
	Épinal	121	67	1	Gray et Jussey.
	Feurs	326	»	2	Dijon et Lyon.
	Fontainebleau	288	»	2	Dijon.
	Fourchambeault	69	159	1	Dijon et Beaune.
	Gray	37	»	2	
	Grenoble	383	»	2	Dijon et Saint-Rambert.
	Guéret	689	35	1	Dijon, Paris et La Souterraine.
Auxonne	Huningue	232	»	2	Belfort.
	Joigny	201	»	2	Dijon.
	Joux (fort de)	54	47	1	Salins.
	La Fère	399	»	2	Gray, Reims et Laon.
	Langres	93	»	2	Gray.
	Lapalud	393	»	2	Dijon.
	La Roche (Yonne)	192	»	2	Dijon.
	La Rochelle	827	»	2	Dijon et Paris.
	Limoges	748	»	2	Dijon et Paris.
	Lons-le-Saulnier	15	52	1	Dôle.
	Lunel	535	»	2	Dijon.
	Lunéville	385	»	2	Gray.
	Lyon	229	»	2	Dijon.
	Mâcon	158	»	2	Dijon.
	Mans (Le)	558	»	2	Dijon et Paris.
	Marseille	581	»	2	Dijon.
	Maubeuge	502	»	2	Gray, Reims, Laon et Busigny.
	Melun	302	»	2	Dijon.
	Metz	391	»	2	Gray.
	Mézières	412	»	2	Gray et Reims.
	Montbard	104	»	2	Dijon.
	Montélimart	380	»	2	Dijon.
	Montereau	268	»	2	Dijon.
	Montpellier	558	»	2	Dijon.

LIEUX DE DÉPART	DESTINATIONS	DISTANCES EN KILOMÈTRES		NOMBRE de CAMIONNAGES	LIEUX des CHANGEMENTS DE VOIE OU DE WAGON
		VOIES DE FER	VOIES DE TERRE		
Auxonne (suite)	Montrand	314	»	2	Dijon et Lyon.
	Morlaix	721	186	1	Dijon, Paris et Rennes.
	Mornas	405	»	2	Dijon.
	Moulins	381	»	2	Dijon et Lyon.
	Mutzig	268	34	1	Belfort et Schélestadt.
	Nancy	352	»	2	Gray.
	Neuf-Brisach	246	16	1	Belfort et Colmar.
	Nevers	343	»	2	Dijon et Lyon.
	Nîmes	508	»	2	Dijon.
	Niort	761	»	2	Dijon et Paris.
	Nogent-sur-Seine	300	»	2	Dijon.
	Orange	432	»	2	Dijon.
	Paris	347	»	2	Dijon.
	Plombières (Côte-d'Or)	37	»	2	Dijon.
	Pont-Saint-Esprit	499	»	2	Dijon.
	Rennes	721	»	2	Dijon et Paris.
	Roanne	366	»	2	Dijon et Lyon.
	Rognac	518	»	2	Dijon.
	Saint-Chamas (poudrerie)	533	»	2	Dijon.
	Saint-Étienne	286	»	2	Dijon et Lyon.
	Saint-Florentin	174	»	2	Dijon.
	Salins	54	»	2	
	Sampigny	294	»	2	Gray.
	Schélestadt	268	»	2	Belfort.
	Sens	234	»	2	Dijon.
	Strasbourg	313	»	2	Belfort.
	Tarascon	481	»	2	Dijon.
	Tonnerre	150	»	2	Dijon.
	Toulon	581	65	1	Dijon et Marseille.
	Toulouse	810	»	2	Dijon et Cette.
	Tournus	126	»	2	Dijon.
	Troyes	224	»	2	Gray.
	Tulle	501	143	1	Dijon, Lyon et Clermont-Ferrand.
	Valence	335	»	2	Dijon.
	Vesoul	136	»	2	Gray.
	Vienne	261	»	2	Dijon.
	Villefranche (Rhône)	196	»	2	Dijon.
	Vincennes	347	»	2	Dijon.
	Vonges (poudrerie)	16	»	2	
Auzat	Conflans	»	95	»	
	Foix	»	29	»	
	Narbonne	59	114	1	Carcassonne.
	Perpignan	»	153	»	
Avesnes	Caen	458	19	1	Landrecies, Busigny et Paris.
	Cambrai	47	19	1	Landrecies et Busigny.
	Chauny	78	19	1	Landrecies et Busigny.
	Clermont (Oise)	166	19	1	Landrecies, Busigny et Creil.
	Compiègne	118	19	1	Landrecies et Busigny.
	Condé	93	32	»	Landrecies, Busigny et Valenciennes.
	Creil	151	19	1	Landrecies et Busigny.
	Douai	87	19	1	Landrecies et Busigny.
	Doullens	110	54	»	Landrecies, Busigny et Arras.
	Dunkerque	262	19	1	Landrecies et Busigny.

LIEUX DE DÉPART	DESTINATIONS	DISTANCES EN KILOMÈTRES		NOMBRE DE CAMIONNAGES	LIEUX DES CHANGEMENTS DE VOIE OU DE WAGON
		VOIES DE FER	VOIES DE TERRE		
Avesnes (suite)	La Fère	77	19	1	Landrecies et Busigny.
	Landrecies	»	19	»	
	Laon	99	19	1	Landrecies et Busigny.
	Lille	120	19	1	Landrecies et Busigny.
	Longwy	»	162	»	
	Maubeuge	»	18	»	
	Metz	432	19	1	Landrecies, Busigny, Laon et Reims
	Mézières	»	86	»	
	Montmédy	»	151	»	
	Mutzig	498	53	»	Landrecies, Busigny, Laon, Reims et Saverne.
	Paris	219	19	1	Landrecies et Busigny.
	Quesnoy (Le)	»	30	»	
	Rocroi	»	76	»	
	Rouen	356	19	1	Landrecies, Busigny et Paris.
	Saint-Denis	213	19	1	Landrecies et Busigny.
	Saint-Omer	182	19	1	Landrecies et Busigny.
	Saint-Quentin	49	19	1	Landrecies et Busigny.
	Sedan	»	108	»	
	Strasbourg	552	19	1	Landrecies, Busigny, Laon et Reims
	Valenciennes	93	19	1	Landrecies et Busigny.
Avignon	Beaucaire	28	»	2	
	Beaune	392	»	2	
	Besançon	520	»	2	Dijon.
	Béziers	175	»	2	Cette.
	Bordeaux	696	»	2	Cette.
	Bourg	306	»	2	Lyon.
	Camp de Châlons	749	»	2	Dijon et Gray.
	Castres	259	65	1	Cette et Carcassonne.
	Cette	130	»	2	
	Chalon-sur-Saône	361	»	2	
	Digne	119	111	1	Aix.
	Dijon	428	»	2	
	Dôle	475	»	2	Dijon.
	Draguignan	119	103	1	Aix.
	Feurs	327	»	2	Lyon
	Fontainebleau	685	»	2	
	Gap	»	187	»	
	Grenoble	262	»	2	Saint-Rambert.
	Joigny	597	»	2	
	Lapalud	52	»	2	
	La Roche-de-Glun	135	»	2	
	La Roche (Yonne)	582	»	2	
	Lille	1013	»	2	Dijon, Gray, Reims et Laon.
	Lunel	75	»	2	
	Lyon	231	»	2	
	Mâcon	303	»	2	
	Marseille	121	»	2	
	Melun	695	»	2	
	Metz	851	»	2	Dijon et Gray.
	Mézières	872	»	2	Dijon, Gray et Reims.
	Montbard	500	»	2	
	Montélimart	81	»	2	
	Montereau	665	»	2	
	Montpellier	98	»	2	
	Montrond	317	»	2	Lyon.

LIEUX DE DÉPART	DESTINATIONS	DISTANCES EN KILOMÈTRES		NOMBRE DE TRANSBORDEMENTS	LIEUX DES CHANGEMENTS DE VOIE OU DE WAGON
		VOIES DE FER	VOIES DE TERRE		
	Mornas	39	«	2	
	Moulins	480	«	2	Lyon.
	Narbonne	201	«	2	Cette.
	Nevers	542	«	2	Lyon.
	Nîmes	48	«	2	
	Nogent-sur-Seine	709	«	2	Montereau.
	Orange	29	«	2	
	Paris	743	«	2	
	Perpignan	268	«	2	Cette et Narbonne.
	Plombières (Côte-d'Or)	527	«	2	
	Pont-Saint-Esprit	39	13	1	Mornas.
	Privas	126	39	1	Valence.
	Roanne	371	«	2	Lyon.
	Rodez	571	41	1	Cette, Montauban et St-Christophe.
	Rognac	93	«	2	
	Romans	126	18	1	Valence.
	Saint-Chamas (poudrerie)	73	«	2	
Avignon (suite)	Saint-Étienne	288	«	2	Lyon.
	Saint-Florentin	565	«	2	
	Salon	«	47	«	
	Sens	625	«	2	
	Sisteron	«	140	«	
	Tarascon-sur-Rhône	21	«	2	
	Tarbes	350	151	1	Cette et Toulouse.
	Tonnerre	547	«	2	
	Toulon	121	65	1	Marseille.
	Toulouse	330	«	2	Cette.
	Tournus	335	«	2	
	Troyes	684	«	2	Dijon et Gray.
	Valence	126	«	2	
	Vans (Les)	93	39	1	Alais.
	Vichy	421	24	1	Lyon et Lapalisse.
	Vienne	199	«	2	
	Villefranche (Rhône)	265	«	2	
	Voulte (La) (forges)	126	20	1	Valence.
Avranches	Cherbourg	58	83	1	Carentan.
	Foix	«	42	«	
	Limoux	«	103	«	
Ax	Paris	840	124	1	Toulouse et Bordeaux.
	Perpignan	«	186	«	
	Tarascon (Ariège)	«	27	«	
	Bagnères-de-Luchon	«	81	«	
	Baréges	«	59	«	
	Bayonne	«	166	«	
	Foix	«	147	«	
Bagnères-de-Bigorre	Paris	731	120	1	Mont-de-Marsan et Bordeaux.
	Pau	«	50	«	
	Périgueux	276	120	1	Mont-de-Marsan et Bordeaux.
	Saint-Gaudens	«	56	«	
	Tarbes	«	21	«	
	Toulouse	«	144	«	

LIEUX DE DÉPART	DESTINATIONS	DISTANCES EN KILOMÈTRES		NOMBRE de CAMIONNAGES	LIEUX des CHANGEMENTS DE VOIE DE FER
		VOIES DE FER	VOIES DE TERRE		
	Foix	»	139½	»	
	Paris	850	136	1	Toulouse et Bordeaux.
Baguères-de-Luchon	Saint-Gaudens	»	43	»	
	Tarbes	»	89	»	
	Toulouse	»	136	»	
	Cambrai	»	30	»	
	Lille	60	22	1	Arras.
	Meaux	224	18	1	Albert et Paris.
Bapaume (Pas-de-Calais)	Paris	179	18	1	Albert.
	Péronne	»	18	»	
	Saint-Denis	173	18	1	Albert.
	Saint-Quentin	»	51	»	
	Valenciennes	61	24	1	Arras.
	Belfort	306	»	2	
	Blesmes	36	»	2	
	Bondy	244	»	2	
	Camp de Châlons	168	»	2	
	Châlons-sur-Marne	82	»	2	
	Château-Thierry	159	»	2	
	Châtellerault	559	»	2	Paris.
	Chaumont	126	»	2	
	Colmar	315	»	2	
	Commercy	41	»	2	
	Donjeux	93	»	2	
	Épernay	113	»	2	
	Fontainebleau	313	»	2	Paris.
	Forbach	205	»	2	
	Frouard	91	»	2	
	Haguenau	265	»	2	
	Laon	105	»	2	Reims.
	Lille	372	»	2	Reims, Laon et Busigny.
	Lunéville	132	»	2	
Bar-le-Duc	Meaux	216	»	2	
	Metz	139	»	2	
	Mézières	231	»	2	Reims.
	Montmédy	»	121	»	
	Mulhouse	357	»	2	
	Nancy	109	»	2	
	Orléans	376	»	2	Paris.
	Paris	254	»	2	
	Phalsbourg	178	17	1	Sarrebourg.
	Pont-à-Mousson	110	»	2	
	Reims	153	»	2	
	Saint-Avold	185	»	2	
	Saint-Dizier	54	»	2	
	Saint-Mihiel	41	19	1	Commercy.
	Sarrebourg	178	»	2	
	Saverne	205	»	2	
	Schélestadt	292	»	2	
	Strasbourg	249	»	2	
	Thann	366	»	2	
	Thionville	165	»	2	
	Toul	66	»	2	

LIEUX DE DÉPART	DESTINATIONS	DISTANCES EN KILOMÈTRES		NOMBRE de TRANSBORDEMENTS	LIEUX des [illegible]
		VOIES DE FER	VOIES DE TERRE		
Bar-le-Duc (suite)	Troyes	222	»	2	
	Verdun	»	69	»	
	Vitry-le-Français	49	»	2	
	Wissembourg	297	»	2	
Bar-sur-Aube	Châlons-sur-Marne	177	»	2	
	Chaumont	42	»	2	
	Clairvaux	14	»	2	
	Dijon	201	»	2	Gray.
	Paris	221	»	2	
	Troyes	55	»	2	
	Valenciennes	441	»	2	Reims, Laon et Busigny.
	Vesoul	161	»	2	
	Vincennes	221	»	2	
Barèges	Bayonne	»	185	»	
	Foix	»	206	»	
	Paris	731	156	1	Mont-de-Marsan et Bordeaux.
	Pau	»	78	»	
	Perpignan	214	203	1	Toulouse et Narbonne.
	Tarbes	»	57	»	
	Toulouse	»	203	»	
	Troyes	898	156	1	Mont-de-Marsan, Bordeaux et Paris.
Barentin	Bernay	202	»	2	
	Bonnières	88	»	2	
	Rueil	124	»	2	
	Dieppe	69	»	2	
	Évreux	151	»	2	
	Gaillon	64	»	2	
	Havre (Le)	72	»	2	
	Lisieux	233	»	2	
	Malaunay	8	»	2	
	Mantes	100	»	2	
	Paris	157	»	2	
	Rouen	17	»	2	
	Saint-Germain-en-Laye	122	12	1	Triel.
	Triel	122	»	2	
	Vernon	77	»	2	
	Yvetot	21	»	2	
Barre-des-Monts	Beauvoir-sur-Mer	»	7	»	
	Nantes	»	66	»	
	Napoléon-Vendée	»	66	»	
Bayonne	Béhobie	»	25	»	
	Belfort	1225	»	2	Bordeaux et Paris.
	Besançon	1187	»	2	Bordeaux, Paris et Dijon.
	Biarritz	»	8	»	
	Blaye	198	50	1	Bordeaux.
	Blois	604	»	2	Bordeaux.
	Bordeaux	198	»	2	

LIEUX DE DÉPART	DESTINATIONS	DISTANCES EN KILOMÈTRES		NOMBRE de TRANSBORDEMENTS	LIEUX des CHANGEMENTS DE VOIE OU DE WAGON
		VOIES DE FER	VOIES DE TERRE		
Bayonne (suite)	Boulogne-sur-Mer	1053	»	2	Bordeaux et Paris
	Bourges	772	»	2	Bordeaux.
	Brassac (Haute-Loire)	1051	»	2	Bordeaux et Le Guétin.
	Brest	780	286	1	Bordeaux et Savenay.
	Briançon	880	241	1	Bordeaux, Cette et Aix.
	Cahors	504	62	1	Bordeaux et Montauban.
	Calais	1159	»	2	Bordeaux et Paris.
	Came	»	45	»	
	Camp de Châlons	978	»	2	Bordeaux et Paris.
	Cannes	880	155	1	Bordeaux, Cette et Aix.
	Carcassonne	546	»	2	Bordeaux.
	Castel-Sarrazin	385	»	2	Bordeaux.
	Castres	510	53	1	Bordeaux et Castelnaudary.
	Cette	674	»	2	Bordeaux.
	Chartres	768	»	2	Bordeaux et Le Mans.
	Châteauroux	464	95	2	Bordeaux, Périgueux et Limoges.
	Châtellerault	477	»	2	Bordeaux
	Clermont-Ferrand	987	»	2	Bordeaux et Le Guétin.
	Collioure	668	26	1	Bordeaux, Narbonne et Perpignan.
	Dax	51	»	2	
	Digne	880	111	1	Bordeaux, Cette et Aix.
	Dijon	1096	»	2	Bordeaux et Paris.
	Dunkerque	1135	»	2	Bordeaux et Paris.
	Épinal	1208	»	2	Bordeaux et Paris.
	Espelette	»	17	»	
	Étampes	725	»	2	Bordeaux.
	Evreux	889	»	2	Bordeaux et Paris.
	Eysses (L'abbaye d')	295	34	1	Bordeaux et Tonneins.
	Foix	455	82	1	Bordeaux et Toulouse.
	Fontainebleau	840	»	2	Bordeaux et Paris.
	Fontenay-le-Comte	513	31	1	Bordeaux et Niort.
	Gannat	946	»	2	Bordeaux et Le Guétin.
	Grenoble	1066	»	2	Bordeaux, Cette et Saint-Rambert.
	Guétin (Le)	830	»	2	Bordeaux.
	Havre (Le)	1040	»	2	Bordeaux et Paris.
	Issoire	1022	»	2	Bordeaux et Le Guétin.
	Issoudun	776	»	2	Bordeaux.
	Langon	241	»	2	Bordeaux.
	Lapalud	856	»	2	Bordeaux et Cette.
	La Rochelle	579	»	2	Bordeaux.
	Lempdes	1047	»	2	Bordeaux et Le Guétin.
	Libourne	234	»	2	Bordeaux.
	Lille	1056	»	2	Bordeaux et Paris.
	Limoges	326	95	1	Bordeaux et Périgueux.
	Lorient	780	132	1	Bordeaux et Savenay.
	Lourdes	»	147	»	
	Lyon	1035	»	1	Bordeaux et Cette.
	Mâcon	1107	»	2	Bordeaux et Cette.
	Marseille	882	»	2	Bordeaux et Cette.
	Maubeuge	1027	»	2	Bordeaux et Paris.
	Mauléon	»	77	»	
	Meaux	828	»	2	Bordeaux et Paris.
	Metz	1174	»	2	Bordeaux et Paris.
	Mézières	1041	»	2	Bordeaux, Paris et Reims.
	Mirande	128	120	1	Mont-de-Marsan.
	Montauban	404	»	2	Bordeaux.
	Mont-Dauphin	880	210	1	Bordeaux, Cette et Aix.

LIEUX DE DÉPART	DESTINATIONS	DISTANCES EN KILOMÈTRES voies de fer	DISTANCES EN KILOMÈTRES voies de terre	NOMBRE de changements	LIEUX des changements de voie ou de wagon
Bayonne (suite)	Mont-de-Marsan	128	»	2	
	Montpellier	706	»	2	Bordeaux et Cette.
	Moulins	831	»	2	Bordeaux et Le Guétin.
	Nancy	1134	»	2	Bordeaux et Paris.
	Nantes	750	»	2	Bordeaux.
	Napoléon-Vendée	343	87	1	Bordeaux et Niort.
	Napoléonville	780	127	1	Bordeaux et Savenay.
	Navarreux	»	89	»	
	Nevers	842	»	2	Bordeaux et Le Guétin.
	Nîmes	759	»	2	Bordeaux et Cette.
	Niort	513	»	2	Bordeaux.
	Oloron	»	95	»	
	Orléans	609	»	2	Bordeaux.
	Orthez	»	67	»	
	Paris	781	»	2	Bordeaux.
	Pau	»	107	»	
	Périgueux	326	»	2	Bordeaux.
	Perpignan	668	»	2	Bordeaux et Narbonne.
	Peyrehorade	»	37	»	
	Poitiers	556	»	2	Bordeaux.
	Pont-Saint-Esprit	853	43	1	Bordeaux, Cette et Mornas.
	Portalet (fort)	»	141	»	
	Port-Louis	780	128	1	Bordeaux et Savenay.
	Puy (Le)	1057	64	1	Bordeaux, Le Guétin et Brioude.
	Rennes	806	»	2	Bordeaux et Le Mans.
	Riom	974	»	2	Bordeaux et Le Guétin.
	Ripault (Le) (poudrerie)	545	17	1	Bordeaux et Tours.
	Roche-Chalais (La)	267	»	2	Bordeaux.
	Rochefort	577	»	2	Bordeaux.
	Rouen	921	»	2	Bordeaux et Paris.
	Ruffec	379	»	2	Bordeaux.
	Saint-Béat	»	218	»	
	Saint-Chamas (poudrerie)	834	»	2	Bordeaux et Cette.
	Saint-Germain-des-Fossés	922	»	2	Bordeaux et Le Guétin.
	Saintes	331	71	1	Bordeaux et Angoulême.
	Saint-Étienne	1073	»	2	Bordeaux et Le Guétin.
	Saint-Étienne-de-Baigorry	»	70	»	
	Saint-Gaudens	»	210	»	
	Saint-Jean-de-Luz	»	20	»	
	Saint-Jean-Pied-de-Port	»	60	»	
	Saint-Malo	806	70	1	Bordeaux, Le Mans et Rennes.
	St-Médard-en-Jalle (poudrerie)	198	43	1	Bordeaux.
	Saint-Omer	1118	»	2	Bordeaux et Paris.
	Saint-Palais	»	53	»	
	Saumur	668	»	2	Bordeaux.
	Strasbourg	1283	»	2	Bordeaux et Paris.
	Tarbes	»	146	»	
	Tardets	»	88	»	
	Thionville	1204	»	2	Bordeaux et Paris.
	Tonneins	295	»	2	Bordeaux.
	Toulon	882	65	1	Bordeaux, Cette et Marseille.
	Toulouse	453	»	2	Bordeaux.
	Tours	545	»	2	Bordeaux.
	Troyes	936	»	2	Bordeaux et Paris.
	Tulle	326	161	1	Bordeaux et Périgueux.
	Urdos (forges)	»	171	»	
	Urrugne	»	25	»	

LIEUX DE DÉPART	DESTINATIONS	DISTANCES EN KILOMÈTRES		NOMBRE de CAMIONNAGES	LIEUX de CHANGEMENTS DE VOIE OU DE WAGON
		VOIES DE FER	VOIES DE TERRE		
Bayonne (suite)	Valence	929	»	2	Bordeaux et Cette.
	Valenciennes	1058	»	2	Bordeaux et Paris.
	Vannes	780	76	1	Bordeaux et Savenay.
	Vendôme	663	32	1	Bordeaux et Blois.
	Verdun	1076	54	1	Bordeaux, Paris et Commercy.
	Varennes	909	»	2	Bordeaux et Le Guétin.
	Vernon	881	»	2	Bordeaux et Paris.
	Villeneuve-d'Agen	295	35	1	Bordeaux et Tonneins.
	Vierzon	749	»	2	Bordeaux.
Beaucaire	Cette	107	»	2	
	Lapalud	77	»	2	
	Lunel	52	»	2	
	Lyon	257	»	2	
	Marseille	104	»	2	
	Montélimart	106	»	2	
	Montpellier	76	»	2	
	Mornas	65	»	2	
	Nîmes	26	»	2	
	Orange	55	»	2	
	Paris	769	»	2	
	Pont-saint-Esprit	65	13	1	Mornas.
	Roanne	389	»	2	Lyon.
	Rognac	77	»	2	
	Saint-Chamas (poudrerie)	56	»	2	
	Saint-Etienne	314	»	2	Lyon.
	Tarascon	5	»	2	
	Toulon	104	65	1	Marseille.
	Toulouse	328	»	2	Cette.
	Valence	151	»	2	
	Vienne	225	»	2	
	Villefranche (Rhône)	287	»	2	
Beaumont (**Oise**)	Chauny	96	»	2	
	Clermont	37	»	2	Creil.
	Compiègne	56	»	2	
	Creil	22	»	2	
	Douai	196	»	2	Creil.
	Paris	46	»	2	
	Saint-Quentin	125	»	2	
Beaumont (**Sarthe**)	Chartres	152	»	2	
	Ferté-Bernard (La)	71	»	2	
	Laval	119	»	2	
	Loupe (La)	116	»	2	
	Maintenon	172	»	2	
	Mans (Le)	29	»	2	
	Nogent-le-Rotrou	92	»	2	
	Paris	240	»	2	
	Rambouillet	192	»	2	
	Saint-Cyr	219	»	2	
	Sillé-le-Guillaume	65	»	2	
	Versailles	223	»	2	

LIEUX DE DÉPART	DESTINATIONS	DISTANCES EN KILOMÈTRES — VOIES DE FER	DISTANCES EN KILOMÈTRES — VOIES DE TERRE	NOMBRE de CAMIONNAGES	LIEUX des CHANGEMENTS DE VOIE OU DE WAGON
Beaune	Bourg	127	»	2	Mâcon.
	Cette	522	»	2	
	Châlon-sur-Saône	32	»	2	
	Dijon	37	»	2	
	Dôle	84	»	2	Dijon.
	Feurs	253	»	2	Lyon.
	Fontainebleau	293	»	2	
	Joigny	236	»	2	
	Laon	456	»	2	Dijon, Gray et Reims.
	Lapalud	335	»	2	
	La Roche (Yonne)	197	»	2	
	Lunel	467	»	2	
	Lyon	161	»	2	
	Mâcon	89	»	2	
	Marseille	513	»	2	
	Melun	308	»	2	
	Montbard	109	»	2	
	Montélimart	312	»	2	
	Montereau	273	»	2	
	Montpellier	490	»	2	
	Montrond	243	»	2	Lyon.
	Mornas	327	»	2	
	Nîmes	450	»	2	
	Nogent-sur-Seine	318	»	2	Montereau.
	Orange	365	»	2	
	Paris	352	»	2	
	Plombières (Côte-d'Or)	42	»	2	
	Pont-Saint-Esprit	344	»	2	
	Provins	318	18	1	Montereau et Nogent-sur-Seine.
	Roanne	293	»	2	Lyon.
	Rognac	479	»	2	
	Saint-Chamas (poudrerie)	465	»	2	
	Saint-Étienne	218	»	2	Lyon.
	Saint-Florentin	179	»	2	
	Sens	239	»	2	
	Tarascon	443	»	2	
	Tonnerre	155	»	2	
	Tournus	57	»	2	
	Troyes	179	57	1	Saint-Florentin.
	Valence	263	»	2	
	Vienne	193	»	2	
	Villefranche (Rhône)	127	»	2	
Beaupréau	Chollet	»	19	»	
	Fontevrault	»	93	»	
	Nantes	»	58	»	
	Napoléon-Vendée	»	84	»	
	Paris	345	57	1	Angers.
	Saumur	54	57	1	Angers.
	Tours	168	57	1	Angers.
Beauvais	Bec-Hellouin	285	19	1	Paris et Bernay.
	Boulogne-sur-Mer	252	»	2	Creil.
	Breteuil	»	28	»	
	Caen	345	»	2	Creil et Paris.

LIEUX DE DÉPART	DESTINATIONS	DISTANCES EN KILOMÈTRES		NOMBRE de CAMIONNAGES	LIEUX des CHANGEMENTS DE VOIE OU DE WAGON
		VOIE DE FER	VOIE DE TERRE		
Beauvais (suite)	Calais	349	»	2	Creil.
	Cambrai	193	»	2	Creil et Busigny.
	Camp de Châlons	283	»	2	Creil, Laon et Reims.
	Châlons-sur-Marne	261	»	2	Creil, Laon et Reims.
	Chartres	193	»	2	Creil et Paris.
	Châtellerault	410	»	2	Creil et Paris.
	Chauny	112	»	2	Creil.
	Compiègne	72	»	2	Creil.
	Dieppe	62	80	1	Rouen.
	Dreux	193	34	1	Creil, Paris et Chartres.
	Dunkerque	328	»	2	Creil.
	Eu	163	34	1	Creil et Abbeville.
	Évreux	213	»	2	Creil et Paris.
	Givet	285	67	1	Creil, Laon et Mézières.
	Havre (Le)	89	80	1	Rouen.
	La Fère	125	»	2	Creil.
	Laon	147	»	2	Creil.
	Lille	245	»	2	Creil.
	Lunéville	474	»	2	Creil, Laon et Reims.
	Mans (Le)	316	»	2	Creil et Paris.
	Marseille	909	»	2	Creil et Paris.
	Maubeuge	217	»	2	Creil.
	Meaux	150	»	2	Creil et Paris.
	Metz	380	»	2	Creil, Laon et Reims.
	Mézières	285	»	2	Creil et Laon.
	Nancy	441	»	2	Creil, Laon et Reims.
	Orléans	227	»	2	Creil et Paris.
	Paris	105	»	2	Creil.
	Reims	199	»	2	Creil et Laon.
	Rouen	»	80	»	
	Saint-Germain-en-Laye	127	»	2	Creil et Paris.
	Saint-Maixent	495	»	2	Creil et Paris.
	Saint-Omer	307	»	2	Creil.
	Saint-Quentin	157	»	2	Creil.
	Soissons	72	37	1	Creil et Compiègne.
	Tarbes	856	99	1	Creil, Paris, Bordeaux et Mont-de-Marsan.
	Toulon	969	65	1	Creil, Paris et Marseille.
	Valenciennes	247	»	2	Creil.
	Vernon	185	»	2	Creil et Paris.
	Versailles	122	»	2	Creil et Paris.
Beauvoir-sur-Mer	Napoléon-Vendée	»	59	»	
	Noirmoutiers	»	24	»	
Bec-Hellouin	Bernay	»	19	»	
	Brionne	»	4	»	
	Caen	78	19	1	Bernay.
	Cambrai	382	19	1	Bernay, Paris et Busigny.
	Évreux	51	19	1	Bernay.
	Falaise	80	54	»	Bernay et Caen.
	Givet	419	86	»	Bernay, Paris et Mézières.
	Havre (Le)	»	63	»	
	Melun	204	19	1	Bernay et Paris.
	Paris	159	19	1	Bernay.
	Rennes	293	79	1	Bernay, Lisieux et Argentan.

LIEUX DE DÉPART	DESTINATIONS	DISTANCES EN KILOMÈTRES VOIES DE FER	DISTANCES EN KILOMÈTRES VOIES DE TERRE	NOMBRE de CAMIONNAGES	LIEUX des CHANGEMENTS DE VOIE OU DE MAINS
Bec-Hellouin (suite)	Rouen	»	46	»	
	Sées	54	79	1	Bernay, Lisieux et Argentan.
	Saint-Lô	110	54	»	Bernay et Bayeux.
	Tarascon-sur-Rhône	923	19	1	Bernay et Paris.
	Toul	579	19	1	Bernay et Paris.
	Vernon	135	19	1	Bernay.
	Versailles	176	19	1	Bernay et Paris.
Belfort	Besançon	96	»	2	
	Châtellerault	738	»	2	Paris.
	Chaumont	181	»	2	
	Colmar	90	»	2	
	Compiègne	504	»	2	Reims et Laon.
	Dijon	188	»	2	
	Ensisheim	90	26	1	Colmar.
	Épinal	32	65	1	Lure.
	Faverney	83	»	2	
	Fontenay-le-Comte	857	34	1	Paris et Niort.
	Gray	181	»	2	
	Havre (Le)	672	»	2	Paris.
	Huningue	70	»	2	
	Ile-sur-le-Doubs	38	»	2	
	Langres	146	»	2	
	Lille	606	»	2	Reims, Laon et Busigny.
	Lons-le-Saulnier	142	52	1	Dôle.
	Lunéville	272	»	2	
	Lyon	385	»	2	Dijon.
	Marseille	737	»	2	Dijon.
	Metz	362	»	2	
	Mulhouse	49	»	2	
	Mutzig	142	34	1	Schélestadt.
	Nancy	305	»	2	
	Neuf-Brisach	90	16	1	Colmar.
	Paris	443	»	2	
	Provins	333	18	1	Nogent-sur-Seine.
	Saint-Maixent	833	»	2	Paris.
	Saint-Mihiel	347	19	1	Commercy.
	Saint-Omer	668	»	2	Reims, Laon et Busigny.
	Sampigny	347	»	2	
	Saumur	744	»	2	Paris.
	Schélestadt	112	»	2	
	Strasbourg	157	»	2	
	Thann	67	»	2	
	Torteron	225	182	1	Dijon et Beaune.
	Toulon	737	65	1	Dijon et Marseille.
	Troyes	277	»	2	
	Verdun	347	54	1	Commercy.
	Vesoul	62	»	2	
	Vincennes	443	»	2	
Bellegarde (Pyrénées-Orientales)	Boulou (Le)	»	12	»	
	Las-Illas	»	5	»	
	Perpignan	»	34	»	
	Villefranche	»	82	»	

LIEUX DE DÉPART	DESTINATIONS	DISTANCES EN KILOMÈTRES		NOMBRE de CAMIONNAGES	LIEUX des CHANGEMENTS DE VOIE OU DE WAGON
		VOIES DE FER	VOIES DE TERRE		
Bercy	Charenton	»	4	»	
	Châteauroux	265	»	2	
	Lyon	511	»	2	
	Marseille	863	»	2	
	Meaux	45	»	2	
	Paris	»	6	»	
	Sampigny	295	»	2	
	Toulon	863	65	1	Marseille.
	Vernon	80	»	2	
	Vincennes	»	8	»	
Bergues	Boulogne	95	35	1	Calais.
	Calais	95	»	2	
	Chauny	354	»	2	Busigny.
	Clermont	267	»	2	
	Compiègne	315	»	2	Busigny.
	Creil	281	»	2	
	Douai	108	»	2	
	Dunkerque	9	»	2	
	Esquerdes	53	»	2	
	Hazebrouck	33	»	2	
	Landrecies	194	»	2	Busigny.
	Lille	76	»	2	
	Maubeuge	221	»	2	Busigny.
	Montreuil-Verton	134	35	2	Calais et Boulogne.
	Paris	349	»	2	
	Pontoise	320	»	2	
	Saint-Denis	343	»	2	
	Saint-Omer	53	»	2	
	Saint-Quentin	201	»	2	Busigny.
	Strasbourg	694	»	2	Busigny, Laon et Reims.
	Valenciennes	143	»	2	
Bernay	Beuil	78	»	2	
	Bonnières	114	»	2	
	Caen	80	»	2	
	Dieppe	247	»	2	
	Évreux	51	»	2	
	Gaillon	138	»	2	
	Havre (Le)	275	»	2	
	Lisieux	31	»	2	
	Malaunay	195	»	2	
	Mantes	102	»	2	
	Paris	159	»	2	
	Rouen	182	»	2	
	Saint-Germain-en-Laye	124	12	1	Triel.
	Triel	124	»	2	
	Vernon	125	»	2	
	Yvetot	224	»	2	
Besançon	Baume-les-Dames	33	»	2	
	Beaune	129	»	2	Dijon.
	Bordeaux	989	»	2	Dijon et Paris.
	Bourbonne-les-Bains	181	23	1	Gray et Jussey

LIEUX DE DÉPART	DESTINATIONS	DISTANCES EN KILOMÈTRES		NOMBRE DE CHANGEMENTS	LIEUX DES CHANGEMENTS DE VOIE OU DE WAGON
		VOIES DE FER	VOIES DE TERRE		
Besançon (suite)	Bourg	256	»	2	Dijon et Mâcon.
	Bourges	640	»	2	Dijon et Paris.
	Brest	780	247	1	Dijon, Paris et Rennes.
	Caen	655	»	2	Dijon et Paris.
	Calais	784	»	2	Dijon et Paris.
	Camp de Châlons	349	»	1	Gray.
	Cette	650	»	2	Dijon.
	Châlons-sur-Marne	322	»	2	Gray.
	Chalon-sur-Saône	161	»	2	Dijon.
	Châtellerault	711	»	2	Dijon et Paris.
	Chaumont	158	»	2	Gray.
	Clermont-Ferrand	561	»	2	Dijon et Lyon.
	Colmar	186	»	2	Belfort.
	Commercy	354	»	2	Gray.
	Compiègne	507	»	2	Dijon et Paris.
	Creusot (Le)	161	40	»	Dijon et Châlon-sur-Saône.
	Dijon	92	»	2	
	Dôle	46	»	2	
	Douai	581	»	2	Gray, Reims, Laon et Busigny.
	Embrun	443	142	1	Dijon, Saint-Rambert et Grenoble.
	Épinal	128	65	1	Belfort et Lure.
	Favernay	179	»	2	Belfort.
	Fontainebleau	347	»	2	Dijon.
	Feurs	386	»	2	Dijon et Lyon.
	Fort Belin	86	»	2	
	Gray	»	44	»	
	Grenoble	443	»	2	Dijon et Saint-Rambert.
	Hâvre (Le)	635	»	2	Dijon et Paris.
	Huningue	172	»	2	Belfort.
	Isle-sur-le-Doubs	58	»	2	
	Joigny	261	»	2	Dijon.
	Langres	193	»	2	Gray.
	Lapalud	429	»	2	Dijon.
	La Roche (Yonne)	252	»	2	Dijon.
	La Rochelle	886	»	2	Dijon et Paris.
	Lille	613	»	2	Gray, Reims, Laon et Busigny.
	Limoges	807	»	2	Dijon et Paris.
	Lons-le-Saunier	46	52	1	Dôle.
	Lunel	595	»	2	Dijon.
	Lunéville	368	»	2	Belfort.
	Lyon	289	»	2	Dijon.
	Mâcon	218	»	2	Dijon.
	Marsal	368	27	1	Belfort et Lunéville.
	Marseille	641	»	2	Dijon.
	Maubeuge	563	»	2	Gray, Reims et Laon.
	Meaux	451	»	2	Dijon et Paris.
	Melun	302	»	2	Dijon.
	Metz	451	»	2	Gray.
	Mézières	472	»	2	Gray et Reims.
	Montbard	163	»	2	Dijon.
	Montbéliard	79	»	2	
	Mont-Dauphin	443	161	1	Dijon, Saint-Rambert et Grenoble.
	Montélimart	440	»	2	Dijon.
	Montereau	328	»	2	Dijon.
	Montpellier	618	»	2	Dijon.
	Montrond	374	»	2	Dijon et Lyon.

LIEUX DE DÉPART	DESTINATIONS	DISTANCES EN KILOMÈTRES		NOMBRE de CAMIONNAGES	LIEUX des CHANGEMENTS DE VOIE OU DE WAGON
		VOIES DE FER	VOIES DE TERRE		
	Mornas	476	»	2	Dijon.
	Moulins	538	»	2	Dijon et Lyon.
	Mutzig	208	34	1	Belfort et Schelestadt.
	Mulhouse	145	»	2	Belfort.
	Nancy	401	»	2	Belfort.
	Neuf-Brisach	186	16	1	Belfort et Colmar.
	Nevers	600	»	1	Dijon et Lyon.
	Nîmes	568	»	2	Dijon.
	Nogent-sur-Seine	373	»	2	Dijon.
	Orange	492	»	2	Dijon.
	Orléans	527	»	2	Dijon et Paris.
	Paris	406	»	2	Dijon.
	Pierre-Châtel	319	20	1	Dijon, Mâcon et Rossillon.
	Perpignan	768	»	2	Dijon, Cette et Narbonne.
	Plombières (Vosges)	128	58	1	Belfort et Lure.
	Pontarlier	»	58	»	
	Pont-de-Roide	58	16	1	L'Isle-sur-le-Doubs.
	Pont-Saint-Esprit	469	»	2	Dijon.
	Provins	373	18	1	Dijon, Montereau et Nogent-sur-Seine.
	Rennes	780	»	2	Dijon et Paris.
	Roanne	430	»	2	Dijon et Lyon.
	Rognac	608	»	2	Dijon.
	Rousses (Les)	86	68	1	Salins.
	Saint-André (fort)	86	»	2	
	Saint-Chamas (poudrerie)	593	»	2	Dijon.
	Saint-Dizier (poudrerie)	260	»	2	Gray.
	Saint-Étienne	346	»	2	Dijon et Lyon.
	Saint-Florentin	234	»	2	Dijon.
Besançon (suite)	Saint-Flour	621	48	1	Dijon, Lyon et Lempdes.
	Saint-Mihiel	354	19	1	Gray et Commercy.
	Saint-Omer	677	»	2	Gray, Reims, Laon et Busigny.
	Salins	86	»	2	
	Sarreguemines	295	59	1	Belfort et Saverne.
	Saumur	707	»	2	Dijon et Paris.
	Schélestadt	208	»	2	Belfort.
	Sens	294	»	2	Dijon.
	Strasbourg	253	»	2	Belfort.
	Tarascon	541	»	2	Dijon.
	Thann	163	»	2	Belfort.
	Thionville	478	»	2	Gray.
	Tonnerre	210	»	2	Dijon.
	Toulon	641	65	1	Dijon et Marseille.
	Toulouse	870	»	2	Dijon et Cette.
	Tournus	186	»	2	Dijon.
	Tours	643	»	2	Dijon et Paris.
	Troyes	284	»	2	Gray.
	Tulle	561	143	1	Dijon, Lyon et Clermont-Ferrand.
	Valence	395	»	2	Dijon.
	Vannes	780	104	1	Dijon, Paris et Rennes.
	Verdun-sur-Meuse	354	54	1	Gray et Commercy.
	Vesoul	158	»	2	Belfort.
	Vienne	321	»	2	Dijon.
	Villefranche (Rhône)	256	»	2	Dijon.
	Vincennes	406	»	2	Dijon.
	Vonges (poudrerie)	76	»	2	
	La Voulte (forges)	395	20	1	Dijon et Valence.

LIEUX DE DÉPART	DESTINATIONS	DISTANCES EN KILOMÈTRES — VOIES DE FER	DISTANCES EN KILOMÈTRES — VOIES DE TERRE	NOMBRE de TRANSBORDEMENTS	LIEUX des CHANGEMENTS DE VOIE OU DE WAGON
Béthune	Châlons-sur-Marne	284	30	1	Arras, Busigny, Laon et Reims.
	Chauny	221	30	1	Arras et Busigny.
	Douai	»	30	»	
	Dunkerque	41	41	1	Hazebrouck.
	Lille	»	33	»	
	Marseille	1079	30	1	Arras et Paris.
	Mézières	310	30	»	Arras, Busigny et Laon.
	Paris	215	30	1	Arras.
	Saint-Omer	»	44	»	
	Saint-Quentin	93	30	1	Douai et Busigny.
	Strasbourg	613	30	1	Arras, Busigny, Laon et Reims.
	Toulon	1079	95	»	Arras, Paris et Marseille.
Beuil	Caen	158	»	2	
	Dieppe	168	»	2	
	Évreux	27	»	2	
	Gaillon	60	»	2	
	Havre (Le)	196	»	2	
	Lisieux	109	»	2	
	Malaunay	118	»	2	
	Mantes	24	»	2	
	Paris	81	»	2	
	Triel	56	»	2	
	Vernon	47	»	2	
	Yvetot	145	»	2	
Béziers	Bordeaux	432	»	2	
	Caen	1157	»	2	Cette et Paris.
	Carcassonne	85	»	2	
	Castres	85	65	1	Carcassonne.
	Cette	45	»	2	
	Châtellerault	714	»	2	Bordeaux.
	Dôle	650	»	2	Cette.
	Fontenay-le-Comte	737	31	1	Bordeaux et Niort.
	Lunel	101	»	2	Cette.
	Lyon	406	»	2	Cette.
	Marseille	253	»	2	Cette.
	Mende	136	151	1	Cette et Nîmes.
	Montauban	227	»	2	
	Montpellier	77	»	2	Cette.
	Narbonne	26	»	2	
	Nîmes	130	»	2	Cette.
	Paris	918	»	2	Cette.
	Perpignan	90	»	2	Narbonne.
	Rodez	394	41	1	Montauban et Saint-Christophe.
	Saint-Étienne	463	»	2	Cette et Lyon.
	Saint-Hippolyte	130	47	1	Cette et Nîmes.
	Saint-Lô	1190	35	1	Cette, Paris et Bayeux.
	Saint-Maixent	724	»	2	Bordeaux.
	Saumur	842	»	2	Bordeaux.
	Tarascon-sur-Rhône	154	»	2	Cette.
	Tarbes	176	151	1	Toulouse.
	Toulon	253	65	1	Cette et Marseille.
	Toulouse	176	»	2	
	Tulle	378	153	1	Montauban et Decazeville.
	Valence	360	»	2	Cette.

LIEUX DE DÉPART	DESTINATIONS	DISTANCES EN KILOMÈTRES — VOIES DE FER	VOIES DE TERRE	NOMBRE de CAMIONNAGES	LIEUX des CHANGEMENTS DE VOIE OU DE WAGON
Bitche	Haguenau	»	44	»	
	Longwy	100	90	»	Forbach et Thionville.
	Lunéville	132	44	1	Haguenau.
	Marsal	»	82	»	
	Marseille	926	44	1	Haguenau et Belfort.
	Metz	79	49	1	Forbach.
	Nancy	124	49	1	Forbach.
	Paris	458	49	1	Forbach.
	Phalsbourg	»	60	»	
	Sarreguemines	»	31	»	
	Saverne	59	44	1	Haguenau.
	Strasbourg	34	44	1	Haguenau.
	Thann	151	44	1	Haguenau.
	Toulon	926	109	»	Haguenau, Belfort, Dijon et Marseille.
Blaye	Bordeaux	»	50	»	
	La Rochelle	»	143	»	
	Libourne	36	50	1	Bordeaux.
	Marseille	684	50	1	Bordeaux et Cette.
	Nantes	542	50	1	Bordeaux.
	Paris	583	50	1	Bordeaux.
	Pau	148	132	»	Bordeaux et Mont-de-Marsan.
	Périgueux	128	50	1	Bordeaux.
	Rochefort	»	112	»	
	Royan	»	78	»	
	Saint-Jean-d'Angely	»	100	»	
	Saintes	»	74	»	
	Toulon	684	115	»	Bordeaux, Cette et Marseille.
	Toulouse	257	50	1	Bordeaux.
	Tulle	128	154	»	Bordeaux et Périgueux.
	Villeneuve-sur-Lot	97	84	»	Bordeaux et Tonneins.
Blesmes	Châlons-sur-Marne	45	»	2	
	Colmar	331	»	2	
	Commercy	77	»	2	
	Donjeux	58	»	2	
	Épernay	76	»	2	
	Forbach	242	»	2	
	Frouard	128	»	2	
	Haguenau	300	»	2	
	Lunéville	169	»	2	
	Meaux	173	»	2	
	Metz	175	»	2	
	Mulhouse	394	»	2	
	Nancy	136	»	2	
	Paris	218	»	2	
	Phalsbourg	215	17	1	Sarrebourg.
	Pont-à-Mousson	145	»	2	
	Reims	107	»	2	
	Saint-Avold	233	»	2	
	Saint-Dizier	18	»	2	
	Sarrebourg	215	»	2	
	Saverne	241	»	2	
	Schélestadt	329	»	2	
	Strasbourg	285	»	2	

LIEUX DE DÉPART	DESTINATIONS	DISTANCES EN KILOMÈTRES		NOMBRE de CONVOYEURS	LIEUX des CHANGEMENTS DE VOIE OU DE WAGON
		VOIES DE FER	VOIES DE TERRE		
Blesmes (suite)	Thann	462	»	2	
	Thionville	202	»	2	
	Toul	103	»	2	
	Vitry-le-Français	13	»	2	
	Wissembourg	353	»	2	
Blois	Bordeaux	463	»	2	
	Bourges	171	»	2	
	Brassac (Haute-Loire)	440	»	2	Le Guétin.
	Camp de Châlons	377	»	2	Paris.
	Chartres	282	»	2	Le Mans.
	Chateauroux	282	»	2	
	Châtellerault	127	»	2	
	Clermont-Ferrand	386	»	2	Le Guétin.
	Dax	553	»	2	Bordeaux.
	Dijon	495	»	2	Paris.
	Étampes	124	»	2	
	Fontenay-le-Comte	233	31	1	Niort.
	Gannat	345	»	2	Le Guétin.
	Gueret	280	35	1	La Souterraine.
	Guétin (Le)	229	»	2	
	Issoire	421	»	2	Le Guétin.
	Issoudun	175	»	2	
	Langon	546	»	2	Bordeaux.
	Laval	248	»	2	Le Mans.
	Lempdes	446	»	2	Le Guétin.
	Libourne	368	»	2	
	Lyon	528	»	2	Le Guétin.
	Mans (Le)	158	»	2	
	Marseille	880	»	2	Le Guétin et Lyon.
	Montoire	»	50	»	
	Moulins	280	»	2	Le Guétin.
	Nantes	253	»	2	
	Nevers	240	»	2	Le Guétin.
	Niort	235	»	2	
	Orléans	59	»	2	
	Paris	180	»	2	
	Poitiers	160	»	2	
	Rennes	320	»	2	Le Mans.
	Riom	373	»	2	Le Guétin.
	Roche-Chalais (La)	337	»	2	
	Rouen	318	»	2	Paris.
	Ruffec	225	»	2	
	Saint-Aignan-sur-Cher	»	38	»	
	Saint-Brieuc	320	100	1	Le Mans et Rennes.
	Saint-Germain-des-Fossés	321	»	2	Le Guétin.
	Saint-Jean-d'Angély	269	28	1	Surgères.
	Saint-Maixent	212	»	2	
	Saint-Malo	320	70	1	Le Mans et Rennes.
	Saumur	123	»	2	
	Tonneins	502	»	2	Bordeaux.
	Toulon	880	65	1	Le Guétin, Lyon et Marseille.
	Toulouse	662	»	2	Bordeaux.
	Tours	59	»	2	
	Tulle	330	89	1	Limoges.
	Varennes	308	»	2	Le Guétin.

LIEUX DE DÉPART	DESTINATIONS	DISTANCES EN KILOMÈTRES		NOMBRE DE CHANGEMENTS	LIEUX DES CHANGEMENTS DE VOIE OU DE WAGON
		VOIES DE FER	VOIES DE TERRE		
Blois (suite)	Vendôme	»	32	»	
	Vierzon	139	»	2	
	Châlons-sur-Marne	162	»	2	
	Commercy	234	»	2	
	Épernay	132	»	2	
Bondy	Meaux	34	»	2	
	Noisy-le-Sec	2	»	2	
	Paris	11	»	2	
	Vitry-le-Français	195	»	2	
	Beuil	37	»	2	
	Caen	195	»	2	
	Dieppe	133	»	2	
	Évreux	64	»	2	
	Gaillon	25	»	2	
	Havre (Le)	161	»	2	
	Lisieux	146	»	2	
Bonnières	Malaunay	81	»	2	
	Mantes	13	»	2	
	Paris	69	»	2	
	Rouen	68	»	2	
	Saint-Germain-en-Laye	35	12	1	Triel.
	Triel	35	»	2	
	Vernon	12	»	2	
	Yvetot	110	»	2	
	Bourges	574	»	2	
	Brest	582	286	1	Savenay.
	Brassac	842	»	2	Le Guetin.
	Brouage (Le)	379	14	1	Rochefort.
	Caen	545	57	1	Le Mans et Argentan.
	Cahors	208	62	1	Montauban.
	Calais	961	»	2	Paris.
	Camp de Châlons	780	»	2	Paris.
	Carcassonne	348	»	2	
	Castel-Sarrazin	187	»	2	
	Castres	312	53	1	Castelnaudary.
	Cette	476	»	2	
	Châteauroux	266	95	2	Périgueux et Limoges.
Bordeaux	Châtellerault	279	»	2	
	Cherbourg	677	57	2	Le Mans, Argentan et Caen.
	Clermont-Ferrand	788	»	2	Le Guetin.
	Coutras	52	»	2	
	Dax	148	»	2	
	Digne	682	111	1	Cette et Aix.
	Dijon	898	»	2	Paris.
	Étampes	527	»	2	
	Foix	257	82	1	Toulouse.
	Fontainebleau	652	»	2	Paris.
	Fontenay-le-Comte	315	31	1	Niort.
	Fontevrault	410	18	1	Saumur.
	Fort Médoc	»	42	»	
	Gannat	757	»	2	Le Guetin.

LIEUX DE DÉPART	DESTINATIONS	DISTANCES EN KILOMÈTRES		NOMBRE de CAMIONNAGES	LIEUX des CHANGEMENTS DE VOIE OU DE WAGON
		VOIES DE FER	VOIES DE TERRE		
Bordeaux (suite)	Gibaud (Le)	»	63	»	
	Grenoble	868	»	2	Cette et Saint-Rambert.
	Guétin (Le)	682	»	2	
	Havre (Le)	812	»	2	Paris.
	Issoire	823	»	2	Le Guétin.
	Issoudun	578	»	2	
	Langon	43	»	2	
	Lepalud	657	»	2	Cette.
	La Rochelle	381	»	2	
	Lempdes	848	»	2	Le Guétin.
	Libourne	36	»	2	
	Lille	858	»	2	Paris.
	Limoges	128	95	1	Périgueux.
	Lyon	837	»	2	Cette.
	Mâcon	909	»	2	Cette.
	Mans (Le)	446	»	2	
	Marmande	79	»	2	
	Marseille	684	»	2	Cette.
	Maubeuge	829	»	2	Paris.
	Mérignac	»	6	»	
	Metz	976	»	2	Paris.
	Mézières	843	»	2	Paris et Reims.
	Mirande	136	99	1	Agen.
	Montauban	206	»	2	
	Mont-de-Marsan	158	»	2	
	Montpellier	508	»	2	Cette.
	Moulins	683	»	2	Le Guétin.
	Nancy	936	»	2	Paris.
	Nantes	542	»	2	
	Napoléon-Vendée	315	87	1	Niort.
	Narbonne	406	»	2	
	Navarrenx	148	77	1	Mont-de-Marsan.
	Nevers	643	»	2	Le Guétin.
	Nîmes	561	»	2	Cette.
	Niort	315	»	2	
	Orléans	462	»	2	
	Paris	583	»	2	
	Pau	148	82	1	Mont-de-Marsan.
	Périgueux	128	»	2	
	Perpignan	470	»	2	Narbonne.
	Poitiers	246	»	2	
	Pont-Saint-Esprit	645	13	1	Cette et Mornas.
	Puy (Le)	859	64	1	Le Guétin et Brioude.
	Rennes	608	»	2	Le Mans.
	Riom	775	»	2	Le Guétin.
	Ripault (Le) (poudrerie)	347	17	1	Tours.
	Roanne	788	»	2	Le Guétin.
	Roche-Chalais (La)	69	»	2	
	Rochefort	379	»	2	
	Roquefort	148	22	1	Mont-de-Marsan.
	Rouen	723	»	2	Paris.
	Royan	»	128	»	
	Ruffec	181	»	2	
	Saint-Étienne	875	»	2	Le Guétin.
	Saint-Germain-des-Fossés	723	»	2	Le Guétin.
	Saint-Germain-en-Laye	606	»	2	Paris.
	Saint-Jean-d'Angely	183	65	1	Angoulême.

6

LIEUX DE DÉPART	DESTINATIONS	DISTANCES EN KILOMÈTRES		NOMBRE de [illegible]	LIEUX des changements de voie ou de wagon
		VOIES DE FER	VOIES DE TERRE		
Bordeaux (suite)	Saint-Maixent	293	»	2	
	Saint-Maurice	148	18	1	Mont-de-Marsan.
	Saint-Médard (poudrerie)	»	13	»	
	Sainte-Croix	133	37	1	Angoulême.
	Saintes	133	71	1	Angoulême.
	Saumur	410	»	2	
	Strasbourg	1035	»	2	Paris.
	Sos	148	79	1	Mont-de-Marsan.
	Tarbes	148	99	1	Mont-de-Marsan
	Tonneins	97	»	2	
	Toulon	684	85	1	Cette et Marseille.
	Toulouse	257	»	2	
	Tours	347	»	2	
	Troyes	750	»	2	Paris.
	Tulle	128	101	1	Périgueux.
	Vannes	582	76	1	Savenay.
	Varennes	711	»	2	Le Guétin.
	Vendôme	405	32	1	Blois.
	Verdun-sur-Meuse	878	54	1	Paris et Commercy.
	Versailles	600	»	2	Paris.
	Vierzon	542	»	2	
	Villeneuve-d'Agen	97	34	1	Tonneins.
	Visens (Le)	148	119	1	Mont-de-Marsan.
Bouchain	Cambrai	14	»	2	
	Douai	27	»	2	
	Lille	60	»	2	
	Paris	237	»	2	Busigny.
	Valenciennes	32	»	2	
Bouchet (Le)	Chartres	71	43	1	Versailles.
	Douai	251	43	1	Paris.
	Essonne	»	12	»	
	Fère (La)	154	43	1	Paris.
	Fontainebleau	15	33	1	Melun.
	Grenoble	622	33	1	Melun et Saint-Rambert.
	Lyon	468	33	1	Melun.
	Marseille	820	33	1	Melun.
	Melun	»	33	»	
	Metz	393	43	1	Paris.
	Orléans	66	34	1	Étampes.
	Paris	»	43	»	
	Saint-Ponce (poudrerie)	280	43	1	Paris et Reims.
	Soissons	101	80	»	Paris et Compiègne.
	Toulon	820	98	»	Melun et Marseille.
	Versailles	»	43	»	
	Vincennes	»	51	»	
Boulogne-sur-Mer	Calais	»	35	»	
	Cambrai	254	»	2	
	Camp de Châlons	449	»	2	Busigny, Laon et Reims.
	Châlons-sur-Marne	427	»	2	Busigny, Laon et Reims.
	Chauny	278	»	2	Busigny.
	Cherbourg	653	»	2	Paris.

LIEUX DE DÉPART	DESTINATIONS	DISTANCES EN KILOMÈTRES		NOMBRE de CHANGEMENTS	LIEUX des CHANGEMENTS DE VOIE OU DE WAGON
		VOIES DE FER	VOIES DE TERRE		
Boulogne-sur-Mer (suite).	Clermont	189	»	2	
	Compiègne	237	»	2	Creil.
	Creil	204	»	2	
	Dieppe	80	65	1	Abbeville.
	Douai	216	»	2	
	Dunkerque	103	35	1	Calais.
	Havre (Le)	212	65	1	Abbeville et Dieppe.
	Hazebrouck	62	35	1	Calais.
	Landrecies	300	»	2	Busigny.
	Lille	109	35	1	Calais.
	Marseille	1136	»	2	Paris.
	Maubeuge	327	»	2	Busigny.
	Mézières	421	»	2	Busigny et Laon.
	Montreuil-sur-Mer	39	»	2	
	Paris	272	»	2	
	Pontoise	242	»	2	
	Rouen	141	65	2	Abbeville et Dieppe.
	Saint-Denis	263	»	2	
	Saint-Omer	32	35	1	Calais.
	Saint-Quentin	307	»	2	Creil.
	Toulon	1136	65	1	Paris et Marseille.
	Valenciennes	252	»	2	
Bourbonne-les-Bains	Chaumont	85	23	1	Jussey.
	Dijon	153	23	1	Jussey et Gray.
	Épinal	»	73	»	
	Gray	85	23	1	Jussey.
	Langres	50	23	1	Jussey.
	Lyon	350	23	1	Jussey, Gray et Dijon.
	Marseille	702	23	1	Jussey, Gray et Dijon.
	Nancy	74	73	1	Épinal.
	Paris	347	23	1	Jussey.
	Strasbourg	253	23	1	Jussey.
	Toulon	702	88	»	Jussey, Gray, Dijon et Marseille.
	Troyes	191	23	1	Jussey.
	Vesoul	55	23	1	Jussey.
Bourg	Belley	63	14	1	Rossillon.
	Bourges	435	»	2	Lyon et Le Guétin.
	Briançon	229	192	1	Lyon, Saint-Rambert et Grenoble.
	Camp de Châlons	585	»	2	Mâcon, Gray et Dijon.
	Cette	536	»	2	Lyon.
	Chalon-sur-Saône	97	»	2	Mâcon.
	Colmar	442	»	2	Mâcon, Dijon et Belfort.
	Dijon	164	»	2	Mâcon.
	Dôle	211	»	2	Mâcon et Dijon.
	Feurs	176	»	2	Lyon.
	Fontainebleau	420	»	2	Mâcon.
	Fort Barraux	229	37	1	Lyon, Saint-Rambert et Grenoble.
	Gex	125	26	1	Collonges.
	Grenoble	229	»	2	Lyon et Saint-Rambert.
	Joigny	333	»	2	Mâcon.
	Langres	260	»	2	Mâcon, Dijon et Gray.
	Lapalud	255	»	2	Lyon.
	La Roche (Yonne)	324	»	2	Mâcon.

LIEUX DE DÉPART	DESTINATIONS	DISTANCES EN KILOMÈTRES — VOIES DE FER	DISTANCES EN KILOMÈTRES — VOIES DE TERRE	NOMBRE de CAMIONNAGES	LIEUX des CHANGEMENTS DE VOIE OU DE WAGON
Bourg (suite)	Lons-le-Saunier	»	62	»	
	Lunel	381	»	2	Lyon.
	Lyon	75	»	2	
	Mâcon	38	»	2	
	Marseille	427	»	2	Lyon.
	Metz	587	»	2	Mâcon, Dijon et Gray.
	Montbard	336	»	2	Mâcon.
	Montélimart	226	»	2	Lyon.
	Montereau	400	»	2	Mâcon.
	Montpellier	404	»	2	Lyon.
	Montrond	164	»	2	Lyon.
	Mornas	267	»	2	Lyon.
	Moulins	324	»	2	Lyon.
	Nantua	20	35	1	Pont-d'Ain.
	Nîmes	354	»	2	Lyon.
	Nogent-sur-Seine	445	»	2	Mâcon et Montereau.
	Orange	278	»	2	Lyon.
	Paris	479	»	2	Mâcon.
	Pierre-Châtel	65	20	1	Rossillon.
	Plombières (Côte-d'Or)	169	»	2	Mâcon.
	Pont-Saint-Esprit	255	»	2	Lyon.
	Roanne	216	»	2	Lyon.
	Rognac	399	»	2	Lyon.
	Saint-Chamas (poudrerie)	379	»	2	Lyon.
	Saint-Étienne	132	»	2	Lyon.
	Saint-Florentin	306	»	2	Mâcon.
	Sens	366	»	2	Mâcon.
	Strasbourg	509	»	2	Mâcon, Dijon et Belfort.
	Tarascon	327	»	2	Lyon.
	Tonnerre	282	»	2	Mâcon.
	Toulon	427	65	1	Lyon et Marseille.
	Tournus	70	»	2	Mâcon.
	Trévoux	85	»	2	Mâcon.
	Troyes	420	»	2	Mâcon, Dijon et Gray.
	Valence	181	»	2	Lyon.
	Vienne	107	»	2	Lyon.
	Villefranche (Rhône)	76	»	2	Mâcon.
Bourges	Brassac	269	»	2	Le Guétin.
	Caen	472	»	2	Paris.
	Cahors	780	62	1	Bordeaux et Montauban.
	Camp de Châlons	431	»	2	Paris.
	Castel-Sarrazin	761	»	2	Bordeaux.
	Châlons-sur-Marne	407	»	2	Paris.
	Chalon-sur-Saône	518	»	2	Le Guétin et Lyon.
	Châteauroux	94	»	2	
	Chatellerault	295	»	2	
	Cherbourg	605	»	2	Paris.
	Clermont-Ferrand	215	»	2	Le Guétin.
	Dax	722	»	2	Bordeaux.
	Dijon	582	»	2	Le Guétin et Lyon.
	Étampes	177	»	2	
	Fontainebleau	293	»	2	Paris.
	Fontenay-le-Comte	407	31	1	Niort.
	Gannat	174	»	2	Le Guétin.
	Guéret	166	34	1	La Souterraine.

LIEUX DE DÉPART	DESTINATIONS	DISTANCES EN KILOMÈTRES		NOMBRE de CAMIONNAGES	LIEUX des CHANGEMENTS DE VOIE OU DE WAGON
		VOIES DE FER	VOIES DE TERRE		
Bourges (suite)	Guétin (Le)	58	»	2	
	Guingamp	588	131	1	Le Mans et Rennes.
	Issoire	250	»	2	Le Guétin.
	Issoudun	68	»	2	
	Langon	616	»	2	Bordeaux.
	La Rochelle	472	»	2	
	Laval	416	»	2	Le Mans.
	Libourne	539	»	2	
	Lille	509	»	2	Paris.
	Limoges	225	»	2	
	Lourdes	722	118	1	Bordeaux et Mont-de-Marsan.
	Lyon	358	»	2	Le Guétin.
	Mans (Le)	326	»	2	
	Marseille	710	»	2	Le Guétin et Lyon.
	Metz	627	»	2	Paris.
	Montauban	780	»	2	Bordeaux.
	Morlaix	588	186	1	Le Mans et Rennes.
	Moulins	109	»	2	Le Guétin.
	Nancy	586	»	2	Paris.
	Nantes	422	»	2	
	Napoléon-Vendée	422	71	1	Nantes.
	Nevers	69	»	2	Le Guétin.
	Orléans	142	»	2	
	Paris	234	»	2	
	Pau	722	82	1	Bordeaux et Mont-de-Marsan.
	Périgueux	225	95	1	Limoges.
	Poitiers	328	»	2	
	Rennes	488	»	2	Le Mans.
	Riom	202	»	2	Le Guétin.
	Ripault (Le) (poudrerie)	227	17	1	Tours.
	Roanne	217	»	2	Le Guétin.
	Roche-Chalais (La)	505	»	2	
	Ruffec	395	»	2	
	Saint-Aignan-sur-Cher	31	59	1	Vierzon.
	Saint-Étienne	304	»	2	Le Guétin.
	Saint-Germain-des-Fossés	150	»	2	Le Guétin.
	Saint-Lô	503	35	1	Paris et Bayeux.
	Saint-Maixent	382	»	2	
	Saumur	291	»	2	
	Soissons	335	37	1	Paris et Compiègne.
	Strasbourg	735	»	2	Paris.
	Tonneins	671	»	2	Bordeaux.
	Toulon	718	65	1	Le Guétin, Lyon et Marseille.
	Toulouse	831	»	2	Bordeaux.
	Tours	227	»	2	
	Trézy (forges)	»	58	»	
	Troyes	401	»	2	Paris.
	Tulle	225	89	1	Limoges.
	Valenciennes	519	»	2	Paris.
	Varennes	137	»	2	Le Guétin.
	Vierzon	32	»	2	
	Vincennes	234	»	2	
Brassac	Castel-Sarrazin	230	182	1	Décazeville et Montauban.
	Châteauroux	357	»	2	Le Guétin.
	Châtellerault	563	»	2	Le Guétin.

LIEUX DE DÉPART	DESTINATIONS	DISTANCES EN KILOMÈTRES — VOIES DE FER	DISTANCES EN KILOMÈTRES — VOIES DE TERRE	NOMBRE de CAMIONNAGES	LIEUX des CHANGEMENTS DE VOIE OU DE WAGON
Brassac (suite)	Clermont-Ferrand	54	»	2	
	Dax	990	»	2	Le Guétin et Bordeaux.
	Étampes	446	»	2	Le Guétin.
	Gannat	95	»	2	
	Guétin (Le)	241	»	2	
	Issoire	19	»	2	
	Issoudun	330	»	2	Le Guétin.
	Langon	884	»	2	Le Guétin et Bordeaux.
	Lempdes	»	6	»	
	Libourne	807	»	2	Le Guétin.
	Moulins	161	»	2	
	Nantes	691	»	2	Le Guétin.
	Nevers	223	»	2	
	Orléans	381	»	2	Le Guétin.
	Paris	502	»	2	Le Guétin.
	Poitiers	597	»	2	Le Guétin.
	Riom	68	»	2	
	Roche-Chalais (La)	774	»	2	Le Guétin.
	Ruffec	662	»	2	Le Guétin.
	Saint-Germain-des-Fossés	119	»	2	
	Saumur	559	»	2	Le Guétin.
	Tonneins	939	»	2	Le Guétin et Bordeaux.
	Tours	496	»	2	Le Guétin.
	Varennes	132	»	2	
	Vierzon	301	»	2	Le Guétin.
Bressuire	La Rochelle	66	61	1	Niort.
	Nantes	»	97	»	
	Napoléon-Vendée	»	89	»	
	Niort	»	61	»	
	Tours	64	63	1	Saumur.
Brest	Caen	»	375	»	
	Camp de Châlons	571	247	1	Rennes et Paris.
	Carhaix	»	76	»	
	Chartres	285	247	1	Rennes.
	Châteaulin	»	64	»	
	Châteauroux	520	247	1	Rennes et Le Mans.
	Château-Taureau	»	70	»	
	Châtellerault	329	247	1	Rennes et Le Mans.
	Cherbourg	58	362	1	Carentan.
	Clermont-Ferrand	704	247	1	Rennes, Le Mans et Le Guétin.
	Concarneau	»	106	»	
	Dol (Ille-et-Vilaine)	»	233	»	
	Dôle (Jura)	735	247	1	Rennes, Paris et Dijon.
	Fontenay-le-Comte	440	278	»	Rennes, Le Mans et Niort.
	Granville	»	300	»	
	Havre (Le)	280	333	1	Rennes, Argentan, Lisieux, Pont-l'Évêque et Honfleur.
	Isle-de-Batz	»	86	»	
	Lamballe	»	167	»	
	Landerneau	»	21	»	
	La Rochelle	567	247	1	Rennes et Le Mans.
	Laval	78	247	1	Rennes.
	Lille	649	247	1	Rennes et Paris.
	Lorient	»	161	»	

LIEUX DE DÉPART	DESTINATIONS	DISTANCES EN KILOMÈTRES — VOIES DE FER	DISTANCES EN KILOMÈTRES — VOIES DE TERRE	NOMBRE DE CAMIONNAGES	LIEUX DES CHANGEMENTS DE VOIE ET DE WAGON
Brest (suite)	Lyon	856	247	1	Rennes, Le Mans et Le Guétin.
	Mans (Le)	162	247	1	Rennes.
	Marseille	1198	247	1	Rennes, Le Mans, Le Guétin et Lyon
	Metz	766	247	1	Rennes et Paris.
	Mézières	634	247	1	Rennes, Paris et Reims.
	Morlaix	»	61	»	
	Nantes	49	289	1	Savenay.
	Napoléon-Vendée	49	357	»	Savenay et Nantes.
	Napoléonville	»	209	»	
	Nîmes	1125	247	1	Rennes, Le Mans, Le Guétin et Lyon
	Orléans	376	247	1	Rennes et Le Mans.
	Paris	374	247	1	Rennes.
	Périgueux	633	247	1	Rennes et Le Mans.
	Poitiers	362	247	1	Rennes et Le Mans.
	Pont-de-Buys (poudrerie)	»	66	»	
	Port-Louis	»	179	»	
	Quelern (fort)	»	11	»	
	Quimper	»	92	»	
	Quimperlé	»	149	»	
	Recouvrance (fort)	»	4	»	
	Redon	»	334	»	
	Rennes	»	247	»	
	Ripault (Le)	261	265	»	Rennes, Le Mans et Tours.
	Rouen	514	247	1	Rennes et Paris.
	Saint-Brieuc	»	147	»	
	Saint-Étienne	792	247	1	Rennes, Le Mans et Le Guétin.
	Saint-Lô	»	330	»	
	Saint-Malo	»	238	»	
	Saumur	172	286	1	Savenay.
	Strasbourg	876	247	1	Rennes et Paris.
	Toulon	1198	312	»	Rennes, Le Mans, Le Guétin, Lyon et Marseille.
	Toulouse	865	247	1	Rennes, Le Mans et Bordeaux
	Tours	261	247	1	Rennes et Le Mans.
	Tulle	656	336	»	Rennes, Le Mans et Limoges.
	Valence	952	247	1	Rennes, Le Mans, Le Guétin et Lyon
	Vannes	»	216	»	
Briançon	Châtellerault	804	192	1	Grenoble, Lyon et Le Guétin.
	Digne	»	178	»	
	Draguignan	»	302	»	
	Embrun	»	50	»	
	Forcalquier	»	180	»	
	Gap	»	94	»	
	Grenoble	»	192	»	
	Guillestre	»	35	»	
	Langres	476	192	1	Grenoble, St-Rambert, Dijon et Gray
	Lyon	154	192	1	Grenoble et Saint-Rambert.
	Manosque	»	188	»	
	Marseille	53	241	1	Aix.
	Mont-Dauphin	»	32	»	
	Montpellier	175	241	1	Aix.
	Nîmes	125	241	1	Aix.
	Paris	668	192	1	Grenoble et Saint-Rambert.
	Perpignan	344	241	1	Aix, Cette et Narbonne.
	Queyras (fort)	»	48	»	

LIEUX DE DÉPART	DESTINATIONS	DISTANCES EN KILOMÈTRES		NOMBRE de CAMIONNAGES	LIEUX des CHANGEMENTS DE VOIE OU DE MODE
		VOIES DE FER.	VOIES DE TERRE.		
Briançon (suite)	Roanne	295	192	1	Grenoble, Saint-Rambert et Lyon.
	Romans	119	210	»	Grenoble, Saint-Rambert et Tain.
	Saint-Étienne	211	192	1	Grenoble, Saint-Rambert et Lyon.
	Sisteron	»	138	»	
	Toulon	»	302	»	
	Toulouse	426	251	1	Aix et Cette.
	Tournoux	»	58	»	
	Valence	137	192	1	Grenoble et Saint-Rambert.
	Vienne	122	192	1	Grenoble et Saint-Rambert.
	Vincennes	686	192	1	Grenoble et Saint-Rambert.
	Vonges (poudrerie)	500	192	1	Grenoble, Saint-Rambert et Dijon.
Brignolles	Digne	»	118	»	
	Draguignan	»	46	»	
	Entrevaux	»	206	»	
	Forcalquier	»	132	»	
	Gap	»	163	»	
	Manosque	»	109	»	
	Marseille	»	68	»	
	Rousset (Le)	»	60	»	
	Sisteron	»	118	»	
	Toulon	»	46	»	
Brouage	La Rochelle	35	14	1	Rochefort.
	Marennes	»	6	»	
	Marseille	1063	14	1	Rochefort, Bordeaux et Cette.
	Nantes	438	14	1	Rochefort.
	Paris	478	14	1	Rochefort.
	Ripault (Le) (poudrerie)	243	31	»	Rochefort et Tours.
	Rochefort	»	14	»	
	Royan	»	40	»	
	Saintes	»	52	»	
	Saumur	306	14	1	Rochefort.
	Toulon	1063	79	»	Rochefort, Bordeaux, Cette et Marseille.
	Tours	243	14	1	Rochefort.
Caen	Calais	616	»	2	Paris.
	Cambrai	462	»	2	Paris et Busigny.
	Camp de Châlons	436	»	2	Paris.
	Carentan	76	»	2	
	Castres	857	116	»	Argentan, Le Mans, Bordeaux et Castelnaudary.
	Châlons-sur-Marne	412	»	2	Paris.
	Chartres	327	»	2	Paris.
	Châteaudun	327	45	1	Paris et Chartres.
	Châteauneuf	»	160	»	
	Châteauroux	504	»	2	Paris.
	Châtellerault	266	57	1	Argentan et Le Mans.
	Cherbourg	132	»	2	
	Compiègne	340	»	2	Paris.
	Conches	144	»	2	
	Dieppe	323	»	2	
	Douai	479	»	2	Paris.

LIEUX DE DÉPART	DESTINATIONS	DISTANCES EN KILOMÈTRES		NOMBRE de CAMPEMENTS	LIEUX des CHANGEMENTS DE VOIE OU DE WAGON
		VOIES DE FER	VOIES DE TERRE		
Caen (suite)	Épinal	666	»	2	Paris.
	Eu	325	31	1	Dieppe.
	Évreux	152	»	2	
	Falaise	»	35	»	
	Fontainebleau	298	»	2	Paris.
	Gaillon	249	»	2	
	Granville	76	63	1	Carentan.
	Guingamp	»	259	»	
	Haguenau	756	»	2	Paris.
	Havre (Le)	67	26	1	Pont-l'Évêque et Honfleur.
	Hesdin	331	37	1	Paris et Abbeville.
	Honfleur	67	16	1	Pont-l'Évêque.
	Hougue (La) ou Saint-Vaast	105	19	1	Valognes.
	La Fère	393	»	2	Paris.
	La Flèche	99	99	»	Argentan et Le Mans.
	Landerneau	»	354	»	
	Laon	414	»	2	Paris.
	La Rochelle	444	57	1	Argentan et Le Mans.
	Laval	189	57	1	Argentan.
	Lille	513	»	2	Paris.
	Lisieux	49	»	2	
	Lorient	262	199	»	Argentan et Rennes.
	Lyon	731	»	2	Paris.
	Malaunay	281	»	2	
	Mans (Le)	99	57	1	Argentan.
	Mantes	182	»	2	
	Marsal	592	35	1	Paris et Nancy.
	Marseille	1103	»	2	Paris.
	Maubeuge	485	»	2	Paris.
	Meaux	284	»	2	Paris.
	Metz	631	»	2	Paris.
	Mézières	499	»	2	Paris et Reims.
	Mont-Saint-Michel	»	132	»	
	Morlaix	»	314	»	
	Nancy	592	»	2	Paris.
	Nantes	393	57	1	Argentan et Le Mans.
	Napoléonville	262	162	»	Argentan et Rennes.
	Orléans	360	»	2	Paris.
	Paris	239	»	2	
	Pont-l'Évêque	67	»	2	
	Provins	309	22	1	Paris et Nangis.
	Quimper	262	261	»	Argentan et Rennes.
	Rambouillet	287	»	2	Paris.
	Rennes	262	57	1	Argentan.
	Rouen	263	»	2	
	Saint-Brieuc	»	228	»	
	Saint-Cyr	261	»	2	Paris.
	Saint-Étienne	774	»	2	Paris et Le Guétin.
	Saint-Germain-en-Laye	205	12	1	Triel.
	Saint-Lô	31	35	1	Bayeux.
	Saint-Maixent	354	57	1	Argentan et Le Mans.
	Saint-Malo	»	167	»	
	Saumur	262	57	1	Argentan et Le Mans.
	Sedan	499	22	1	Paris, Reims et Mézières.
	Strasbourg	751	»	2	Paris.
	Tarascon	1093	»	2	Paris.
	Tarbes	693	156	»	Argentan, Le Mans, Bordeaux et Mont-de-Marsan.

LIEUX DE DÉPART	DESTINATIONS	DISTANCES EN KILOMÈTRES		NOMBRE de CAMIONNAGES	LIEUX des CHANGEMENTS DE VOIE OU DE GARES
		VOIES DE FER.	VOIES DE TERRE.		
	Toul	559	»	2	Paris.
	Toulon	1193	65	1	Paris et Marseille.
	Toulouse	302	57	1	Argentan, Le Mans et Bordeaux.
	Tours	198	57	1	Argentan et Le Mans.
	Triel	204	»	2	
	Valenciennes	514	»	2	Paris.
Caen (suite)	Valogne	105	»	2	
	Vannes	262	161	»	Argentan et Rennes.
	Vendôme	159	115	»	Argentan, Le Mans et Château-du-Loir
	Verdun	535	54	1	Paris et Commercy.
	Vernon	206	»	2	
	Versailles	236	»	2	Paris.
	Yvetot	118	26	2	Pont-l'Évêque, Honfleur et Le Havre
	Castres	106	115	»	Montauban et Castelnaudary.
	Châteauroux	138	197	1	Limoges.
	Châtellerault	585	62	1	Montauban et Bordeaux.
	Clermont-Ferrand	»	275	»	
	Figeac	30	71	»	Villefranche et Capdenac.
	Foix	51	154	»	Montauban et Toulouse.
	Gourdon	»	36	»	
	Grenoble	663	62	1	Montauban, Cette et St-Rambert.
	La Rochelle	587	62	1	Montauban et Bordeaux.
	Limoges	»	197	»	
	Marseille	479	62	1	Montauban et Cette.
	Montauban	»	62	»	
Cahors	Montpellier	303	62	1	Montauban et Cette.
	Narbonne	201	62	1	Montauban.
	Orléans	663	62	1	Montauban et Bordeaux.
	Paris	789	62	1	Montauban et Bordeaux.
	Pau	354	144	»	Montauban, Bordeaux et Mont-de-Marsan.
	Périgueux	»	143	»	
	Perpignan	265	62	1	Montauban et Narbonne.
	Rodez	66	102	»	Villefranche et Saint-Christophe.
	Saint-Béat	54	188	»	Montauban et Toulouse.
	Tonneins	110	62	1	Montauban.
	Toulouse	51	62	1	Montauban.
	Toulon	579	127	»	Montauban, Cette et Marseille.
	Tulle	»	132	»	
	Cambrai	177	»	2	
	Chauny	260	»	2	Busigny.
	Cherbourg	749	»	2	Paris.
	Clermont (Oise)	296	»	2	
	Compiègne	309	»	2	Busigny.
	Creil	311	»	2	
	Dieppe	80	100	»	Boulogne et Abbeville.
Calais	Douai	137	»	2	
	Dunkerque	103	»	2	
	Épinal	649	»	2	Busigny, Laon et Reims.
	Havre (Le)	212	100	1	Boulogne, Abbeville et Dieppe.
	Hazebrouck	63	»	2	
	Hesdin	42	50	1	Saint-Omer.
	Landrecies	224	»	2	Busigny.
	Lille	106	»	2	

LIEUX DE DÉPART	DESTINATIONS	DISTANCES EN KILOMÈTRES — VOIES DE FER	DISTANCES EN KILOMÈTRES — VOIES DE TERRE	NOMBRE DE TRANSBORDEMENTS	LIEUX DES CHANGEMENTS DE VOIE ET DE WAGON
Calais (suite)	Lunéville	668	»	2	Busigny, Laon et Reims.
	Marseille	1238	»	2	Busigny, Laon, Reims, Gray et Dijon
	Maubeuge	254	»	2	Busigny.
	Metz	614	»	2	Busigny, Laon et Reims.
	Mézières	424	»	2	Busigny, Laon et Reims.
	Montreuil-sur-Mer	39	35	1	Boulogne.
	Nieulay (fort)	»	4	»	
	Paris	378	»	2	
	Péronne	200	25	1	Albert.
	Pontoise	350	»	2	
	Rouen	141	109	1	Boulogne, Abbeville et Dieppe.
	Saint-Denis	372	»	2	
	Saint-Omer	52	»	2	
	Saint-Quentin	230	»	2	Busigny.
	Saint-Venant	49	43	1	Saint-Omer.
	Saumur	679	»	2	Paris.
	Sedan	421	22	1	Busigny, Laon et Mézières.
	Strasbourg	725	»	2	Busigny, Laon et Reims.
	Toulon	1238	65	1	Busigny, Laon, Reims, Gray, Dijon et Marseille.
	Valenciennes	173	»	2	
	Vernon	458	»	2	Paris.
	Vesoul	648	»	2	Busigny, Laon et Reims.
Cambrai	Camp de Châlons	242	»	2	Busigny, Laon et Reims.
	Châtellerault	528	»	2	Busigny et Paris.
	Chauny	83	»	2	Busigny.
	Compiègne	123	»	2	Busigny.
	Condé	46	13	1	Valenciennes.
	Douai	44	»	2	
	Dunkerque	156	»	2	
	Eu	175	34	1	Abbeville.
	Givet	47	125	1	Busigny et Landrecies.
	Guingamp	597	131	1	Busigny, Paris et Rennes.
	Havre (Le)	462	»	2	Busigny et Paris.
	La Fère	82	»	2	Busigny.
	Landrecies	47	»	2	Busigny.
	La Rochelle	703	»	2	Busigny et Paris.
	Laon	104	»	2	Busigny.
	Lille	74	»	2	
	Marseille	1061	»	2	Busigny, Laon, Reims, Gray et Dijon
	Maubeuge	74	»	2	Busigny.
	Mézières	254	»	2	Busigny, Laon et Reims.
	Mutzig	503	34	1	Busigny, Laon, Reims et Saverne.
	Nancy	398	»	2	Busigny, Laon et Reims.
	Paris	223	»	2	Busigny.
	Quesnoy (Le)	47	15	1	Busigny et Landrecies.
	Rouen	363	»	2	Busigny et Paris.
	Saint-Denis	217	»	2	Busigny.
	Saint-Maixent	613	»	2	Busigny et Paris.
	Saint-Omer	136	»	2	
	Saint-Quentin	53	»	2	Busigny.
	Saumur	524	»	2	Busigny et Paris.
	Strasbourg	557	»	2	Busigny, Laon et Reims.
	Toulon	1061	65	1	Busigny, Laon, Reims, Gray, Dijon et Marseille.
	Valenciennes	40	»	2	
	Verdun	339	54	1	Busigny, Laon, Reims et Commercy.

LIEUX DE DÉPART	DESTINATIONS	DISTANCES EN KILOMÈTRES		NOMBRE de CAMIONNAGES	LIEUX des CHANGEMENTS DE VOIE OU DE WAGON
		VOIES DE FER	VOIES DE TERRE		
Cambrai (suite)	Vernon	393	»	2	Busigny et Paris.
	Versailles	240	»	2	Busigny et Paris.
Came	Navarrenx	»	30	»	
	Saint-Jean-Pied-de-Port	»	48	»	
	Tardets	»	53	»	
Camp de Châlons-sur-Marne	Carcassonne	1042	»	2	Gray, Dijon et Cette.
	Castres	1012	65	1	Gray, Dijon, Cette et Carcassonne.
	Cette	879	»	2	Gray et Dijon.
	Châlons-sur-Marne	27	»	2	
	Chartres	285	»	2	Paris.
	Châteauroux	463	»	2	Paris.
	Châtellerault	502	»	2	Paris.
	Cherbourg	568	»	2	Paris.
	Clermont-Ferrand	645	»	2	Paris et Le Guetin.
	Colmar	422	»	2	
	Compiègne	213	»	2	Reims et Laon.
	Dax	928	»	2	Paris et Bordeaux.
	Dieppe	398	»	2	Paris.
	Digne	867	111	1	Gray, Dijon et Aix.
	Dôle	304	»	2	Gray.
	Douai	282	»	2	Reims, Laon et Busigny.
	Draguignan	867	103	1	Gray, Dijon et Aix.
	Dunkerque	397	»	2	Reims, Laon et Busigny.
	Épinal	281	»	2	
	Évreux	305	»	2	Paris.
	Faverney	260	»	2	
	Fontainebleau	256	»	2	Paris.
	Fontenay-le-Comte	611	31	1	Paris et Niort.
	Givet	174	67	1	Reims et Mézières.
	Gray	252	»	2	
	Grenoble	672	»	2	Gray, Dijon et Saint-Rambert.
	Guéret	539	34	1	Paris et La Souterraine.
	Guingamp	571	131	1	Paris et Rennes.
	Haguenau	371	»	2	
	Ham	175	23	1	Reims, Laon et Chauny.
	Havre (Le)	426	»	2	Paris.
	Hesdin	305	55	1	Reims, Laon, Busigny et Arras.
	Huningue	518	»	2	
	Joigny	343	»	2	Paris.
	La Fère	161	»	2	Reims et Laon.
	Landrecies	237	»	2	Reims et Laon.
	Langres	196	»	2	
	Laon	138	»	2	Reims.
	La Rochelle	677	»	2	Paris.
	Lauterbourg	405	20	1	Wissembourg.
	Laval	498	»	2	Paris.
	Libourne	745	»	2	Paris.
	Lille	315	»	2	Reims, Laon et Busigny.
	Limoges	598	»	2	Paris.
	Longwy	273	60	1	Thionville.
	Lons-le-Saulnier	364	62	1	Gray et Dôle.
	Lorient	571	152	1	Paris et Rennes.
	Lunéville	240	»	2	

LIEUX DE DÉPART	DESTINATIONS	DISTANCES EN KILOMÈTRES — VOIES DE FER	DISTANCES EN KILOMÈTRES — VOIES DE TERRE	NOMBRE DE CHANGEMENTS	LIEUX DES CHANGEMENTS DE VOIE OU DE WAGON
Camp de Châlons-sur-Marne (suite)	Lyon	518	»	2	Gray et Dijon.
	Mâcon	447	»	2	Gray et Dijon.
	Mans (Le)	408	»	2	Paris.
	Marsal	207	33	1	Nancy.
	Marseille	870	»	2	Gray et Dijon.
	Maubeuge	264	»	2	Reims et Laon.
	Meaux	152	»	2	
	Melun	252	»	2	Paris.
	Metz	256	»	2	
	Mézières	174	»	2	Reims.
	Montauban	986	»	2	Paris et Bordeaux.
	Montbéliard	300	»	2	Belfort.
	Montereau	276	»	2	Paris.
	Montmédy	174	66	1	Reims et Mézières.
	Montpellier	847	»	2	Gray et Dijon.
	Moulins	539	»	2	Paris et Le Guétin.
	Mulhouse	390	»	2	
	Mutzig	313	34	1	Saverne.
	Nancy	207	»	2	
	Nantes	628	»	2	Paris.
	Neuf-Brisach	422	16	1	Colmar.
	Nevers	499	»	2	Paris et Le Guétin.
	Niort	611	»	2	Paris.
	Nîmes	797	»	2	Gray et Dijon.
	Orléans	319	»	2	Paris.
	Paris	197	»	2	
	Pau	928	82	1	Paris, Bordeaux et Mont-de-Marsan
	Périgueux	803	»	2	Paris.
	Perpignan	1017	»	2	Gray, Dijon, Cette et Narbonne.
	Phalsbourg	286	17	1	Sarrebourg.
	Poitiers	535	»	2	Paris.
	Pont-à-Mousson	217	»	2	
	Provins	239	18	1	Nogent-sur-Seine.
	Quesnoy (Le)	237	15	1	Reims, Laon et Landrecies.
	Rambouillet	245	»	2	Paris.
	Reims	86	»	2	
	Rennes	574	»	2	Paris.
	Rethel	126	»	2	Reims.
	Ripault (Le)	434	17	1	Paris et Tours.
	Rocroi	174	29	1	Reims et Mézières.
	Rouen	337	»	2	Paris.
	Sampigny	159	»	2	
	Sarreguemines	312	18	1	Forbach.
	Saumur	498	»	2	Paris.
	Saverne	313	»	2	
	Schelestadt	400	»	2	
	Sedan	174	22	1	Reims et Mézières.
	Senlis	152	47	1	Meaux.
	Soissons	102	41	1	Château-Thierry.
	Strasbourg	357	»	2	
	Saint-Brieuc	571	100	1	Paris et Rennes.
	Saint-Cloud	211	»	2	Paris.
	Saint-Cyr	219	»	2	Paris.
	Saint-Étienne	575	»	2	Gray, Dijon et Lyon.
	Saint-Germain-en-Laye	210	»	2	Paris.
	Saint-Lô	466	55	1	Paris et Bayeux.
	Saint-Maixent	587	»	2	Paris.

LIEUX DE DÉPART	DESTINATIONS	DISTANCES EN KILOMÈTRES voies de fer	DISTANCES EN KILOMÈTRES voies de terre	NOMBRE de changements	LIEUX des changements de voie ou de wagon
Camp de Châlons-sur-Marne (suite)	Saint-Mihiel	149	19	1	Commercy.
	Saint-Omer	377	»	2	Reims, Laon et Busigny.
	Saint-Ponce	174	»	2	Reims.
	Saint-Quentin	189	»	2	Reims et Laon.
	Tarbes	928	99	1	Paris, Bordeaux et Mont-de-Marsan
	Thionville	273	»	2	
	Toul	174	»	2	
	Toulon	870	65	1	Gray, Dijon et Marseille.
	Toulouse	1037	»	2	Paris et Bordeaux.
	Tours	534	»	2	Paris.
	Troyes	257	»	2	
	Tulle	598	89	1	Paris et Limoges.
	Valence	624	»	2	Gray et Dijon.
	Valenciennes	288	»	2	Reims, Laon et Busigny.
	Vendôme	377	32	1	Paris et Blois.
	Verdun	149	54	1	Commercy.
	Vernon	277	»	2	Paris.
	Versailles	214	»	2	Paris.
	Vesoul	280	»	2	
	Villers	174	»	2	Reims.
	Vincennes	197	»	2	
	Vitry-le-Français	60	»	2	
	Wissembourg	405	»	2	
Cannes	Antibes	»	12	»	
	Brignolles	»	98	»	
	Draguignan	»	65	»	
	Marseille	»	166	»	
	Paris	864	155	1	Aix.
	Sainte-Marguerite	»	4	»	
	Toulon	»	127	»	
Carcassonne	Castel-Sarrazin	161	»	2	
	Castres	»	65	»	
	Cette	129	»	2	
	Châtellerault	627	»	2	Bordeaux.
	Clermont-Ferrand	766	»	2	Cette et Lyon.
	Dax	496	»	2	Bordeaux.
	Foix	»	90	»	
	Fontainebleau	943	»	2	Cette.
	Grenoble	521	»	2	Cette et Saint-Rambert.
	La Rochelle	729	»	2	Bordeaux.
	Limoges	476	95	1	Bordeaux et Périgueux.
	Limoux	»	25	»	
	Lyon	490	»	2	Cette.
	Mans (Le)	724	»	2	Bordeaux.
	Marseille	337	»	2	Cette.
	Metz	1114	»	2	Cette, Dijon et Gray.
	Montauban	152	»	2	
	Montpellier	161	»	2	Cette.
	Moulins	743	»	2	Cette et Lyon.
	Narbonne	59	»	2	
	Nevers	805	»	2	Cette et Lyon.
	Nimes	214	»	2	Cette.
	Niort	663	»	2	Bordeaux.

LIEUX DE DÉPART	DESTINATIONS	DISTANCES EN KILOMÈTRES		NOMBRE de CAMIONNAGES	LIEUX des CHANGEMENTS DE VOIE OU DE WAGON
		VOIES DE FER	VOIES DE TERRE		
Carcassonne (suite)	Paris	931	»	2	Bordeaux.
	Perpignan	123	»	2	Narbonne.
	Rodez	209	41	1	Montauban et Saint-Christophe.
	Saint-Girons	»	125	»	
	Tarascon (Ariège)	»	101	»	
	Tarbes	91	151	1	Toulouse.
	Toulon	337	65	1	Cette et Marseille.
	Toulouse	91	»	2	
	Tours	695	»	2	Bordeaux.
	Tulle	152	194	1	Montauban.
Castel-Sarrazin	Châteauroux	553	95	2	Bordeaux, Périgueux et Limoges.
	Châtellerault	466	»	2	Bordeaux.
	Clermont-Ferrand	230	176	2	Montauban, Décazeville et Lempdes
	Dax	235	»	2	Bordeaux.
	Étampes	714	»	2	Bordeaux.
	Gannat	271	176	2	Montauban, Décazeville et Lempdes
	Guétin (Le)	819	»	2	Bordeaux.
	Issoire	195	176	2	Montauban, Décazeville et Lempdes
	Issoudun	785	»	2	Bordeaux.
	Langon	144	»	2	
	Lempdes	179	176	1	Montauban et Décazeville.
	Libourne	223	»	2	Bordeaux.
	Moulins	870	»	2	Bordeaux et Le Guétin.
	Nantes	729	»	2	Bordeaux.
	Nevers	839	»	2	Bordeaux et Le Guétin.
	Orléans	649	»	2	Bordeaux.
	Paris	778	»	2	Bordeaux.
	Poitiers	553	»	2	Bordeaux.
	Riom	253	176	2	Montauban, Décazeville et Lempdes
	Roche-Chalais (La)	256	»	2	Bordeaux.
	Ruffec	368	»	2	Bordeaux.
	Saint-Germain-des-Fossés	295	176	2	Montauban, Décazeville et Lempdes
	Saumur	697	»	2	Bordeaux.
	Tonneins	91	»	2	
	Tours	535	»	2	Bordeaux.
	Varennes	303	176	2	Montauban, Décazeville et Lempdes
	Vierzon	729	»	2	Bordeaux.
Castres	Castel-Sarrazin	125	53	1	Castelnaudary.
	Châtellerault	591	53	1	Castelnaudary, Dijon et Bordeaux.
	Cette	129	65	1	Carcassonne.
	Gilaud (Le)	312	121	»	Castelnaudary et Bordeaux.
	Limoges	440	148	»	Castelnaudary, Bordeaux et Périgueux.
	Lunel	185	65	1	Carcassonne et Cette.
	Marseille	337	65	1	Carcassonne et Cette.
	Mende	»	237	»	
	Metz	1114	65	1	Carcassonne, Cette, Dijon et Gray.
	Montauban	106	53	1	Castelnaudary.
	Montpellier	161	65	1	Carcassonne et Cette.
	Narbonne	59	65	1	Carcassonne.
	Orléans	774	53	1	Castelnaudary et Bordeaux.
	Paris	895	53	1	Castelnaudary et Bordeaux.
	Perpignan	123	65	1	Carcassonne et Narbonne.

LIEUX DE DÉPART	DESTINATIONS	DISTANCES EN KILOMÈTRES — VOIES DE FER	DISTANCES EN KILOMÈTRES — VOIES DE TERRE	NOMBRE DE CAMIONNAGES	LIEUX DES CHANGEMENTS DE VOIE OU DE WAGON
Castres (suite)	Provins	965	75	»	Castelnaudary, Bordeaux, Paris et Nangis.
	Rodez	»	122	»	
	Saint-Hyppolyte	214	142	»	Carcassonne, Cette et Nîmes.
	Saumur	722	53	1	Castelnaudary et Bordeaux.
	Toulon	387	130	»	Carcassonne, Cette et Marseille.
	Toulouse	55	53	1	Castelnaudary.
	Tours	659	53	1	Castelnaudary et Bordeaux.
	Tulle	98	254	»	Saint-Antonin et Décazeville.
Ceret	Perpignan	»	32	»	
Cernay	Mulhouse	17	»	2	
	Thann	»	6	»	
Cette	Chalon-sur-Saône	491	»	2	
	Châtellerault	755	»	2	Bordeaux.
	Clermont-Ferrand	633	»	2	Lyon.
	Dijon	558	»	2	
	Dôle	605	»	2	Dijon.
	Feurs	457	»	2	Lyon.
	Fontainebleau	814	»	2	
	Guéret	884	35	1	Lyon, Le Guétin et La Souterraine.
	Isle-aux-Moines	1058	85	1	Bordeaux et Savenay.
	Joigny	727	»	2	
	Lapalud	181	»	2	
	Largentière	132	61	1	Alais.
	La Roche (Yonne)	741	»	2	
	La Rochelle	857	»	2	Bordeaux.
	Lunel	55	»	2	
	Lyon	361	»	2	
	Mâcon	433	»	2	
	Marseille	208	»	2	
	Melun	829	»	2	
	Mende	85	154	1	Nîmes.
	Mèze	»	20	»	Transport par eau décompté comme le roulage.
	Montbard	624	»	2	
	Montélimart	210	»	2	
	Montereau	795	»	2	
	Montpellier	32	»	2	
	Montrond	447	»	2	Lyon.
	Mornas	168	»	2	
	Narbonne	71	»	2	
	Nîmes	85	»	2	
	Nogent-sur-Seine	839	»	2	Montereau.
	Orange	158	»	2	
	Paris	873	»	2	
	Perpignan	138	»	2	Narbonne.
	Plombières (Côte-d'Or)	555	»	2	
	Pont-Saint-Esprit	168	13	1	Mornas.
	Roanne	500	»	2	Lyon.
	Rognac	181	»	2	
	Rodez	441	41	1	Montauban et Saint-Christophe.
	Saint-Chamas (poudrerie)	160	»	2	
	Saint-Étienne	418	»	2	Lyon.
	Saint-Florentin	695	»	2	
	Saint-Hyppolyte	85	47	1	Nîmes.

LIEUX DE DÉPART	DESTINATIONS	DISTANCES EN KILOMÈTRES		NOMBRE de CAMIONNAGES	LIEUX des CHANGEMENTS DE VOIE OU DE MAINS
		VOIES DE FER.	VOIES DE TERRE.		
Cette (suite)	Sompigny	884	»	2	Dijon et Gray.
	Sens	760	»	2	
	Tarascon-sur-Rhône	199	»	2	
	Tonnerre	677	»	2	
	Toulon	268	65	1	Marseille.
	Toulouse	220	»	2	
	Tournus	455	»	2	
	Troyes	844	»	2	Dijon et Gray.
	Tulle	274	194	1	Montauban.
	Valence	255	»	2	
	Vans (Les)	132	39	1	Alais.
	Vienne	329	»	2	
	Villefranche (Rhône)	390	»	2	
Châlons-sur-Marne	Château-Thierry	78	»	2	
	Chaumont	135	»	2	
	Colmar	398	»	2	
	Commercy	122	»	2	
	Dijon	294	»	2	Gray.
	Donjeux	104	»	2	
	Épernay	34	»	2	
	Épinal	256	»	2	
	Fontainebleau	232	»	2	Paris.
	Forbach	286	»	2	
	Frouard	173	»	2	
	Gibaud (Le)	623	75	1	Paris et Angoulême.
	Givet	159	67	1	Reims et Mézières.
	Haguenau	345	»	2	
	La Fère	137	»	2	Reims et Laon.
	Langres	170	»	2	
	Laon	114	»	2	Reims.
	Lille	291	»	2	Reims, Laon et Busigny.
	Lunéville	213	»	2	
	Lyon	491	»	2	Gray et Dijon.
	Marsal	181	35	1	Nancy.
	Marseille	853	»	2	Gray et Dijon.
	Maubeuge	240	»	2	Reims et Laon.
	Meaux	129	»	2	
	Melun	218	»	2	Paris.
	Metz	221	»	2	
	Mézières	150	»	2	Reims.
	Montmédy	150	65	1	Reims et Mézières.
	Mulhouse	364	»	2	
	Nancy	181	»	2	
	Orléans	294	»	2	Paris.
	Paris	173	»	2	
	Pont-à-Mousson	192	»	2	
	Provins	287	18	1	Nogent-sur-Seine.
	Reims	62	»	2	
	Romans	579	18	1	Gray, Dijon et Tain.
	Rouen	313	»	2	Paris.
	Saint-Avold	267	»	2	
	Saint-Dizier	63	»	2	
	Saint-Étienne	548	»	2	Gray, Dijon et Lyon.
	Sainte-Menehould	»	42	»	
	Saint-Mihiel	122	49	1	Commercy.

LIEUX DE DÉPART	DESTINATIONS	DISTANCES EN KILOMÈTRES		NOMBRE de CAMIONNAGES	LIEUX des CHANGEMENTS DE VOIE OU DE WAGON
		VOIES DE FER	VOIES DE TERRE		
Châlons-sur-Marne. (suite).	Saint-Omer	353	»	2	Reims, Laon et Busigny.
	Sarrebourg	260	»	2	
	Sarguemines	286	18	1	Forbach.
	Saverne	286	»	2	
	Schélestadt	373	»	2	
	Sedan	150	22	1	Reims et Mézières.
	Soissons	78	41	1	Château-Thierry.
	Stenay	»	106	»	
	Strasbourg	330	»	2	
	Thann	447	»	2	
	Thionville	246	»	2	
	Toul	148	»	2	
	Toulon	843	65	1	Gray, Dijon et Marseille.
	Troyes	231	»	2	
	Valenciennes	264	»	2	Reims, Laon et Busigny.
	Verdun	»	83	»	
	Vernon	253	»	2	Paris.
	Vesoul	254	»	2	
	Villers	150	»	2	Reims.
	Vitry-le-Français	33	»	2	
	Wissembourg	378	»	2	
Chalon-sur-Saône	Chaumont	229	»	2	Dijon et Gray.
	Creusot (Le)	»	40	»	
	Digne	479	111	1	Aix.
	Dijon	69	»	2	
	Dôle	116	»	2	Dijon.
	Douai	621	»	2	Dijon, Gray, Reims, Laon et Busigny.
	Feurs	224	»	2	Lyon.
	Fontainebleau	334	»	2	
	Grenoble	284	»	2	Saint-Rambert.
	Joigny	238	»	2	
	Langres	194	»	2	Dijon et Gray.
	Lapalud	265	»	2	
	La Roche (Yonne)	228	»	2	
	Lille	653	»	2	Dijon, Gray, Reims, Laon et Busigny.
	Limoges	713	»	2	Lyon et Le Guétin.
	Lons-le-Saunier	»	64	»	
	Lunel	436	»	2	
	Lunéville	486	»	2	Dijon et Gray.
	Lyon	130	»	2	
	Mâcon	59	»	2	
	Marseille	482	»	2	
	Melun	339	»	2	
	Metz	492	»	2	Dijon et Gray.
	Mézières	513	»	2	Dijon, Gray et Reims.
	Montélimart	281	»	2	
	Montereau	305	»	2	
	Montpellier	459	»	2	
	Montrond	214	»	2	Lyon.
	Mornas	317	»	2	
	Moulins	382	»	2	Lyon.
	Nancy	453	»	2	Dijon et Gray.
	Nevers	444	»	2	Lyon.
	Nîmes	459	»	2	
	Nogent-sur-Seine	350	»	2	Montereau.

LIEUX DE DÉPART	DESTINATIONS	DISTANCES EN KILOMÈTRES		NOMBRE de CAMIONNAGES	LIEUX des CHANGEMENTS DE VOIE ET DE WAGON
		VOIES DE FER	VOIES DE TERRE		
Chalon-sur-Saône (suite).	Orange	333	»	2	
	Paris	383	»	2	
	Plombières (Côte-d'Or)	73	»	2	
	Pont-Saint-Esprit	310	»	2	
	Roanne	267	»	2	Lyon.
	Rognac	449	»	2	
	Saint-Chamas (poudrerie)	434	»	2	
	Saint-Étienne	187	»	2	Lyon.
	Saint-Florentin	211	»	2	
	Sens	271	»	2	
	Strasbourg	414	»	2	Dijon et Belfort.
	Tarascon	382	»	2	
	Tonnerre	187	»	2	
	Toulon	482	65	1	Marseille.
	Tournus	27	»	2	
	Troyes	325	»	2	Dijon et Gray.
	Valence	236	»	2	
	Vienne	162	»	2	
	Villefranche	96	»	2	
	Vitry-le-Français	331	»	2	Dijon et Gray.
Chantilly	Chauny	74	»	2	
	Clermont (Oise)	15	»	2	
	Compiègne	34	»	2	
	Creil	»	9	»	
	Paris	68	»	2	
	Pontoise	39	»	2	
	Saint-Denis	62	»	2	
	Saint-Quentin	109	»	2	
	Soissons	34	37	1	Compiègne.
Charenton	Châtellerault	305	»	2	
	Lyon	508	»	2	
	Melun	41	»	2	
	Moulins	342	»	2	Le Guétin.
	Paris	»	8	»	
	Provins	70	22	1	Nangis.
	Sézanne	111	32	1	Nogent-sur-Seine.
	Strasbourg	502	»	2	
	Toul	320	»	2	
	Toulon	866	65	1	Marseille.
	Troyes	167	»	2	
	Vincennes	»	10	»	
Charmes	La Fère	»	3	»	
Chartres	Châtellerault	291	»	2	Le Mans.
	Dijon	403	»	2	Paris.
	Dreux	»	34	»	
	Épernon	28	»	2	
	Évreux	196	»	2	Paris.
	Faverney	449	»	2	Paris.
	Ferté-Bernard (La)	82	»	2	

LIEUX DE DÉPART	DESTINATIONS	DISTANCES EN KILOMÈTRES — VOIES DE FER	DISTANCES EN KILOMÈTRES — VOIES DE TERRE	NOMBRE de CAMIONNAGES	LIEUX des CHANGEMENTS DE VOIE OU DE WAGON
	Fontainebleau	147	»	2	Paris.
	Fontenay-le-Comte	402	31	1	Le Mans et Niort.
	Guéret	240	87	»	Artenay et La Souterraine.
	Hâvre (Le)	317	»	2	Paris.
	La Loupe	37	»	2	
	Laval	213	»	2	
	Limoges	300	53	1	Artenay.
	Lunéville	474	»	2	Paris.
	Maintenon	20	»	2	
	Mans (Le)	124	»	2	
	Marseille	952	»	2	Paris.
	Melun	133	»	2	Paris.
	Moulins	241	53	1	Artenay et Le Guétin.
	Nancy	441	»	2	Paris.
	Nantes	418	»	2	Le Mans.
	Napoléon-Vendée	418	71	1	Le Mans et Nantes.
	Napoléonville	285	105	1	Rennes.
	Nogent-le-Rotrou	62	»	2	
	Orléans	20	53	1	Artenay.
Chartres (suite)	Paris	88	»	2	
	Poitiers	324	»	2	Le Mans.
	Rambouillet	40	»	2	
	Rennes	285	»	2	
	Rouen	228	»	2	Paris.
	Saint-Cloud	80	»	2	
	Saint-Cyr	66	»	2	
	Saint-Germain-en-Laye	71	13	1	Versailles.
	Saint-Jean-d'Angely	436	28	1	Le Mans et Surgères.
	Saint-Maixent	379	»	2	Le Mans.
	Saumur	287	»	2	Le Mans.
	Sillé-le-Guillaume	160	»	2	
	Strasbourg	590	»	2	Paris.
	Toulon	952	65	1	Paris et Marseille.
	Tours	223	»	2	Le Mans.
	Troyes	255	»	2	Paris.
	Vendôme	»	85	»	
	Vernon	168	»	2	Paris.
	Versailles	71	»	2	
	Villers	348	»	2	Paris et Reims.
	Dol	»	27	»	
Châteauneuf	Paris	374	56	1	Rennes.
	Verneuil	249	95	»	Rennes et La Loupe.
	Châtellerault	327	»	2	
	Clermont-Ferrand	309	»	2	Le Guétin.
	Dax	415	95	2	Limoges, Périgueux et Bordeaux.
	Étampes	210	»	2	
	Fontainebleau	325	»	2	Paris.
Châteauroux	Fontenay-le-Comte	437	31	1	Niort.
	Forges de Clavières	»	11	»	
	Gannat	268	»	2	Le Guétin.
	Guéret	79	34	1	La Souterraine.
	Guétin (Le)	156	»	2	
	Issoire	344	»	2	Le Guétin.

LIEUX DE DÉPART	DESTINATIONS	DISTANCES EN KILOMÈTRES VOIES DE FER	VOIES DE TERRE	NOMBRE de CHANGEMENTS	LIEUX des CHANGEMENTS DE VOIE OU DE WAGON
Châteauroux (suite)..	Issoudun	28	»	2	
	La Châtre	»	37	»	
	La Fère	420	»	2	Paris.
	Langon	309	95	2	Limoges, Périgueux et Bordeaux.
	Langres	503	»	2	Paris.
	La Rochelle	563	»	2	
	Lempdes	369	»	2	Le Guétin.
	Libourne	231	95	2	Limoges et Périgueux.
	Limoges	138	»	2	
	Lyon	445	»	2	Le Guétin.
	Marseille	797	»	2	Le Guétin et Lyon.
	Metz	659	»	2	Paris.
	Montpellier	774	»	2	Le Guétin et Lyon.
	Moulins	202	»	2	Le Guétin.
	Nancy	618	»	2	Paris.
	Nantes	453	»	2	
	Napoléon-Vendée	453	71	1	Nantes.
	Nevers	162	»	2	Le Guétin.
	Orléans	144	»	2	
	Paris	266	»	2	
	Perpignan	944	»	2	Le Guétin, Lyon, Cette et Narbonne.
	Poitiers	360	»	2	
	Rennes	520	»	2	Le Mans.
	Riom	296	»	2	Le Guétin.
	Ripault (Le) (poudrerie)	259	17	1	Tours.
	Roanne	304	»	2	Le Guétin.
	Roche-Chalais (La)	537	»	2	
	Rouen	406	»	2	Paris.
	Ruffec	426	»	2	
	Saint-Aignan-sur-Cher	»	71	»	
	Saint-Étienne	391	»	2	Le Guétin.
	Saint-Germain-des-Fossés	244	»	2	Le Guétin.
	Saint-Lô	535	55	1	Paris et Bayeux.
	Saint-Maixent	418	»	2	
	Sampigny	560	»	2	Paris.
	Saumur	323	»	2	
	Stenay	526	56	1	Paris, Reims et Mézières.
	Strasbourg	767	»	2	Paris.
	Tarascon	697	»	2	Le Guétin et Lyon.
	Tarbes	414	194	1	Limoges, Périgueux, Bordeaux et Mont-de-Marsan.
	Tonneins	703	»	2	Bordeaux.
	Tortaron (forge)	162	30	1	Le Guétin et Nevers.
	Toulon	797	65	1	Le Guétin, Lyon et Marseille.
	Toulouse	523	95	2	Limoges, Périgueux et Bordeaux.
	Tours	259	»	2	
	Trézy (forge)	94	58	1	Bourges.
	Troyes	455	»	2	Paris.
	Tulle	138	89	1	Limoges.
	Valence	551	»	2	Le Guétin et Lyon.
	Varennes	230	»	2	Le Guétin.
	Vernon	346	»	2	Paris.
	Vichy	230	25	1	Le Guétin et Varennes.
	Vierzon	68	»	2	
Château-Thierry	Chauny	166	»	2	Reims et Laon.
	Commercy	209	»	2	

LIEUX DE DÉPART	DESTINATIONS	DISTANCES EN KILOMÈTRES — VOIES DE FER	DISTANCES EN KILOMÈTRES — VOIES DE TERRE	NOMBRE de CAMIONNAGES	LIEUX des CHANGEMENTS DE VOIE OU DE WAGON
Château-Thierry (suite)	Épernay	47	»	2	
	La Ferté-sous-Jouarre	30	»	2	
	Laon	130	»	2	Reims.
	Meaux	51	»	2	
	Paris	95	»	2	
	Reims	78	»	2	
	Soissons	»	41	»	
	Villers-Cotterets	51	42	1	Meaux.
	Vitry-le-Français	111	»	2	
Châtellerault	Cherbourg	398	57	2	Le Mans, Argentan et Caen.
	Clermont-Ferrand	510	»	2	Le Guétin.
	Colmar	838	»	2	Paris.
	Dax	427	»	2	Bordeaux.
	Digne	961	111	1	Bordeaux, Cette et Aix.
	Dôle	667	»	2	Paris et Dijon.
	Douai	546	»	2	Paris.
	Draguignan	961	103	1	Bordeaux, Cette et Aix.
	Dunkerque	662	»	2	Paris.
	Épinal	732	»	2	Paris.
	Étampes	248	»	2	
	Fontainebleau	364	»	2	Paris.
	Fontenay-le-Comte	114	31	1	Niort.
	Forcalquier	885	98	1	Bordeaux, Cette et Avignon.
	Fort Queyras	804	177	1	Le Guétin, Lyon, Saint-Rambert et Grenoble.
	Gannat	470	»	2	Le Guétin.
	Gap	804	101	1	Le Guétin, Lyon, Saint-Rambert et Grenoble.
	Granville	257	115	1	Le Mans et Laval.
	Gray	658	»	2	Paris et Dijon.
	Grenoble	804	»	2	Le Guétin, Lyon et Saint-Rambert.
	Guétin (Le)	354	»	2	
	Haguenau	821	»	2	Paris.
	Havre (Le)	534	»	2	Paris.
	Huningue	825	»	2	Paris.
	Issoire	546	»	2	Le Guétin.
	Issoudun	300	»	2	
	Joigny	451	»	2	Paris.
	La Fère	459	»	2	Paris.
	Langon	321	»	2	Bordeaux.
	Laon	481	»	2	Paris.
	La Rochelle	177	»	2	
	Laval	257	»	2	Le Mans.
	Lempdes	570	»	2	Le Guétin.
	Libourne	244	»	2	
	Lille	580	»	2	Paris.
	Limoges	463	»	2	
	Lons-le-Saunier	667	52	1	Paris, Dijon et Dôle.
	Lorient	503	132	1	Savenay.
	Lunéville	691	»	2	Paris.
	Lyon	650	»	2	Le Guétin.
	Mâcon	722	»	2	Le Guétin et Lyon.
	Manosque	961	53	1	Bordeaux, Cette et Aix.
	Mans (Le)	467	»	2	
	Marseille	965	»	2	Bordeaux et Cette.
	Maubeuge	550	»	2	Paris.

LIEUX DE DÉPART	DESTINATIONS	DISTANCES EN KILOMÈTRES		NOMBRE de CAMIONNAGES	LIEUX des CHANGEMENTS DE VOIE OU DE MARCHE
		VOIES DE FER	VOIES DE TERRE		
Châtellerault (suite)	Meaux	359	»	2	Paris.
	Melun	350	»	2	Paris.
	Metz	698	»	2	Paris.
	Mézières	565	»	2	Paris et Reims.
	Montauban	585	»	2	Bordeaux.
	Montélimart	804	»	2	Le Guétin et Lyon.
	Montpellier	787	»	2	Bordeaux et Cette.
	Moulins	405	»	2	Le Guétin.
	Nancy	657	»	2	Paris.
	Nantes	263	»	2	
	Napoléon-Vendée	111	87	1	Niort.
	Napoléonville	393	127	1	Savenay.
	Narbonne	685	»	2	Bordeaux.
	Nevers	364	»	2	Le Guétin.
	Nîmes	840	»	2	Bordeaux et Cette.
	Niort	111	»	2	
	Nogent-sur-Seine	416	»	2	Paris.
	Orléans	183	»	2	
	Paris	305	»	2	
	Pau	427	82	1	Bordeaux et Mont-de-Marsan.
	Périgueux	305	»	2	
	Perpignan	749	»	2	Bordeaux et Narbonne.
	Poitiers	35	»	2	
	Pont-à-Mousson	668	»	2	Paris.
	Provins	375	22	1	Paris et Nangis.
	Puy (Le)	581	64	1	Le Guétin et Brioude.
	Rambouillet	353	»	2	Paris.
	Rennes	329	»	2	Le Mans.
	Riom	497	»	2	Le Guétin.
	Roanne	509	»	2	Le Guétin.
	Roche-Chalais (La)	210	»	2	
	Rochefort	175	»	2	
	Rouen	445	»	2	Paris.
	Rueil	321	»	2	Paris.
	Ruffec	99	»	2	
	Saint-Brieuc	329	100	1	Le Mans et Rennes.
	Saint-Étienne	596	»	2	Le Guétin.
	Saint-Germain-des-Fossés	445	»	2	Le Guétin.
	Saint-Germain-en-Laye	327	»	2	Paris.
	Saint-Lô	397	92	1	Le Mans, Argentan, Caen et Bayeux.
	Saint-Malo	329	70	1	Le Mans et Rennes.
	Saint-Omer	642	»	2	Paris.
	Saumur	132	»	2	
	Saverne	763	»	2	Paris.
	Schelestadt	851	»	2	Paris.
	Sedan	565	22	1	Paris, Reims et Mézières.
	Strasbourg	806	»	2	Paris.
	Tarbes	427	99	1	Bordeaux et Mont-de-Marsan.
	Tonneins	376	»	2	Bordeaux.
	Toul	624	»	2	Paris.
	Toulon	963	65	1	Bordeaux, Cette et Marseille.
	Toulouse	596	»	2	Bordeaux.
	Tours	68	»	2	
	Tulle	364	101	1	Périgueux.
	Valence	756	»	2	Le Guétin et Lyon.
	Valenciennes	581	»	2	Paris.

LIEUX DE DÉPART	DESTINATIONS	DISTANCES EN KILOMÈTRES VOIES DE FER	VOIES DE TERRE	NOMBRE DE CAMIONNAGES	LIEUX DES CHANGEMENTS DE VOIE OU DE WAGON
Châtellerault (suite)	Vannes	383	76	1	Savenay.
	Varennes	431	»	2	Le Guétin.
	Vendôme	127	32	1	Blois.
	Verdun	599	54	1	Paris et Commercy.
	Vernon	385	»	2	Paris.
	Versailles	322	»	2	Paris.
	Vesoul	686	»	2	Paris.
	Vienne	682	»	2	Le Guétin et Lyon.
	Vierzon	204	»	2	
	Vincennes	305	»	2	Paris.
	Vonges (poudrerie)	668	»	2	Paris et Dijon.
	Wissembourg	854	»	2	Paris.
Chaumont	Clairvaux	29	»	2	
	Dijon	160	»	2	Gray.
	Dôle	143	»	2	Gray.
	Donjeux	34	»	2	
	Épinal	381	»	2	
	Faverney	99	»	2	
	Gray	91	»	2	
	Langres	35	»	2	
	Lille	425	»	2	Reims, Laon et Busigny.
	Lyon	357	»	2	Gray et Dijon.
	Metz	265	»	2	
	Mézières	284	»	2	Reims.
	Moulins	604	»	2	Paris et Le Guétin.
	Nancy	226	»	2	
	Nevers	564	»	2	Paris et Le Guétin.
	Paris	262	»	2	
	Strasbourg	375	»	2	
	Toulon	709	65	1	Gray, Dijon et Marseille.
	Troyes	96	»	2	
	Vesoul	120	»	2	
Chauny	Clermont	89	»	2	Greil.
	Compiègne	40	»	2	
	Creil	74	»	2	
	Douai	247	»	2	Busigny.
	Dunkerque	363	»	2	Busigny.
	Guise	30	27	1	Saint-Quentin.
	Hazebrouck	322	»	2	Busigny.
	La Fère	14	»	2	
	Landrecies	78	»	2	
	Laon	36	»	2	
	Lille	280	»	2	Busigny.
	Maubeuge	105	»	2	
	Montreuil-Verton	239	»	2	Creil.
	Paris	141	»	2	
	Pontoise	112	»	2	
	Saint-Denis	135	»	2	
	Saint-Omer	342	»	2	Busigny.
	Saint-Quentin	30	»	2	
	Toulon	993	65	1	Laon, Reims, Gray, Dijon et Marseille.
	Valenciennes	282	»	2	Busigny.

LIEUX DE DÉPART	DESTINATIONS	DISTANCES EN KILOMÈTRES		NOMBRE de TRANSBORDEMENTS	LIEUX des CHANGEMENTS DE VOIE OU DE WAGON
		VOIES DE FER	VOIES DE TERRE		
Cherbourg	Coutances	58	34	1	Carentan.
	Diélette	»	27	»	
	Dijon	686	»	2	Paris.
	Dol	58	129	1	Carentan.
	Douai	612	»	2	Paris.
	Dunkerque	728	»	2	Paris.
	Enceinte (L')	»	4	»	
	Evreux	263	»	2	
	Fécamp	243	28	2	Pont-Lévêque, Honfleur et le Hâvre
	Granville	58	63	1	Carentan.
	Havre (Le)	199	26	2	Pont-Lévêque et Honfleur.
	Hougue (La) ou Saint-Vaast	28	19	1	Valognes.
	La Fère	525	»	2	Paris.
	La Rochelle	576	57	2	Caen, Argentan et Le Mans.
	Laval	321	57	2	Caen et Argentan.
	Lille	646	»	2	Paris.
	Locminé	394	152	1	Caen, Argentan et Rennes.
	Lorient	394	199	1	Caen, Argentan et Rennes.
	Lyon	883	»	2	Paris.
	Mans (Le)	231	57	2	Caen et Argentan.
	Marseille	1235	»	2	Paris.
	Mézières	631	»	2	Paris et Reims.
	Mont-Saint-Michel	58	114	1	Carentan.
	Mortain	58	89	1	Carentan.
	Mutzig	829	34	1	Paris et Saverne.
	Nantes	525	57	2	Caen, Argentan et Le Mans.
	Napoléon-Vendée	525	128	1	Caen, Argentan, Le Mans et Nantes.
	Orléans	493	»	2	Paris.
	Paris	371	»	2	
	Poitiers	431	57	2	Caen, Argentan et Le Mans.
	Port-Bail	28	30	1	Valognes.
	Port-Louis	394	204	1	Caen, Argentan et Rennes.
	Rennes	394	57	2	Caen et Argentan.
	Roanne	819	»	2	Paris et Le Guétin.
	Rouen	395	»	2	
	Ruelle (fonderie)	544	57	2	Caen, Argentan et Le Mans.
	Saint-Brieuc	58	210	1	Carentan.
	Saint-Étienne	966	»	2	Paris et Le Guétin.
	Saint-Lô	58	27	1	Carentan.
	Saint-Malo	58	149	1	Carentan.
	Saint-Omer	708	»	2	Paris.
	Saint-Valéry-en-Caux	243	57	1	Pont-Lévêque, Honfleur, Le Hâvre et Fécamp.
	Sées	155	57	2	Caen et Argentan.
	Strasbourg	873	»	2	Paris.
	Toulon	1235	65	1	Paris et Marseille.
	Toulouse	934	57	2	Caen, Argentan, Le Mans et Bordeaux.
	Tours	330	57	2	Caen, Argentan et Le Mans.
	Tréport (Le)	457	35	1	Dieppe.
	Tulle	772	89	1	Paris et Limoges.
Chollet	Fontenay-le-Comte	»	90	»	
	Nantes	»	61	»	
	Napoléon-Vendée	»	65	»	
	Paris	301	68	1	Saumur.
	Saumur	»	68	»	

9

LIEUX DE DÉPART	DESTINATIONS	DISTANCES EN KILOMÈTRES VOIES DE FER	VOIES DE TERRE	NOMBRE de CAMIONNAGES	LIEUX des CHANGEMENTS DE VOIE OU DE WAGON
Chollet (suite)	Tours	64	68	1	Saumur.
	Verdun	596	122	»	Saumur, Paris et Commercy.
Ciotat (La)	Cuges	»	21	»	
	Lyon	352	30	1	Marseille.
	Marseille	»	30	»	
	Paris	864	30	1	Marseille.
	Toulon	»	56	»	
	Toulouse	428	30	1	Marseille et Cette.
Clairvaux	Dijon	188	»	2	Gray.
	Lyon	385	»	2	Gray et Dijon.
	Metz	293	»	2	
	Orléans	356	»	2	Paris.
	Paris	234	»	2	
	Toul	222	»	2	
	Troyes	68	»	2	
	Verdun	196	54	1	Commercy.
Clermont-Ferrand	Dax	937	»	2	Le Guétin et Bordeaux.
	Dijon	469	»	2	Lyon.
	Etampes	393	»	2	Le Guétin.
	Fontainebleau	507	»	2	Le Guétin et Paris.
	Fontenay-le-Comte	628	31	1	Le Guétin et Niort.
	Gannat	41	»	2	
	Grenoble	426	»	2	Lyon et Saint-Rambert.
	Guéret	381	34	1	Le Guétin et La Souterraine.
	Guétin (Le)	158	»	2	
	Issoire	35	»	2	
	Issoudun	276	»	2	Le Guétin.
	Langon	827	»	2	Le Guétin et Bordeaux.
	Langres	594	»	2	Lyon, Dijon et Gray.
	La Rochelle	686	»	2	Le Guétin.
	Lempdes	60	»	2	
	Libourne	754	»	2	Le Guétin.
	Limoges	540	»	2	Le Guétin.
	Lyon	272	»	2	
	Mâcon	344	»	2	Lyon.
	Marsal	891	35	1	Le Guétin, Paris et Nancy.
	Marseille	624	»	2	Lyon.
	Mende	60	131	1	Lempdes.
	Montauban	211	176	2	Lempdes et Décazeville.
	Montbrison	183	14	1	Montrond.
	Montpellier	601	»	2	Lyon.
	Moulins	167	»	2	
	Nantes	637	»	2	Le Guétin.
	Nevers	169	»	2	
	Nîmes	551	»	2	Lyon.
	Niort	620	»	2	Le Guétin.
	Orléans	327	»	2	Le Guétin.
	Paris	448	»	2	Le Guétin.
	Perpignan	771	»	2	Lyon, Cette et Narbonne.
	Périgueux	440	93	1	Le Guétin et Limoges.
	Poitiers	543	»	2	Le Guétin.
	Privas	378	39	1	Lyon et Valence.

LIEUX DE DÉPART	DESTINATIONS	DISTANCES EN KILOMÈTRES		NOMBRE de CAMIONNAGES	LIEUX des CHANGEMENTS DE VOIE ET DE WAGON
		VOIES FERRÉES	VOIES DE TERRE		
Clermont-Ferrand (suite).	Puy (Le)	79	64	1	Brioude.
	Rennes	704	»	2	Le Guétin et Le Mans.
	Riom	14	»	2	
	Roanne	131	»	2	
	Roche-Chalais (La)	720	»	2	Le Guétin.
	Rodez	69	170	1	Lempdes.
	Ruffec	609	»	2	Le Guétin.
	Saint-Étienne	218	»	2	
	Saint-Flour	69	58	1	Lempdes.
	Saint-Germain-des-Fossés	65	»	2	
	Saint-Lô	717	35	1	Le Guétin, Paris et Bayeux.
	Saumur	506	»	2	Le Guétin.
	Tarascon	524	»	2	Lyon.
	Tonneins	886	»	2	Le Guétin et Bordeaux.
	Toulon	624	65	1	Lyon et Marseille.
	Toulouse	262	176	1	Lempdes, Décazeville et Montauban.
	Tours	442	»	2	Le Guétin.
	Troyes	615	»	2	Paris.
	Tulle	»	143	»	
	Varennes	78	»	2	
	Vendôme	386	32	1	Le Guétin et Blois.
	Versailles	565	»	2	Le Guétin et Paris.
	Vierzon	247	»	2	Le Guétin.
Clermont (Oise)	Compiègne	49	»	2	Creil.
	Creil	15	»	2	
	Douai	150	»	2	
	Dunkerque	275	»	2	
	Hazebrouck	234	»	2	
	Landrecies	166	»	2	Creil.
	Lille	193	»	2	
	Maubeuge	193	»	2	Creil.
	Montreuil-Verton	136	»	2	
	Paris	83	»	2	
	Pontoise	54	»	2	
	Saint-Denis	77	»	2	
	Saint-Omer	254	»	2	
	Saint-Quentin	118	»	2	Creil.
	Valenciennes	194	»	2	
Collioure	Foix	323	116	»	Perpignan, Narbonne et Carcassonne.
	Perpignan	»	26	»	
Colmar (Haut-Rhin)	Commercy	274	»	2	
	Dijon	278	»	2	Belfort.
	Donjeux	505	»	2	
	Ensisheim	»	26	»	
	Epernay	427	»	2	
	Epinal	253	»	2	
	Faverney	172	»	2	
	Forbach	339	»	2	
	Frouard	224	»	2	
	Haguenau	100	»	2	

LIEUX DE DÉPART	DESTINATIONS	DISTANCES EN KILOMÈTRES — VOIES DE FER	DISTANCES EN KILOMÈTRES — VOIES DE TERRE	NOMBRE de CAMIONNAGES	LIEUX des CHANGEMENTS DE VOIE OU DE WAGON
Colmar (Haut-Rhin) (suite).	Hâvre (Le)	762	»	2	Paris.
	Huningue	71	»	2	
	Langres	236	»	2	
	Lille	686	»	2	Reims, Laon et Busigny.
	Lons-le-Saunier	232	52	1	Belfort et Dôle.
	Lunéville	183	»		
	Lyon	575	»	2	Belfort et Dijon.
	Marckolsheim	»	32	»	
	Marsal	183	27	1	Lunéville.
	Marseille	827	»	2	Belfort et Dijon.
	Meaux	524	»	2	
	Metz	273	»	2	
	Mézières	545	»	2	Reims.
	Mulhouse	43	»	2	
	Mutzig	23	34	1	Schélestadt.
	Nancy	215	»	2	
	Napoléonville	907	105	1	Paris et Rennes.
	Neuf-Brisach	»	16	»	
	Paris	533	»	2	
	Phalsbourg	109	»	2	
	Pont-à-Mousson	243	»	2	
	Reims	457	»	2	
	Saint-Avold	320	»	2	
	Saint-Cyr	555	»	2	Paris.
	Saint-Dizier	368	»	2	
	Saint-Lô	802	35	1	Paris et Bayeux.
	Sarrebourg	137	»	2	
	Sarreguemines	109	59	1	Saverne.
	Sarre-Union	169	36	1	Saverne.
	Saumur	834	»	2	Paris.
	Saverne	109	»	2	
	Schélestadt	23	»	2	
	Strasbourg	68	»	2	
	Thann	52	»	2	
	Thionville	299	»	2	
	Toul	249	»	2	
	Toulon	827	65	1	Belfort, Dijon et Marseille.
	Valenciennes	659	»	2	Reims, Laon et Busigny.
	Verdun	274	54	1	Commercy.
	Versailles	550	»	2	Paris.
	Vesoul	152	»	2	
	Vitry-le-Français	363	»	2	
	Wissembourg	133	»	2	
Colmars (Basses-Alpes)	Digne	»	90	»	
	Draguignan	»	80	»	
	Entrevaux	»	58	»	
	Gap	»	68	»	
	Grasse	»	80	»	
	Lyon	154	169	1	Grenoble et Saint-Rambert.
	Marseille	53	156	1	Aix.
	Mont-Dauphin	»	127	»	
	Paris	666	169	1	Grenoble et Saint-Rambert.
	Seyne (la)	»	64	»	
	Toulon	»	160	»	
	Toulouse	426	156	1	Aix et Cette.

LIEUX DE DÉPART	DESTINATIONS	DISTANCES EN KILOMÈTRES		NOMBRE de CAMIONNAGES	LIEUX des CHANGEMENTS DE VOIE OU DE WAGON
		VOIES DE FER	VOIES DE TERRE		
	Compiègne	314	»	2	Reims et Laon.
	Donjeux	133	»	2	
	Epernay	153	»	2	
	Faverney	265	»	2	
	Fontainebleau	354	»	2	Paris.
	Forbach	164	»	2	
	Frouard	51	»	2	
	Haguenau	223	»	2	
	Langres	202	»	2	
	Lunéville	92	»	2	
	Lyon	523	»	2	Gray et Dijon.
	Marseille	875	»	2	Gray et Dijon.
	Meaux	250	»	2	
	Melun	340	»	2	Paris.
	Metz	98	»	2	
	Mézières	271	»	2	Reims.
	Mulhouse	317	»	2	
	Mutzig	165	35	1	Saverne.
	Nancy	59	»	2	
	Orléans	416	»	2	Paris.
Commercy	Paris	295	»	2	
	Pont-à-Mousson	69	»	2	
	Reims	183	»	2	
	Saint-Avold	145	»	2	
	Saint-Dizier	95	»	2	
	Saint-Mihiel	»	19	»	
	Sampigny	»	10	»	
	Sarrebourg	133	»	2	
	Saverne	165	»	2	
	Schélestadt	252	»	2	
	Strasbourg	208	»	2	
	Thann	325	»	2	
	Thionville	125	»	2	
	Toul	26	»	2	
	Toulon	875	65	1	Gray, Dijon et Marseille.
	Tours	531	»	2	Paris.
	Troyes	263	»	2	
	Verdun	»	54	»	
	Vitiers	271	»	2	Reims.
	Vitry-le-François	90	»	2	
	Wissembourg	256	»	2	
	Creil	34	»	2	
	Douai	163	»	2	Busigny.
	Dunkerque	278	»	2	Busigny.
	Fontainebleau	160	»	2	Paris.
	Guingamp	575	131	1	Paris et Rennes.
	Hazebrouck	283	»	2	Busigny.
Compiègne	Huningue	654	»	2	Laon et Reims.
	La Fère	53	»	2	
	Landrecies	118	»	2	
	Laon	75	»	2	
	Lille	196	»	2	Busigny.
	Lunéville	402	»	2	Laon et Reims.
	Marsal	369	35		Laon, Reims et Nancy.
	Marseille	965	»		Paris.

LIEUX DE DÉPART	DESTINATIONS	DISTANCES EN KILOMÈTRES		NOMBRE de CAMIONNAGES	LIEUX des CHANGEMENTS DE VOIE OU DE WAGON
		VOIES DE FER	VOIES DE TERRE		
Compiègne (suite)	Maubeuge	145	»	2	
	Melun	146	»	2	Paris.
	Metz	408	»	2	Laon et Reims.
	Mézières	215	»	2	Laon.
	Montreuil-Verton	199	»	2	
	Nancy	369	»	2	Laon et Reims.
	Noyon	24	»	2	
	Paris	101	»	2	
	Pontoise	72	»	2	
	Reims	127	»	2	Laon.
	Saint-Denis	95	»	2	
	Saint-Germain-en-Laye	123	»	2	Paris.
	Saint-Omer	258	»	2	Busigny.
	Saint-Quentin	70	»	2	
	Sarreguemines	474	18	1	Laon, Reims et Forbach.
	Soissons	»	37	»	
	Strasbourg	518	»	2	Laon et Reims.
	Toulon	965	65	1	Paris et Marseille.
	Troyes	268	»	2	Paris.
	Valenciennes	169	»	2	
	Vernon	181	»	2	Paris.
	Versailles	118	»	2	Paris.
Concarneau	Douai	645	185	1	Rennes et Paris.
	Nantes	40	175	1	Savenay.
	Napoléonville	»	98	»	
	Paris	375	185	1	Rennes.
	Port-Louis	»	68	»	
	Quimper	»	20	»	
	Quimperlé	»	29	»	
	Rennes	»	185	»	
	Ripault (Le) (poudrerie)	235	192	»	Savenay et Tours.
	Saint-Brieuc	»	180	»	
	Vannes	»	99	»	
Condé (Nord)	Douai	36	13	1	Valenciennes.
	Evreux	384	13	1	Valenciennes et Paris.
	Givet	93	138	»	Valenciennes, Busigny et Landrecies.
	La Fère	128	13	1	Valenciennes et Busigny.
	Lille	69	13	1	Valenciennes.
	Mézières	290	13	1	Valenciennes, Busigny et Laon.
	Mutzig	549	47	»	Valenciennes, Busigny, Laon, Reims et Saverne.
	Nancy	444	13	1	Valenciennes, Busigny, Laon, Reims.
	Paris	276	13	1	Valenciennes.
	Saint-Omer	131	13	1	Valenciennes.
	Saint-Quentin	99	13	1	Valenciennes et Busigny.
	Valenciennes	»	13	»	
Condé-sur-Iton	Paris	108	34	1	Evreux.
	Rennes	250	54	1	La Loupe.
	Verneuil	»	12	»	
	Vincennes	108	35	1	Evreux.

LIEUX DE DÉPART	DESTINATIONS	DISTANCES EN KILOMÈTRES VOIES DE FER	DISTANCES EN KILOMÈTRES VOIES DE TERRE	NOMBRE de TRANSBORDEMENTS	LIEUX des CHANGEMENTS DE VOIE OU DE WAGON
Condé-sur-Noireau	Évreux	132	46	1	Caen.
	Paris	239	46	1	Caen.
	Thionville	638	46	1	Caen et Paris.
Conflans (Moselle)	Belfort	372	28	»	Metz, Reims, Laon et Busigny.
	Metz	»	28	»	
	Mézières	»	135	»	
	Montmédy	»	70	»	
	Paris	393	28	1	Metz.
	Saint-Omer	572	28	1	Metz, Reims, Laon et Busigny.
Couflens	Foix	»	66	»	
	Limoux	»	139	»	
	Saint-Girons	»	22	»	
Corbeil	Essonne	»	6	»	
	Paris	31	»	2	
	Versailles	48	»	2	Paris.
Courbevoie	Mont-Valérien	»	16	»	
	Paris	8	»	2	
	Rouen	139	»	2	Paris.
	Rueil	15	»	2	
	Saint-Cloud	15	»	2	
	Saint-Cyr	23	»	2	
	Saint-Denis	»	10	»	
	Saint-Germain-en-Laye	32	»	2	Paris.
	Versailles	18	»	2	
	Vincennes	9	»	2	
Coutances	Paris	314	34	1	Carentan.
Creil	Douai	174	»	2	
	Dunkerque	290	»	2	
	Hazebrouck	249	»	2	
	Landrecies	151	»	2	
	Lille	207	»	2	
	Maubeuge	179	»	2	
	Montreuil-Verton	165	»	2	
	Noyon	57	»	2	
	Paris	88	»	2	
	Pontoise	36	»	2	
	Saint-Denis	62	»	2	
	Saint-Omer	263	»	2	
	Saint-Quentin	109	»	2	
	Valenciennes	203	»	2	
Crest (Tour de)	Grenoble	137	29	1	Valence et Saint-Rambert.
	Lyon	165	29	1	Valence.
	Marseille	246	29	1	Valence.

LIEUX DE DÉPART	DESTINATIONS	DISTANCES EN KILOMÈTRES		NOMBRE de CAMIONNAGES	LIEUX des CHANGEMENTS DE VOIE OU DE WAGON
		VOIES DE FER	VOIES DE TERRE		
Crest (Tour de) (suite).	Montélimart	45	29	1	Valence.
	Paris	618	29	1	Valence.
	Toulon	246	94	»	Valence et Marseille.
	Valence	»	29	»	
Creusot (Le)	Dijon	69	40	1	Chalon-sur-Saône.
	Lyon	130	40	1	Chalon-sur-Saône.
	Mâcon	59	40	1	Chalon-sur-Saône.
	Marseille	482	40	1	Chalon-sur-Saône.
	Moulins	»	124	»	
	Paris	383	40	1	Chalon-sur-Saône.
	Saint-Léger	»	20	»	
	Toulon	482	105	»	Chalon-sur-Saône et Marseille.
	Toulouse	711	40	1	Chalon-sur-Saône et Cette.
Croisic (Le)	Guérande	»	10	»	
	Nantes	65	29	1	Saint-Nazaire.
	Napoléonville	»	127	»	
	Paris	495	29	1	Saint-Nazaire.
	Rennes	»	154	»	
	Roche-Bernard (La)	»	36	»	
	Vannes	»	76	»	
Dax	Étampes	675	»	2	Bordeaux.
	Gannat	896	»	2	Bordeaux et Le Guétin.
	Guétin (Le)	780	»	2	Bordeaux.
	Issoire	972	»	2	Bordeaux et Le Guétin.
	Issoudun	726	»	2	Bordeaux.
	Langon	191	»	2	Bordeaux.
	Lempdes	996	»	2	Bordeaux et Le Guétin.
	Libourne	184	»	2	Bordeaux.
	Lourdes	»	135	»	
	Marseille	832	»	2	Bordeaux et Cette.
	Mont-de-Marsan	78	»	2	
	Moulins	831	»	2	Bordeaux et Le Guétin.
	Nantes	690	»	2	Bordeaux.
	Navarrenx	»	77	»	
	Nevers	791	»	2	Bordeaux et Le Guétin.
	Oloron	»	101	»	
	Orléans	610	»	2	Bordeaux.
	Paris	731	»	2	Bordeaux.
	Pau	»	95	»	
	Poitiers	394	»	2	Bordeaux.
	Riom	923	»	2	Bordeaux et Le Guétin.
	Roche-Chalais (La)	217	»	2	Bordeaux.
	Ruffec	329	»	2	Bordeaux.
	Saint-Germain-des-Fossés	872	»	2	Bordeaux et Le Guétin.
	Saint-Jean-Pied-de-Port	54	60	1	Bayonne.
	Saint-Paul-les-Dax	»	2	»	
	Saumur	559	»	2	Bordeaux.
	Tarbes	78	90	1	Mont-de-Marsan.
	Tonneins	245	»	2	Bordeaux.
	Toulon	832	65	1	Bordeaux, Cette et Marseille.
	Toulouse	405	»	2	Bordeaux.

LIEUX DE DÉPART	DESTINATIONS	DISTANCES EN KILOMÈTRES VOIES DE FER	VOIES DE TERRE	NOMBRE de CAMIONNAGES	LIEUX des CHANGEMENTS DE VOIE OU DE WAGON
	Tours	495	»	2	Bordeaux.
Dax (suite)	Tulle	270	101	1	Bordeaux et Périgueux.
	Varennes	850	»	2	Bordeaux et Le Guétin.
	Vierzon	691	»	2	Bordeaux.
	Douai	138	65	1	Abbeville.
	Dunkerque	253	65	1	Abbeville.
	Elbeuf	62	21	1	Rouen.
	Esquerdes	233	65	1	Abbeville.
	Eu	»	31	»	
	Évreux	196	»	2	
	Fécamp	120	»	2	
	Gaillon	108	»	2	
	Granville	401	63	1	Carentan.
	Havre (Le)	132	»	2	
	La Fère	355	»	2	Paris.
	Lille	171	65	1	Abbeville.
	Lisieux	278	»	2	
	Malaunay	52	»	2	
	Mantes	145	»	2	
	Marseille	1065	»	2	Paris.
Dieppe	Maubeuge	447	»	2	Paris.
	Metz	594	»	2	Paris.
	Mézières	461	»	2	Paris et Reims.
	Nancy	553	»	2	Paris.
	Paris	201	»	2	
	Périgueux	807	»	2	Paris.
	Poissy	175	»	2	
	Rouen	62	»	2	
	Saint-Denis	207	»	2	Paris.
	Saint-Germain-en-Laye	167	12	1	Triel.
	Strasbourg	703	»	2	Paris.
	Toulon	1065	65	1	Paris et Marseille.
	Tréport (Le)	»	35	»	
	Trévort	»	33	»	
	Triel	167	»	2	
	Vernon	122	»	2	
	Yvetot	81	»	2	
	Draguignan	»	164	»	
	Embrun	»	128	»	
	Entrevaux	»	88	»	
	Forcalquier	»	54	»	
	Gap	»	87	»	
	Grenoble	»	188	»	
	Lyon	349	111	1	Aix.
Digne	Mâcon	421	111	1	Aix.
	Marseille	53	111	1	Aix.
	Mont-Dauphin	»	147	»	
	Montpellier	175	111	1	Aix.
	Nîmes	124	111	1	Aix.
	Paris	861	111	1	Aix.
	Saint-Étienne	406	111	1	Aix et Lyon.
	Saint-Vincent	»	56	»	
	Seyne (La)	»	42	»	

LIEUX DE DÉPART	DESTINATIONS	DISTANCES EN KILOMÈTRES VOIES DE FER	VOIES DE TERRE	NOMBRE de CORRESPONDANCES	LIEUX des CHANGEMENTS DE VOIE OU DE WAGON
Digne (suite)	Sisteron	»	50	»	
	Toulon	»	163	»	
	Toulouse	526	111	1	Aix et Cette.
	Tournoux	»	95	»	
	Troyes	802	111	1	Aix, Dijon et Gray.
Dijon	Dôle	47	»	2	
	Ecluse (fort l')	288	»	2	Macon.
	Epinal	153	67	1	Gray et Jussey.
	Faverney	167	»	2	Gray.
	Feurs	290	»	2	Lyon.
	Fontainebleau	250	»	2	
	Gray	69	»	2	
	Grenoble	351	»	2	Saint-Rambert.
	Huningue	264	»	2	Belfort.
	Joigny	169	»	2	
	Langres	125	»	2	Gray.
	Lapalud	372	»	2	
	Lille	585	»	2	Reims, Laon et Busigny.
	Limoges	716	»	2	Paris.
	Lons-le-Saunier	47	52	1	Dôle.
	Lunel	503	»	2	
	Lunéville	417	»	2	Gray.
	Lyon	197	»	2	
	Mâcon	126	»	2	
	Marseille	549	»	2	
	Melun	271	»	2	
	Metz	423	»	2	Gray.
	Mézières	444	»	2	Gray et Reims.
	Montélimart	358	»	2	
	Montereau	236	»	2	
	Montmédy	444	65	1	Gray, Reims et Mézières.
	Montpellier	526	»	2	
	Montrond	280	»	2	Lyon.
	Mornas	384	»	2	
	Moulins	446	»	2	Lyon.
	Mulhouse	237	»	2	Belfort.
	Nancy	384	»	2	Gray.
	Nevers	568	»	2	Lyon.
	Nîmes	476	»	2	
	Nogent-sur-Seine	281	»	2	
	Orange	400	»	2	
	Orléans	437	»	2	Paris.
	Paris	315	»	2	
	Perpignan	696	»	2	Cette et Narbonne.
	Pierre-Châtel	227	20	1	Mâcon et Rossillon.
	Phalsbourg	389	»	2	Belfort.
	Plombières (Côte-d'Or)	5	»	2	
	Pontarlier	86	43	2	Salins.
	Pont-Saint-Esprit	377	»	2	
	Roanne	338	»	2	Lyon.
	Rognac	516	»	2	
	Saint-Chamas (poudrerie)	501	»	2	
	Saint-Étienne	254	»	2	Lyon.
	Saint-Florentin	142	»	2	
	Saint-Malo	689	70	1	Paris et Rennes.

LIEUX DE DÉPART	DESTINATIONS	DISTANCES EN KILOMÈTRES voies de fer	DISTANCES EN KILOMÈTRES voies de terre	NOMBRE de changements	LIEUX des changements de voie ou de wagon
Dijon (suite)	Saint-Mihiel	326	19	1	Gray et Commercy.
	Saint-Omer	647	»	2	Reims, Laon et Busigny.
	Saumur	616	»	2	Paris.
	Sens	292	»	2	
	Strasbourg	345	»	2	Belfort.
	Tarascon	440	»	2	
	Tonnerre	119	»	2	
	Toulon	549	65	1	Marseille.
	Toulouse	778	»	2	Cette.
	Tournus	95	»	2	
	Tours	552	»	2	Paris.
	Troyes	256	»	2	Gray.
	Tulle	716	89	1	Paris et Limoges.
	Valence	303	»	2	
	Verdun	326	53	1	Gray et Commercy.
	Vesoul	185	»	2	Gray.
	Vienne	229	»	2	
	Villefranche (Rhône)	164	»	2	
	Vonges (poudrerie)	48	»	2	
Dol	Lamballe	»	66	»	
	Mont-Saint-Michel	»	28	»	
	Paris	374	55	1	Rennes.
	Rennes	»	55	»	
	Saint-Brieuc	»	86	»	
	Saint-Lô	»	97	»	
	Saint-Malo	»	25	»	
Dôle	Dunkerque	656	»	2	Gray, Reims, Laon et Busigny.
	Épinal	136	67	1	Gray et Jussey.
	Faverney	150	»	2	Gray.
	Feurs	341	»	2	Dijon et Lyon.
	Fontainebleau	363	»	2	Dijon.
	Gray	52	»	2	
	Guéret	703	34	1	Dijon, Paris et La Souterraine.
	Haguenau	331	»	2	Belfort.
	Joigny	216	»	2	Dijon.
	Langres	108	»	2	Gray.
	Lapalud	379	»	2	Dijon.
	La Roche (Yonne)	210	»	2	Dijon.
	Lons-le-Saunier	»	52	»	
	Lunel	550	»	2	Dijon.
	Lunéville	400	»	2	Gray.
	Lyon	244	»	2	Dijon.
	Mâcon	173	»	2	Dijon.
	Marseille	506	»	2	Dijon.
	Maubeuge	547	»	2	Gray, Reims et Laon.
	Meaux	407	»	2	Dijon et Paris.
	Melun	318	»	2	Dijon.
	Metz	406	»	2	Gray.
	Montbard	119	»	2	Dijon.
	Montélimart	365	»	2	Dijon.
	Montereau	283	»	2	Dijon.
	Montpellier	573	»	2	Dijon.
	Montrond	229	»	2	Dijon et Lyon.

LIEUX DE DÉPART	DESTINATIONS	DISTANCES EN KILOMÈTRES		NOMBRE de CAMIONNAGES	LIEUX des CHANGEMENTS DE VOIE OU DE WAGON
		VOIES DE FER	VOIES DE TERRE		
Dôle (suite)	Mornas	391	»	2	Dijon.
	Moulins	493	»	2	Dijon et Lyon.
	Nancy	367	»	2	Gray.
	Nevers	555	»	2	Dijon et Lyon.
	Nîmes	523	»	2	Dijon.
	Nogent-sur-Seine	328	»	2	Dijon et Montereau.
	Orange	447	»	2	Dijon.
	Paris	362	»	2	Dijon.
	Plombières (Côte-d'Or)	52	»	2	Dijon.
	Pontarlier	40	43	1	Salins.
	Pont-Saint-Esprit	424	»	2	Dijon.
	Roanne	385	»	2	Dijon et Lyon.
	Rognac	563	»	2	Dijon.
	Saint-Chamas (poudrerie)	548	»	2	Dijon.
	Saint-Étienne	301	»	2	Dijon et Lyon.
	Saint-Florentin	189	»	2	Dijon.
	Saint-Jean-d'Angely	775	44	1	Dijon, Paris et Niort.
	Saint-Mihiel	309	19	1	Gray et Commercy.
	Saumur	663	»	2	Dijon et Paris.
	Sens	249	»	2	Dijon.
	Tarascon	496	»	2	Dijon.
	Tonnerre	166	»	2	Dijon.
	Toul	335	»	2	Gray.
	Toulon	596	65	1	Dijon, Lyon et Marseille.
	Tournus	141	»	2	Dijon.
	Troyes	239	»	2	Gray.
	Valence	350	»	2	Dijon.
	Vesoul	171	»	2	Gray.
	Vienne	276	»	2	Dijon.
	Villefranche (Rhône)	211	»	2	Dijon.
	Vonges (poudrerie)	31	»	2	
Donjeux	Epernay	132	»	2	
	Forbach	297	»	2	
	Frouard	183	»	2	
	Haguenau	356	»	2	
	Lunéville	224	»	2	
	Meaux	229	»	2	
	Metz	238	»	2	
	Mulhouse	265	»	2	
	Nancy	192	»	2	
	Paris	273	»	2	
	Pont-à-Mousson	201	»	2	
	Reims	162	»	2	
	Saint-Avold	278	»	2	
	Saint-Dizier	39	»	2	
	Sarrebourg	270	»	2	
	Saverne	297	»	2	
	Schélestadt	384	»	2	
	Strasbourg	341	»	2	
	Thann	283	»	2	
	Thionville	257	»	2	
	Toul	158	»	2	
	Vitry-le-Français	68	»	2	
	Wissembourg	389	»	2	

LIEUX DE DÉPART	DESTINATIONS	DISTANCES EN KILOMÈTRES — VOIES DE FER	DISTANCES EN KILOMÈTRES — VOIES DE TERRE	NOMBRE de CAMIONNAGES	LIEUX des CHANGEMENTS DE VOIE OU DE WAGON
Douai	Dunkerque	116	»	2	
	Esquerdes	96	»	2	
	Fécamp	461	»	2	Paris.
	Givet	87	125	1	Busigny et Landrecies.
	Gravelines	116	20	1	Dunkerque.
	Guingamp	615	131	1	Paris et Rennes.
	Havre (Le)	470	»	2	Paris.
	Hazebrouck	75	»	2	
	Hesdin	26	55	1	Arras.
	La Fère	122	»	2	Busigny.
	Landrecies	87	»	2	Busigny.
	Laon	144	»	2	Busigny.
	La Rochelle	721	»	2	Paris.
	Lille	34	»	2	
	Longwy	504	50	1	Busigny, Laon, Reims et Thionville.
	Lorient	615	152	1	Paris et Rennes.
	Lyon	749	»	2	Busigny, Laon, Reims, Gray et Dijon.
	Marseille	1101	»	2	Busigny, Laon, Reims, Gray et Dijon.
	Maubeuge	114	»	2	Busigny.
	Metz	477	»	2	Busigny, Laon et Reims.
	Mézières	284	»	2	Busigny et Laon.
	Montmédy	284	65	1	Busigny, Laon et Mézières.
	Montreuil-Verton	178	»	2	
	Mutzig	543	34	1	Busigny, Laon, Reims et Saverne.
	Nancy	438	»	2	Busigny, Laon et Reims.
	Nantes	672	»	2	Paris.
	Neuf-Brisach	653	16	1	Busigny, Laon, Reims et Colmar.
	Nevers	543	»	2	Paris et Le Guétin.
	Paris	241	»	2	
	Péronne	63	25	1	Albert.
	Pontoise	213	»	2	
	Quesnoy (Le)	36	17	1	Valenciennes.
	Rennes	615	»	2	Paris.
	Rocroi	87	87	1	Busigny et Landrecies.
	Rouen	381	»	2	Paris.
	Saint-Brieuc	615	100	1	Paris et Rennes.
	Saint-Cyr	263	»	2	Paris.
	Saint-Denis	235	»	2	
	Saint-Étienne	776	»	2	Paris et Le Guétin.
	Saint-Lô	510	35	1	Paris et Bayeux.
	Saint-Omer	96	»	2	
	Saint-Quentin	93	»	2	Busigny.
	Saint-Valery-en-Caux	461	21	1	Paris et Fécamp.
	Saint-Valery-sur-Somme	157	»	2	
	Saint-Venant	»	49	»	
	Saumur	542	»	2	Paris.
	Strasbourg	587	»	2	Busigny, Laon et Reims.
	Thionville	504	»	2	Busigny, Laon et Reims.
	Toulon	1101	65	1	Busigny, Laon, Reims, Gray, Dijon et Marseille.
	Toulouse	1081	»	2	Paris et Bordeaux.
	Troyes	437	»	2	Busigny, Laon et Reims.
	Valenciennes	36	»	2	
	Verdun	379	54	1	Busigny, Laon, Reims et Commercy.
	Versailles	258	»	2	Paris.
Doullens	Havre (Le)	377	30	1	Amiens et Paris.
	Lille	60	35	1	Arras.

LIEUX DE DÉPART	DESTINATIONS	DISTANCES EN KILOMÈTRES		NOMBRE de CANONNIERS	LIEUX des CHANGEMENTS DE VOIE OU DE WAGON
		VOIES DE FER	VOIES DE TERRE		
Doullens (Suite)	Marseille	1012	30	1	Amiens et Paris.
	Mézières	307	35	1	Arras, Busigny et Laon.
	Paris	158	30	1	Amiens.
	Péronne	»	79	»	
	Saint-Omer	122	35	1	Arras.
	Saint-Quentin	116	35	1	Arras et Busigny.
	Strasbourg	610	35	1	Arras, Busigny, Laon et Reims.
Draguignan	Entrevaux	»	96	»	
	Gap	»	211	»	
	Grenoble	380	103	1	Aix et Saint-Rambert.
	Lyon	349	103	1	Aix.
	Manosque	»	155	»	
	Marseille	»	114	»	
	Montbrison	437	117	»	Aix, Lyon et Montrond.
	Mont-Dauphin	»	271	»	
	Nancy	930	103	1	Aix, Dijon et Gray.
	Nîmes	125	103	1	Aix.
	Paris	861	103	1	Aix.
	Perpignan	344	103	1	Aix, Cette et Narbonne.
	Saint-Étienne	406	103	1	Aix et Lyon.
	Sainte-Marguerite	»	69	»	
	Saint-Tropez	»	64	»	
	Seyne-les-Alpes	»	206	»	
	Sisteron	»	164	»	
	Toulon	»	80	»	
	Toulouse	426	103	1	Aix et Cette.
	Tournoux	»	189	»	
	Valence	244	103	1	Aix.
Dreux	Évreux	»	42	»	
	Laval	177	43	1	La Loupe.
	Lille	362	34	1	Chartres et Paris.
	Mans (Le)	88	43	1	La Loupe.
	Orléans	20	87	1	Artenay.
	Paris	88	34	1	Chartres.
	Saint-Brieuc	259	143	»	La Loupe et Rennes.
	Saint-Cyr	66	34	1	Chartres.
	Saint-Denis	94	33	1	Chartres et Paris.
	Saint-Germain-en-Laye	»	65	»	
	Verneuil	»	35	»	
	Vernon	»	51	»	
	Versailles	71	34	1	Chartres.
Dunkerque	Esquerdes	62	»	2	
	Givet	202	125	1	Busigny et Landrecies.
	Gravelines	»	20	»	
	Havre (Le)	585	»	2	Paris.
	Hazebrouck	41	»	2	
	Helfaut	62	»	2	
	Hesdin	62	56	1	Saint-Omer.
	La Fère	237	»	2	Busigny.
	Landrecies	202	»	2	Busigny.
	Laon	259	»	2	Busigny.

LIEUX DE DÉPART	DESTINATIONS	DISTANCES EN KILOMÈTRES — Voies de fer	DISTANCES EN KILOMÈTRES — Voies de terre	NOMBRE de cantonnements	LIEUX des changements de voie ou de wagon
Dunkerque (suite)	Lille	84	»	2	
	Lyon	864	»	2	Busigny, Laon, Reims, Gray et Dijon.
	Marseille	1216	»	2	Busigny, Laon, Reims, Gray et Dijon.
	Maubeuge	229	»	2	Busigny.
	Metz	592	»	2	Busigny, Laon et Reims.
	Mézières	399	»	2	Busigny et Laon.
	Mutzig	658	34	1	Busigny, Laon, Reims et Saverne.
	Paris	357	»	2	
	Pontoise	328	»	2	
	Rocroi	282	87	1	Busigny et Landrecies.
	Rouen	497	»	2	Paris.
	Saint-Denis	354	»	2	
	Saint-Omer	62	»	2	
	Saint-Quentin	209	»	2	Busigny.
	Sedan	399	22	1	Busigny, Laon et Mézières.
	Strasbourg	702	»	2	Busigny, Laon et Reims.
	Toulon	1216	65	1	Busigny, Laon, Reims, Gray, Dijon et Marseille.
	Tulle	758	89	1	Paris et Limoges.
	Valenciennes	151	»	2	
	Vannes	734	104	1	Paris et Rennes.
	Verdun	494	54	1	Busigny, Laon, Reims et Commercy.
	Vernon	437	»	2	Paris.
	Versailles	374	»	2	Paris.
Elbeuf	Evreux	»	39	»	
	Gaillon	»	30	»	
	Havre (Le)	89	21	1	Rouen.
	Mantes	37	30	1	Gaillon.
	Paris	94	30	1	Gaillon.
	Rouen	»	21	»	
	Vernon	»	43	»	
	Versailles	111	30	1	Gaillon et Paris.
Embrun	Gap	»	41	»	
	Grenoble	»	142	»	
	Lyon	154	142	1	Grenoble et Saint-Rambert.
	Marseille	53	191	1	Aix.
	Mont-Dauphin	»	19	»	
	Paris	666	142	1	Grenoble et Saint-Rambert.
	Queyras (fort)	»	35	»	
	Saint-Chamas (poudrerie)	46	191	1	Aix.
	Saint-Etienne	211	142	1	Grenoble, Saint-Rambert et Lyon.
	Saint-Vincent	»	24	»	
	Seyne (La)	»	38	»	
	Sisteron	»	38	»	
	Strasbourg	690	142	1	Grenoble, Saint-Rambert, Dijon et Belfort.
	Toulon	»	252	»	
	Toulouse	426	191	1	Aix et Cette.
	Tournoux	»	45	»	
	Valence	137	152	1	Grenoble et Saint-Rambert.
Épernay	Forbach	317	»	2	
	Frouard	203	»	2	
	Haguenau	376	»	2	

LIEUX DE DÉPART	DESTINATIONS	DISTANCES EN KILOMÈTRES		NOMBRE de CAMIONNAGES	LIEUX des CHANGEMENTS DE VOIE OU DE WAGON
		VOIES EN FER	VOIES DE TERRE		
Épernay (suite)	Lunéville	244	»	2	
	Meaux	98	»	2	
	Metz	250	»	2	
	Mézières	119	»	2	Reims.
	Mulhouse	395	»	2	
	Nancy	212	»	2	
	Paris	142	»	2	
	Pont-à-Mousson	221	»	2	
	Reims	31	»	2	
	Saint-Dizier	93	»	2	
	Sainte-Ménéhould	31	42	1	Châlons-sur-Marne.
	Sarrebourg	290	»	2	
	Saverne	317	»	2	
	Schélestadt	404	»	2	
	Strasbourg	361	»	2	
	Thann	479	»	2	
	Thionville	277	»	2	
	Toul	178	»	2	
	Vitry-le-Français	64	»	2	
	Wissembourg	409	»	2	
Épinal	Evreux	535	»	2	Paris.
	Fontenay-le-Comte	841	31	1	Paris et Niort.
	Gray	84	67	1	Jussey.
	Haguenau	192	»	2	
	Hesdin	619	37	1	Paris et Abbeville.
	Huningue	108	65	1	Lure.
	Hutte (La) [forges]	»	44	»	
	Langres	50	67	1	Jussey.
	Lunéville	60	»	2	
	Lyon	350	67	1	Jussey, Gray et Dijon.
	Marsal	60	27	1	Lunéville.
	Marseille	702	67	1	Jussey, Gray et Dijon.
	Metz	132	»	2	
	Mézières	404	»	2	Reims.
	Mirecourt	26	18	1	Charmes.
	Montbéliard	50	65	1	Lure et Belfort.
	Moulins	769	»	2	Paris et Le Guétin.
	Mulhouse	80	65	1	Lure.
	Mutzig	133	34	1	Saverne.
	Nancy	74	»	2	
	Neuf-Château	26	57	1	Charmes.
	Nevers	729	»	2	Paris et Le Guétin.
	Paris	427	»	2	
	Phalsbourg	106	17	1	Sarrebourg.
	Plombières (Vosges)	»	27	»	
	Remiremont	»	27	»	
	Saint-Lô	696	35	1	Paris et Bayeux.
	Saint-Dié	»	55	»	
	Saint-Maixent	817	»	2	Paris.
	Saint-Mihiel	134	19	1	Commercy.
	Sarreguemines	199	18	1	Forbach.
	Saumur	728	»	2	Paris.
	Schélestadt	220	»	2	
	Soissons	332	41	1	Château-Thierry.
	Strasbourg	177	»	2	

LIEUX DE DÉPART	DESTINATIONS	DISTANCES EN KILOMÈTRES		NOMBRE de CAMIONNAGES	LIEUX des CHANGEMENTS DE VOIE OU DE WAGON
		VOIES DE FER	VOIES DE TERRE		
Épinal (suite)	Thionville	158	»	2	
	Toul	109	»	2	
	Toulon	762	132	»	Jussey, Gray, Dijon et Marseille.
	Troyes	307	»	2	
	Versailles	444	»	2	Paris.
	Vesoul	21	65	1	Faverney.
	Vienne	382	67	1	Jussey, Gray et Dijon.
	Villers	404	»	2	Reims.
Esquerdes	Cherbourg	708	»	2	Paris.
	Gravelines	»	38	»	
	Havre (Le)	564	»	2	Paris.
	Hesdin	»	45	»	
	La Fère	217	»	2	Busigny.
	Lille	64	»	2	
	Marseille	1196	»	2	Busigny, Laon, Reims, Gray et Dijon
	Maubeuge	209	»	2	Busigny.
	Metz	572	»	2	Busigny, Laon et Reims.
	Mézières	379	»	2	Busigny et Laon.
	Montreuil-Verton	81	35	2	Calais et Boulogne.
	Paris	337	»	2	
	Rouen	477	»	2	Paris.
	Saint-Omer	»	7	»	
	Saint-Quentin	189	»	2	Busigny.
	Saint-Venant	»	50	»	
	Toulon	1196	65	1	Busigny, Laon, Reims, Gray, Dijon et Marseille.
Étampes	Gannat	351	»	2	Le Guétin.
	Guétin (Le)	236	»	2	
	Issoire	427	»	2	Le Guétin.
	Issoudun	183	»	2	
	Langres	353	»	2	Paris.
	Libourne	493	»	2	
	Moulins	287	»	2	Le Guétin.
	Nantes	375	»	2	
	Nevers	258	»	2	Le Guétin.
	Orléans	66	»	2	
	Paris	56	»	2	
	Pithiviers	»	33	»	
	Poitiers	282	»	2	
	Riom	379	»	2	Le Guétin.
	Roche-Chalais (La)	459	»	2	
	Ruffec	358	»	2	
	Saint-Germain-des-Fossés	327	»	2	Le Guétin.
	Saumur	245	»	2	
	Tonneins	625	»	2	Bordeaux.
	Tours	181	»	2	
	Varennes	315	»	2	Le Guétin.
	Versailles	73	»	2	Paris.
	Vierzon	147	»	2	
	Vincennes	56	»	2	
Eu	Havre (Le)	132	31	1	Dieppe.
	Marsal	526	69	»	Abbeville, Creil, Laon, Reims et Nancy.

LIEUX DE DÉPART	DESTINATIONS	DISTANCES EN KILOMÈTRES		NOMBRE de CAMIONNAGES	LIEUX DES CHANGEMENTS DE VOIE OU DE WAGON
		VOIES DE FER	VOIES DE TERRE		
Eu (suite)	Maubeuge	248	34	1	Abbeville et Busigny.
	Paris	204	31	1	Dieppe.
	Rouen	62	31	1	Dieppe.
	Sampigny	467	34	1	Abbeville, Creil, Laon et Reims.
	Toul	493	34	1	Abbeville, Creil, Laon et Reims.
	Trouville	132	68	»	Dieppe et Le Havre.
	Valenciennes	173	34	1	Abbeville.
	Vernon	122	31	1	Dieppe.
	Villers	372	34	1	Abbeville, Creil et Laon.
Evreux	Falaise	82	45	1	Lisieux.
	Gaillon	38	»	2	
	Havre (Le)	160	26	2	Pont-l'Évêque et Honfleur.
	Honfleur	180	16	1	Pont-l'Évêque.
	La Fère	262	»	2	Paris.
	Les Andelys	75	22	1	Vernon.
	Lieurey	»	58	»	
	Lille	383	»	2	Paris.
	Lisieux	82	»	2	
	Louviers	»	23	»	
	Malaunay	145	»	2	
	Mans (Le)	319	»	2	Paris.
	Mantes	54	»	2	
	Marseille	972	»	2	Paris.
	Niort	522	»	2	Paris.
	Paris	108	»	2	
	Pont-Audemer	54	41	1	Bernay.
	Rennes	482	»	2	Paris.
	Rouen	134	»	2	
	Saint-Cyr	130	»	2	Paris.
	Saint-Germain-en-Laye	73	12	1	Triel.
	Saumur	409	»	2	Paris.
	Toulon	972	65	1	Paris et Marseille.
	Tours	344	»	2	Paris.
	Triel	73	»	2	
	Vernon	75	»	2	
	Versailles	125	»	2	Paris.
	Yvetot	173	»	2	
Eysse (l'abbaye d')	Périgueux	38	86	1	Mussidan.
	Toulouse	122	30	1	Agen.
	Villeneuve-d'Agen	»	2	»	
Falaise	Havre (Le)	18	71	1	Lisieux, Pont-l'Évêque et Honfleur.
	Laval	189	22	1	Argentan.
	Lisieux	»	45	»	
	Mantes	138	45	1	Lisieux.
	Montauban	751	22	1	Argentan, Le Mans et Bordeaux.
	Napoléonville	262	127	»	Argentan et Rennes.
	Orléans	313	22	1	Argentan et Le Mans.
	Paris	190	45	1	Lisieux.
	Provins	260	67	»	Lisieux, Paris et Nangis.
	Rambouillet	238	45	1	Lisieux et Paris.
	Rennes	262	22	1	Argentan.

LIEUX DE DÉPART	DESTINATIONS	DISTANCES EN KILOMÈTRES		NOMBRE de correspondances	LIEUX des changements de voie ou de wagon
		voies de fer	voies de terre		
Falaise (suite)	Rouen	216	45	1	Lisieux.
	Saint-Brieuc	262	122	»	Argentan et Rennes.
	Saint-Germain-en-Laye	155	57	»	Lisieux et Triel.
	Saint-Lô	»	94	»	
	Saint-Malo	»	168	»	
	Sedan	450	67	»	Lisieux, Paris, Reims et Mézières.
	Toulon	1135	87	»	Argentan, Le Mans, Le Guétin, Lyon et Marseille.
	Vendôme	149	80	»	Argentan, Le Mans et Château-du-Loir.
	Vernon	157	45	1	Lisieux.
	Versailles	204	22	1	Argentan.
Faverney	Gray	98	»	2	
	Longwy	158	115	»	Épinal et Thionville.
	Lyon	364	»	2	Gray et Dijon.
	Marseille	716	»	2	Gray et Dijon.
	Nancy	74	65	1	Épinal.
	Paris	361	»	2	
	Sampigny	265	»	2	
	Strasbourg	239	»	2	
	Verdun	265	54	1	Commercy.
	Vesoul	21	»	2	
Ferté-Bernard (La)	La Loupe	56	»	2	
	Laval	132	»	2	
	Maintenon	102	»	2	
	Mans (Le)	42	»	2	
	Nogent-le-Rotrou	21	»	2	
	Paris	170	»	2	
	Rambouillet	122	»	2	
	Saint-Cyr	158	»	2	
	Sillé-le-Guillaume	78	»	2	
	Versailles	153	»	2	
Feurs	Lapalud	286	»	2	Lyon.
	Lunel	405	»	2	Lyon.
	Lyon	101	»	2	
	Marseille	451	»	2	Lyon.
	Montélimart	251	»	2	Lyon.
	Montpellier	429	»	2	Lyon.
	Montrond	12	»	2	
	Mornas	292	»	2	Lyon.
	Nîmes	378	»	2	Lyon.
	Orange	302	»	2	Lyon.
	Paris	488	»	2	Le Guétin.
	Pont-Saint-Esprit	280	»	2	Lyon.
	Roanne	40	»	2	
	Saint-Étienne	47	»	2	
	Tarascon-sur-Rhône	352	»	2	Lyon.
	Valence	206	»	2	Lyon.
	Vienne	132	»	2	Lyon.
Foix	Limoges	385	177	»	Toulouse, Bordeaux et Périgueux.
	Limoux	»	73	»	

LIEUX DE DÉPART	DESTINATIONS	DISTANCES EN KILOMÈTRES		NOMBRE de CAMIONNAGES	LIEUX des CHANGEMENTS DE VOIE OU DE WAGON
		VOIES DE FER	VOIES DE TERRE		
	Marseille	337	90	1	Carcassonne et Cette.
	Montauban	51	82	1	Toulouse.
	Montpellier	164	90	1	Carcassonne et Cette.
	Morens	»	43	»	
	Narbonne	59	90	1	Carcassonne.
	Orléans	719	82	1	Toulouse et Bordeaux.
	Pamiers	»	19	»	
	Paris	840	82	1	Toulouse et Bordeaux.
Foix (suite)	Pau	»	194	»	
	Perpignan	»	136	»	
	Saint-Étienne	547	90	1	Carcassonne, Cette et Lyon.
	Saint-Girons	»	44	»	
	Seix	»	58	»	
	Tarascon (Ariége)	»	15	»	
	Tarbes	»	155	»	
	Toulon	337	155	»	Carcassonne, Cette et Marseille.
	Toulouse	»	82	»	
	Ustou	»	62	»	
	Fontenay-le-Comte	473	31	1	Paris et Niort.
	Havre (Le)	288	»	2	Paris.
	Joigny	87	»	2	
	Laon	235	»	2	Paris.
	Lapalud	627	»	2	
	Limoges	460	»	2	Paris.
	Lunel	759	»	2	
	Lyon	453	»	2	
	Mâcon	382	»	2	
	Marsal	412	35	1	Paris et Nancy.
	Marseille	805	»	2	
	Maubeuge	305	»	2	Paris.
	Meaux	104	»	2	Paris.
	Melun	15	»	2	
	Metz	452	»	2	Paris.
	Mézières	319	»	2	Paris et Reims.
	Montauban	848	»	2	Paris et Bordeaux.
	Montbard	184	»	2	
Fontainebleau	Montélimart	604	»	2	
	Montereau	20	»	2	
	Montpellier	782	»	2	
	Montrond	537	»	2	Lyon.
	Mornas	639	»	2	
	Moulins	401	»	2	Paris et Le Guétin.
	Nancy	412	»	2	Paris.
	Nevers	361	»	2	Paris et Le Guétin.
	Nîmes	732	»	2	
	Niort	473	»	2	Paris.
	Nogent-sur-Seine	65	»	2	Montereau.
	Orange	656	»	2	
	Orléans	181	»	2	Paris.
	Paris	59	»	2	
	Poitiers	397	»	2	Paris.
	Plombières (Côte-d'Or)	251	»	2	
	Pont-à-Mousson	492	»	2	Paris.
	Pont-Saint-Esprit	633	»	2	
	Provins	65	13	1	Montereau et Nogent-sur-Seine.

LIEUX DE DÉPART	DESTINATIONS	DISTANCES EN KILOMÈTRES		NOMBRE de CAMIONNAGES	LIEUX des CHANGEMENTS DE VOIE OU DE WAGON
		VOIES DE FER	VOIES DE TERRE		
Fontainebleau (suite)	Rambouillet	107	»	2	Paris.
	Rueil	75	»	2	Paris.
	Roanne	507	»	2	Paris et Le Guétin.
	Rognac	771	»	2	
	Saint-Chamas (poudrerie)	757	»	2	
	Saint-Étienne	510	»	2	Lyon.
	Saint-Florentin	114	»	2	
	Saint-Germain-en-Laye	82	»	2	Paris.
	Saint-Mihiel	354	19	1	Paris et Commercy.
	Sampigny	354	»	2	Paris.
	Sedan	319	22	1	Paris, Reims et Mézières.
	Sens	54	»	2	
	Strasbourg	561	»	2	Paris.
	Tarascon	705	»	2	
	Tonnerre	138	»	2	
	Toulon	805	65	1	Marseille.
	Toulouse	899	»	2	Paris et Bordeaux.
	Tournus	350	»	2	
	Tours	296	»	2	Paris.
	Troyes	120	»	2	Montereau.
	Valence	559	»	2	
	Valenciennes	355	»	2	Paris.
	Verdun	354	54	1	Paris et Commercy.
	Vernon	139	»	2	Paris.
	Versailles	76	»	2	Paris.
	Vienne	383	»	2	
	Villefranche (Rhône)	419	»	2	
	Vincennes	59	»	2	
Fontenay-le-Comte	Gibaud (Le)	182	105	»	Niort et Angoulême.
	Grenoble	915	31	1	Niort, Le Guétin, Lyon et Saint-Rambert.
	Guingamp	440	162	»	Niort, Le Mans et Rennes.
	Huningue	933	31	1	Niort et Paris.
	La Rochelle	»	51	»	
	Limoges	182	134	1	Niort et Angoulême.
	Lunéville	800	31	1	Niort et Paris.
	Mâcon	833	31	1	Niort, Le Guétin et Lyon.
	Mans (Le)	278	31	1	Niort.
	Niort	»	31	»	
	Marseille	990	31	1	Niort, Bordeaux et Cette.
	Moulins	514	31	1	Niort et Le Guétin.
	Nantes	»	110	»	
	Napoléon-Vendée	»	56	»	
	Napoléonville	40	237	»	Nantes et Savenay.
	Orange	950	31	1	Niort, Bordeaux et Cette.
	Orléans	294	31	1	Niort.
	Paris	514	31	1	Niort.
	Périgueux	340	31	1	Niort.
	Poitiers	78	31	1	Niort.
	Rennes	440	31	1	Niort et Le Mans.
	Ruffec	135	31	1	Niort.
	Sables d'Olonne (Les)	»	78	»	
	Saint-Jean-d'Angely	34	59	»	Niort et Surgères.
	Saint-Maixent	24	31	1	Niort.
	Saintes	65	69	»	Niort et Rochefort.

LIEUX DE DÉPART	DESTINATIONS	DISTANCES EN KILOMÈTRES voies de fer	voies de terre	NOMBRE de CAMIONNAGES	LIEUX des CHANGEMENTS DE VOIE OU DE WAGON
Fontenay-le-Comte (suite).	Saumur	242	31	1	Niort.
	Thionville	833	31	1	Niort et Paris.
	Toul	734	31	1	Niort et Paris.
	Toulouse	572	31	1	Niort et Bordeaux.
	Tours	179	31	1	Niort.
	Tulle	340	132	»	Niort et Périgueux.
	Verdun	769	85	»	Niort, Paris et Commercy.
	Versailles	431	31	1	Niort et Paris.
Fontevrault	Nantes	132	16	1	Saumur.
	Napoléon-Vendée	132	87	»	Saumur et Nantes.
	Orléans	179	16	1	Saumur.
	Paris	304	16	1	Saumur.
	Saumur	»	16	»	
	Tours	64	16	1	Saumur.
	Verdun	595	79	»	Saumur, Paris et Commercy.
Forbach	Frouard	146	»	2	
	Haguenau	288	»	2	
	Lunéville	157	»	2	
	Meaux	414	»	2	
	Metz	70	»	2	
	Mulhouse	382	»	2	
	Nancy	124	»	2	
	Paris	458	»	2	
	Pont-à-Mousson	96	»	2	
	Reims	347	»	2	
	Saint-Avold	20	»	2	
	Saint-Dizier	258	»	2	
	Sarrebourg	203	»	2	
	Sarreguemines	»	18	»	
	Saverne	230	»	2	
	Schélestadt	317	»	2	
	Strasbourg	273	»	2	
	Thann	390	»	2	
	Thionville	100	»	2	
	Toul	139	»	2	
	Vitry-le-Français	253	»	2	
	Wissembourg	321	»	2	
Forcalquier	Marseille	53	99	1	Aix.
	Paris	753	98	1	Avignon.
	Peyrolles	»	77	»	
	Sisteron	»	42	»	
	Toulon	»	178	»	
	Toulouse	350	98	1	Avignon et Cette.
FORGES					
Abesse (Landes)	Dax	»	7	»	
	Toulouse	405	»	2	Bordeaux.
	Saint-Paul-les-Dax	»	9	»	
Ans (Dordogne)	Périgueux	»	21	»	

LIEUX DE DÉPART	DESTINATIONS	DISTANCES EN KILOMÈTRES		NOMBRE de camionnages	LIEUX des changements de voie ou de wagon
		voies de fer	voies de terre		
FORGES (Suite).					
Ars-sur-Moselle	Strasbourg	198	»	2	
	Vincennes	383	»	2	
Audincourt (Doubs)	Auxonne	139	»	2	
	Belfort	18	»	2	
	Besançon	79	»	2	
	Montbéliard	»	4	»	
	Paris	461	»	2	Belfort.
	Strasbourg	175	»	2	Belfort.
	Thann	55	»	2	Belfort.
	Vesoul	80	»	2	Belfort.
Beaulac (Gironde)	Bazas	»	7	»	
	Toulouse	215	22	1	Langon.
Beliet (Le) (Gironde)	Bordeaux	»	41	»	
	Portets	»	40	»	
	Toulouse	236	40	1	Portets.
Bessége (Gard)	Alais	»	30	»	
	Paris	836	30	1	Alais.
Bèze (Côte-d'Or)	Mirebeau	»	8	»	
	Pontailler ou Vonges	»	38	»	
Bonneville (La) (Eure)	Cherbourg	254	»	2	
	Evreux	10	»	2	
	Saint-Servan	122	165	1	Caen.
Bosneau (Commune de Neuville-aux-Tourneurs)	Douai	87	67	1	Landrecies et Busigny.
	La Fère	163	30	1	Mézières et Laon.
	Mézières	»	36	»	
	Rocroi	»	17	»	
Bourberouge	Cherbourg	58	92	1	Carentan.
Bourg-de-Sirod	Besançon	86	29	1	Salins.
	Lyon	104	93	1	Tournus.
Bourguignon (Doubs)	Isle-sur-le-Doubs	»	16	»	
	Metz	380	12	1	Montbéliard et Belfort.
	Montbéliard	»	12	»	
	Pont-de-Roide	»	5	»	
	Strasbourg	175	12	1	Montbéliard et Belfort.
Boutancourt (Ardennes)	Douai	284	12	1	Mézières, Laon et Busigny.
	Mézières	»	12	»	
	Paris	260	12	1	Mézières et Reims.

LIEUX DE DÉPART	DESTINATIONS	DISTANCES EN KILOMÈTRES VOIES DE FER	DISTANCES EN KILOMÈTRES VOIES DE TERRE	NOMBRE de CAMIONNAGES	LIEUX des CHANGEMENTS DE VOIE OU DE WAGON
FORGES (Suite).					
Brévilly (Ardennes)	Douai	284	46	1	Mézières, Laon et Busigny.
	La Fère	163	46	1	Mézières et Laon.
	Mézières	»	46	»	
Brocas (Landes)	Bordeaux	148	17	1	Mont-de-Marsan.
	Langon	190	17	1	Mont-de-Marsan et Bordeaux.
	Mont-de-Marsan	»	17	»	
	Roquefort	»	20	»	
	Toulouse	405	17	1	Mont-de-Marsan et Bordeaux.
Cachette (La) (Ardennes)	Douai	284	»	2	Laon et Busigny.
	La Fère	163	»	2	Laon.
	Mézières	»	9	»	
	Paris	260	»	2	Reims.
Casamène	Besançon	»	16	»	
	Lyon	289	»	2	Dijon.
	Marseille	631	»	2	Dijon.
Castelnau (Gironde)	Agen	94	35	1	Langon.
	Bazas	»	20	»	
	Langon	»	35	»	
	Port de Pascau	»	52	»	
	Sainte-Croix (forges)	176	72	»	Langon, Bordeaux et Angoulême.
	Toulouse	215	35	1	Langon.
Champagnole	Besançon	86	25	1	Salins.
	Lyon	104	89	1	Tournus.
Clairvaux (Jura)	Besançon	46	75	1	Dôle.
	Lyon	75	85	1	Bourg.
Clavières (Indre)	Châteauroux	»	11	»	
Coly (Dordogne)	Périgueux	»	67	»	
	Toulouse	385	67	1	Périgueux et Bordeaux.
Commune (La Petite-) (Ardennes).	Douai	284	18	1	Mézières, Laon et Busigny.
	Mézières	»	18	»	
	Paris	260	18	1	Mézières et Reims.
Conches (Eure)	Cherbourg	245	»	2	
	Elbeuf	»	38	»	
	Évreux	18	»	2	
	Havre (Le)	82	26	2	Pont-l'Évêque et Honfleur.
	Laigle	»	36	»	
	Paris	126	»	2	

LIEUX DE DÉPART	DESTINATIONS	DISTANCES EN KILOMÈTRES — VOIES DE FER	DISTANCES EN KILOMÈTRES — VOIES DE TERRE	NOMBRE de CAMIONNAGES	LIEUX des CHANGEMENTS DE VOIE OU DE WAGON
FORGES (Suite).					
Conches (Eure) (suite).	Rennes	566	»	2	Paris.
	Rouen	152	»	2	
	Vaugoin	»	2	»	
	Verneuil	»	26	»	
	Vincennes	126	»	2	
Crespin	Besançon	586	13	1	Valenciennes, Busigny, Laon, Reims et Gray.
	Paris	269	13	1	Valenciennes et Busigny.
Cuzorn (Lot-et-Garonne)	Fumel	»	8	»	
	Toulouse	122	64	1	Agen.
Éminence (L') (Nièvre)	Auxerre	»	83	»	
	Bourges	»	77	»	
	Châteauroux	94	77	1	Bourges.
	Nevers	»	60	»	
	Paris	175	83	1	Auxerre.
	Rennes	486	77	1	Bourges et Le Mans.
Eyziès (Dordogne)	Blaye	»	168	»	
	Laugerie (port)	»	5	»	
	Limeuil	»	45	»	
Fourchambault (Nièvre)	Auxerre	»	115	»	
	Châteauroux	162	»	2	Le Guétin.
	La Fère	456	»	2	Le Guétin et Paris.
	Lyon	311	»	2	
	Marseille	663	»	2	Lyon.
	Nevers	»	7	»	
	Orléans	181	»	2	Le Guétin.
	Paris	302	»	2	Le Guétin.
	Rennes	557	»	2	Le Guétin et Le Mans.
	Roanne	170	»	2	
	Saint-Étienne	257	»	2	
	Sampigny	397	»	2	Le Guétin et Paris.
	Vernon	382	»	2	Le Guétin et Paris.
	Vierzon-Ville	100	»	2	Le Guétin.
	Vincennes	302	»	2	Le Guétin.
Fourmies	Douai	87	35	1	Landrecies et Busigny.
	La Fère	77	35	1	Landrecies.
Galopperie (La) (Aisne)	Douai	87	54	1	Landrecies et Busigny.
	La Fère	23	69	1	Laon.
	Paris	176	69	1	Laon.
	Mézières	»	67	»	
Givonne (Ardennes)	Douai	284	26	1	Mézières, Laon et Busigny.
	La Fère	163	26	1	Mézières et Laon.
	Paris	260	26	1	Mézières et Reims.
	Sedan	»	4	»	

LIEUX DE DÉPART	DESTINATIONS	DISTANCES EN KILOMÈTRES		NOMBRE de CAMIONNAGES	LIEUX des CHANGEMENTS DE VOIE OU DE WAGON
		VOIES DE FER	VOIES DE TERRE		
FORGES (Suite).					
Grézes ou St-Front (Lot-et-Garonne).	Agen	»	71	»	
	Fumel	»	15	»	
	Toulouse	122	71	1	Agen.
	Villeneuve-d'Agen	»	36	»	
Hayange (Moselle)	Longwy	»	42	»	
	Marsal	87	35	1	Nancy.
	Metz	35	»	2	
	Strasbourg	235	»	2	
	Thionville	»	8	»	
Hagondange (Moselle)	Metz	»	16	»	
Hutte (La), commune d'Artigny (Vosges)	Darney	»	5	»	
	Épinal	»	44	»	
	Metz	132	44	1	Épinal.
	Strasbourg	177	44	1	Épinal.
Jægerthal (Bas-Rhin)	Metz	222	26	1	Haguenau.
	Strasbourg	35	26	1	Haguenau.
Jonquette (La) (Ardennes)	Mézières	»	33	»	
Lanouée	Rennes	»	77	»	
	Vannes	»	58	»	
Larrau (Basses-Pyrénées)	Bayonne	»	96	»	
	Came	»	84	»	
	Mauléon	»	36	»	
	Pau	»	110	»	
	Saint-Jean-Pied-de-Port	»	36	»	
	Tardets	»	18	»	
	Toulouse	455	96	1	Bayonne et Bordeaux.
Linchamps (Ardennes)	La Fère	163	23	1	Mézières et Laon.
	Mézières	»	23	»	
	Paris	260	23	1	Mézières et Reims.
Lods (Doubs)	Besançon	»	35	»	
	Dijon	92	35	1	Besançon.
	Grenoble	443	35	1	Besançon, Dijon et Saint-Rambert.
	Lons-le-Saunier	»	100	»	
	Lyon	289	35	1	Besançon et Dijon.
	Metz	351	35	1	Besançon et Gray.
	Ornans	»	10	»	
	Paris	406	35	1	Besançon et Dijon.
	Pontarlier	»	22	»	
	Strasbourg	253	35	1	Besançon et Belfort.
	Toulouse	870	35	1	Besançon, Dijon et Cette.

LIEUX DE DÉPART	DESTINATIONS	DISTANCES EN KILOMÈTRES		NOMBRE de changements	LIEUX des changements de voie ou de marche
		Voies de fer	Voies de terre		
FORGES (Suite).					
Longuyon (Moselle)	Longwy	»	18	»	
	Metz	»	65	»	
	Mézières	»	88	»	
	Montmédy	»	23	»	
	Strasbourg	297	65	1	Metz.
	Verdun	»	48	»	
Mazures (Ardennes)	Douai	284	25	1	Mézières, Laon et Busigny.
	La Fère	163	25	1	Mézières et Laon.
	Lonny	»	42	»	
	Mézières	»	24	»	
	Rocroi	»	29	»	
	Sedan	»	46	»	
Mesmes (Gironde)	Langon	»	35	»	
Mouterhausen (Moselle)	Strasbourg	35	35	1	Haguenau.
Monthermé (Ardennes)	Mézières	»	15	»	
Moulin-Martin (Doubs)	Besançon	»	28	»	
	Baix	»	8	»	
	Vesoul	»	32	»	
Moulinet (Dordogne)	Périgueux	»	92	»	
	Sainte-Croix	»	125	»	
	Toulouse	122	83	1	Agen.
Neuve	Douai	87	50	1	Landrecies et Busigny.
	La Fère	23	65	1	Laon.
	Mézières	»	63	»	
	Paris	170	65	1	Laon.
Niederbronn (Bas-Rhin)	Bitche	»	23	»	
	Haguenau	»	21	»	
	Metz	222	21	1	Haguenau.
	Paris	517	21	1	Haguenau.
	Sarreguemines	»	54	»	
	Strasbourg	34	21	1	Haguenau.
	Vincennes	517	21	1	Haguenau.
Nouzon (Ardennes)	Douai	284	»	2	Laon et Busigny.
	Mézières	»	9	»	
	Strasbourg	479	»	2	Reims.
	Vincennes	260	»	2	Reims.
Paimpont (Ille-et-Vilaine)	Brest	»	267	»	
	Rennes	»	41	»	
Pesmes (Haute-Saône)	Auxonne	»	17	»	
	Dôle	»	24	»	
	Gray	»	29	»	
	Grenoble	383	17	1	Auxonne et Saint-Rambert.

LIEUX DE DÉPART	DESTINATIONS	DISTANCES EN KILOMÈTRES		NOMBRE de TRANSBORDEMENTS	LIEUX des CHANGEMENTS DE VOIE OU DE WAGON
		VOIES DE FER	VOIES DE TERRE		
FORGES (Suite).					
Phade (Ardennes)	La Fère	163	19	1	Mézières et Laon.
	Mézières	»	19	»	
	Paris	260	19	1	Mézières et Reims.
Philippe (Ardennes)	Douai	87	63	1	Landrecies et Busigny.
	La Fère	23	78	1	Laon.
	Mézières	»	76	»	
	Paris	176	78	1	Laon.
Pique (La) (Nièvre)	Nevers	»	3	»	
	Paris	302	»	2	Le Guétin.
Pissos (Landes)	Bordeaux	»	76	»	
	Dax	»	84	»	
	Liposthey	»	8	»	
	Mont-de-Marsan	»	50	»	
	Portets	21	76	1	Bordeaux.
	Toulouse	257	76	1	Bordeaux.
Pont-de-Navoy	Besançon	86	34	1	Salins.
	Lyon	103	98	1	Tournus.
Pont-Saint-Ours	Rennes	557	»	2	Le Guétin et Le Mans.
	Toulouse	900	»	2	Le Guétin et Bordeaux.
Portets (Gironde)	Blaye	21	50	1	Bordeaux.
	Bordeaux	21	»	2	
Reichshoffen (Bas-Rhin)	Haguenau	»	16	»	
	Strasbourg	34	16	1	Haguenau.
Saint-Antoine (Ariège)	Foix	»	7	»	
Sainte-Croix (Dordogne)	Agen	269	37	1	Angoulême et Bordeaux.
	Angoulême	»	37	»	
	Casaneuve	176	61	»	Angoulême, Bordeaux et Langon.
	Mareuil	»	2	»	
	Périgueux	»	49	»	
	Toulouse	390	37	1	Angoulême et Bordeaux.
Sainte-Hélène (Nièvre)	Nevers	»	30	»	
Saint-Seine-sur-Vingeanne (Côte-d'Or)	Gray	»	16	»	
	Mirebeau	»	18	»	
Saint-Vincent (Dordogne)	Périgueux	»	17	»	
	Toulouse	385	17	1	Périgueux et Bordeaux.
La Saisse (commune de Porte)	Besançon	46	81	1	Dôle.
	Lyon	104	84	1	Tournus.

LIEUX DE DÉPART	DESTINATIONS	DISTANCES EN KILOMÈTRES — VOIES DE FER	DISTANCES EN KILOMÈTRES — VOIES DE TERRE	NOMBRE de CAMIONNAGES	LIEUX des CHANGEMENTS DE VOIE OU DE WAGON
FORGES (Suite.)					
Sauveterre (Lot-et-Garonne)	Fumel	»	17	»	
	Toulouse	122	73	1	Agen.
	Villeneuve-d'Agen	»	44	»	
Sérigné (Ille-et-Vilaine)	Liffré	»	1	»	
	Rennes	»	19	»	
Sougland (Aisne)	Douai	87	56	1	Landrecies et Busigny.
	Hirson	»	14	»	
	La Fère	22	71	1	Laon.
	Mézières	»	69	»	
	Paris	176	71	1	Laon.
Theux (Ardennes)	Douai	284	»	2	Mézières, Laon et Busigny.
	La Fère	163	»	2	Mézières et Laon.
	Mézières	»	5	»	
Trave (La) (Gironde)	Bazas	»	13	»	
	Toulouse	215	28	1	Langon.
Urdos (Basses-Pyrénées)	Bayonne	»	171	»	
	Oloron	»	53	»	
	Toulouse	»	274	»	
	Urdos (ville)	»	12	»	
Vans (Les) (Ardèche)	Aubenas	»	43	»	
	Joyeuse	»	20	»	
	Lyon	323	39	1	Alais.
	Toulon	472	104	»	Alais et Marseille.
Vaublanc (commune de Plémet)	Loudéac	»	15	»	
	Rennes	»	142	»	
	Vannes	»	88	»	
	Vincennes	374	142	1	Rennes.
Vendenesse (Nièvre)	Moulins-en-Gilbert	»	9	»	
	Nevers	»	67	»	
Vendresse (Ardennes)	Mézières	»	26	»	
	Paris	260	26	1	Mézières et Reims.
Vierzon (Cher)	Châteauroux	63	»	2	
	Limoges	197	»	2	
	Lyon	390	»	2	Le Guétin.
	Moulins	139	»	2	Le Guétin.
	Nevers	99	»	2	Le Guétin.
	Orléans	81	»	2	
	Paris	203	»	2	
	Rennes	457	»	2	Le Mans.
	Roanne	249	»	2	Le Guétin.
	Toulon	742	65	1	Le Guétin, Lyon et Marseille.
	Toulouse	799	»	2	Bordeaux.
	Tours	196	»	2	
	Vierzon-Ville	»	3	»	

LIEUX DE DÉPART	DESTINATIONS	DISTANCES EN KILOMÈTRES		NOMBRE de CAMIONNAGES	LIEUX des CHANGEMENTS DE VOIE OU DE WAGON
		VOIES DE FER	VOIES DE TERRE		
FORGES (Suite.)					
Voulte (La) (Ardèche)	Metz	726	20	1	Valence, Dijon et Gray.
	Nimes	173	20	1	Valence.
	Paris	618	20	1	Valence.
	Privas	»	29	»	
	Toulouse	475	20	1	Valence et Cette.
	Valence	»	20	»	
	Voulte (La)	»	1	»	
Zinswiller (Bas-Rhin)	Haguenau	»	18	»	
	Metz	222	18	1	Haguenau.
	Niederbronn	»	6	»	
	Strasbourg	34	18	1	Haguenau.
FORTS					
Barraux (Isère)	Échelles (Les)	»	72	»	
	Grenoble	»	37	»	
	Lyon	154	37	1	Grenoble et Saint-Rambert.
	Touvet (Le)	»	9	»	
Belin (Jura)	Besançon	86	»	2	
	Salins	»	1	»	
Bouc (Bouches-du-Rhône)	Aix	»	35	»	
	Marseille	»	40	»	
Bregancon (Var)	Hyères	»	16	»	
	Toulon	»	34	»	
Brescou (Hérault)	Agde	»	6	»	
	Béziers	21	»	2	
	Marseille	232	»	2	Cette.
	Mèze	»	26	»	
	Montpellier	56	»	2	Cette.
	Toulon	232	65	1	Cette et Marseille.
Brotteaux	Lyon	»	6	»	
Caluire	Lyon	»	4	»	
Chapus (Charente-Inférieure)	La Rochelle	35	28	1	Rochefort.
	Marennes	»	7	»	
	Marseille	1063	28	1	Rochefort, Bordeaux et Cette.
	Rochefort	»	28	»	
	Royan	»	30	»	
	Saintes	»	47	»	
Charpennes (Les)	Lyon	»	3	»	
Colombier	Lyon	»	4	»	
Duchère (La)	Lyon	»	5	»	

LIEUX DE DÉPART	DESTINATIONS	DISTANCES EN KILOMÈTRES — VOIES DE FER	VOIES DE TERRE	NOMBRE DE CAMIONNAGES	LIEUX DES CHANGEMENTS DE VOIE OU DE WAGON
FORTS (Suite).					
Écluse (L') (Ain)	Besançon	355	»	2	Mâcon.
	Bourg	125	»	2	
	Collonges	»	3	»	
	Grenoble	291	»	2	Lyon et Saint-Rambert.
	Lyon	137	»	2	
	Mâcon	162	»	2	
	Marseille	469	»	2	Lyon.
	Nantua	»	34	»	
	Parc (Le)	»	25	»	
	Paris	603	»	2	Mâcon.
	Pierre-Châtel	44	28	1	Culoz.
	Pont-d'Ain	105	»	2	
	Valence	243	»	2	Lyon.
Fouras (Charente-Infér^re)	La Rochelle	33	13	1	Rochefort.
	Rochefort	»	13	»	
	Saintes	»	51	»	
Gros-Tour (La) (Var)	Toulon	»	4	»	
Joux (Doubs)	Besançon	»	62	»	
	Lons-le-Saunier	»	82	»	
	Lyon	283	47	1	Salins et Dijon.
	Mâcon	212	47	1	Salins et Dijon.
	Paris	498	47	1	Salins et Dijon.
	Pontarlier	»	4	»	
	Salins	»	47	»	
Jument (La) (Morbihan)	Port-Louis	»	4	»	
Lacroix (Morbihan)	Port-Louis	»	10	»	
Latte (La) (Côtes-du-Nord)	Lamballe	»	30	»	
	Saint-Brieuc	»	50	»	
	Saint-Malo	»	102	»	
Lamalgue (Var)	Toulon	»	2	»	
Lamotte	Lyon	»	4	»	
Lavarde (Ille-et-Vilaine)	Saint-Malo	»	6	»	
	Saint-Servan	»	11	»	
Les Bains (Pyrénées-Orientales)	Arles-sur-Tech	»	4	»	
	Perpignan	»	40	»	
Lourdes (Hautes-Pyrénées)	Paris	731	118	1	Mont-de-Marsan et Bordeaux.
	Pau	»	40	»	
	Tarbes	»	19	»	
	Toulouse	»	165	»	

LIEUX DE DÉPART	DESTINATIONS	DISTANCES EN KILOMÈTRES		NOMBRE de CAMIONNAGES	LIEUX des CHANGEMENTS DE VOIE OU DE WAGON
		VOIES DE FER	VOIES DE TERRE		
FORTS (Suite).					
Loyasse	Lyon	»	4	»	
Médoc (Gironde)	Bordeaux	»	41	»	
	Castelnau-de-Médoc	»	12	»	
Montessuy	Lyon	»	5	»	
Napoléon	Toulon	»	9	»	
Nieulay (Pas-de-Calais)	Calais	»	4	»	
Nouvelle (La) (Aude)	Narbonne	21	»	2	
	Perpignan	43	»	2	
Part-Dieu (La)	Lyon	»	3	»	
Penthièvre (Morbihan)	Auray	»	18	»	
	Quiberon	»	8	»	
	Quimper	»	118	»	
	Vannes	»	30	»	
Picogne (Morbihan)	Port-Louis	»	40	»	
Pierre-Châtel (Ain)	Belley	»	6	»	
	Bourg	63	29	1	Rossillon.
	Grenoble	26	59	1	Voiron.
	Lyon	75	29	1	Rossillon.
	Paris	542	29	1	Rossillon et Mâcon.
	Pont-d'Ain	55	29	1	Rossillon.
	Strasbourg	572	29	1	Rossillon, Mâcon et Belfort.
	Valence	181	29	1	Rossillon et Lyon.
	Voiron	»	59	»	
Queyras (Hautes-Alpes)	Guillestre	»	19	»	
	Mont-Dauphin	»	18	»	
Randouillet (Hautes-Alpes)	Briançon	»	2	»	
	Toulon	»	304	»	
Rimains (Ille-et-Vilaine)	Saint-Malo	»	16	»	
Risban (Pas-de-Calais)	Calais	»	1	»	
Rousses (Jura)	Lons-le-Saunier	»	67	»	
	Lyon	137	56	1	Collonges.
	Paris	400	68	1	Salins.
	Pont-d'Ain	105	56	1	Collonges.
	Salins	»	68	»	

LIEUX DE DÉPART	DESTINATIONS	DISTANCES EN KILOMÈTRES — VOIES DE FER	DISTANCES EN KILOMÈTRES — VOIES DE TERRE	NOMBRE de CAMIONNAGES	LIEUX des CHANGEMENTS DE VOIE OU DE WAGON
FORTS (Suite).					
Saint-André (Jura)	Fort de Joux	»	48	»	
	Lons-le-Saunier	»	54	»	
	Lyon	283	»	2	Dijon.
	Marseille	635	»	2	Dijon.
	Rousses (Les)	»	69	»	
	Saint-Étienne	350	»	2	Dijon et Lyon.
	Salins	»	1	»	
	Strasbourg	339	»	2	Belfort.
	Vonges (poudrerie)	78	»	2	
Sainte-Foy	Lyon	»	4	»	
Saint-Irénée	Lyon	»	3	»	
Saint-Jean	Lyon	»	3	»	
Saint-Just	Lyon	»	3	»	
Saint-Nicolas (Bouches-du-Rhône)	Marseille	»	1	»	
Salces (Pyrénées-Orientales)	Perpignan	18	»	2	
	Toulouse	199	»	2	Narbonne.
Scarpe (Nord)	Douai	»	3	»	
Socoa (Basses-Pyrénées)	Saint-Jean-de-Luz	»	2	»	
Tête-d'Or	Lyon	»	2	»	
Trois-Têtes (Hautes-Alpes)	Briançon	»	3	»	
	Saint-Étienne	211	125	1	Grenoble, Saint-Rambert et Lyon
Vaise	Lyon	»	3	»	
Villeurbanne	Lyon	»	4	»	
Vitriolerie (La)	Lyon	»	4	»	

NOTA. — Les forts des environs de Paris sont décomptés comme 10 kilomètres de roulage.
Ces forts sont : Aubervilliers, Bicêtre, Issy, Ivry, Montrouge, Nogent-sur-Marne, Noisy-le-Sec, Romainville, Rosny et Vanves.

LIEUX DE DÉPART	DESTINATIONS	DISTANCES EN KILOMÈTRES		NOMBRE de CAMIONNAGES	LIEUX des CHANGEMENTS DE VOIE OU DE WAGON
		VOIES DE FER	VOIES DE TERRE		
Fougères	Paris	301	48	1	Laval.
	Rennes	»	48	»	
	Saint-Brieuc	»	136	»	
	Saint-Lô	»	97	»	
	Saint-Malo	»	75	»	
	Vannes	»	152	»	
Frouard	Haguenau	173	»	2	
	Lunéville	41	»	2	
	Meaux	301	»	2	
	Metz	49	»	2	
	Mulhouse	267	»	2	
	Nancy	9	»	2	
	Paris	345	»	2	
	Pont-à-Mousson	20	»	2	
	Reims	234	»	2	
	Saint-Avold	97	»	2	
	Saint-Dizier	155	»	2	
	Sarrebourg	88	»	2	
	Saverne	115	»	2	
	Schélestadt	201	»	2	
	Strasbourg	158	»	2	
	Thann	275	»	2	
	Thionville	76	»	2	
	Toul	25	»	2	
	Vitry-le-Français	130	»	2	
	Wissembourg	206	»	2	
Gaillon	Havre (Le)	138	»	2	
	Lisieux	179	»	2	
	Louviers	»	14	»	
	Malaunay	56	»	2	
	Mantes	37	»	2	
	Paris	94	»	2	
	Poissy	67	»	2	
	Rouen	46	»	2	
	Saint-Germain-en-Laye	59	12	4	Triel.
	Triel	59	»	2	
	Vernon	14	»	2	
	Yvetot	85	»	2	
Gannat	Guétin (Le)	117	»	2	
	Issoire	76	»	2	
	Issoudun	252	»	2	Le Guétin.
	Langon	700	»	2	Le Guétin et Bordeaux.
	Lempdes	104	»	2	
	Libourne	711	»	2	Le Guétin.
	Moulins	66	»	2	
	Nantes	596	»	2	Le Guétin.
	Nevers	128	»	2	
	Orléans	288	»	2	Le Guétin.
	Paris	407	»	2	Le Guétin.
	Poitiers	502	»	2	Le Guétin.
	Riom	28	»	2	

LIEUX DE DÉPART	DESTINATIONS	DISTANCES EN KILOMÈTRES		NOMBRE de CORRESPONDANCES	LIEUX des CHANGEMENTS DE VOIE ET DE TARIF
		Voies de fer	Voies de terre		
Gannat (suite)	Roche-Chalais (La)	678	»	2	Le Guétin.
	Ruffec	506	»	2	Le Guétin.
	Saint-Germain-des-Fossés	24	»	2	
	Saumur	265	»	2	Le Guétin.
	Tonneins	834	»	2	Le Guétin et Bordeaux.
	Tours	501	»	2	Le Guétin.
	Varennes	37	»	2	
	Vichy	»	19	»	
	Vierzon	206	»	2	Le Guétin.
Gap	Grenoble	»	101	»	
	Lyon	154	101	1	Grenoble et Saint-Rambert.
	Marseille	53	150	1	Aix.
	Mont-Dauphin	»	69	»	
	Montpellier	175	150	1	Aix.
	Nîmes	125	150	1	Aix.
	Paris	660	101	1	Grenoble et Saint-Rambert.
	Saint-Étienne	211	101	1	Grenoble, Saint-Rambert et Lyon.
	Sisteron	»	47	»	
	Toulon	»	211	»	
	Valence	137	101	1	Grenoble et Saint-Rambert.
Gibaud (Le)	Barbezieux	»	40	»	
	Guéret	60	211	»	Limoges et La Souterraine.
	La Grave	»	55	»	
	La Rochelle	248	74	1	Angoulême.
	Limoges	»	177	1	
	Montlieu	»	12	»	
	Paris	450	74	1	Angoulême.
	Rochefort	»	138	»	
	Saumur	278	74	1	Angoulême.
	Saint-Jean-d'Angely	»	108	»	
	Saint-Lô	553	166	»	Angoulême, Le Mans, Argentan, Caen et Bayeux.
	Saint-Maixent	159	74	1	Angoulême.
	Strasbourg	952	74	1	Angoulême et Paris.
	Tarascon	583	68	1	Bordeaux et Cette.
	Tarbes	148	167	»	Bordeaux et Mont-de-Marsan.
	Toulouse	257	68	1	Bordeaux.
	Tours	214	74	1	Angoulême.
	Villers	710	74	1	Angoulême, Paris et Reims.
Givet	La Fère	163	67	1	Mézières et Laon.
	Havre (Le)	589	67	1	Mézières, Reims et Paris.
	Landrecies	»	125	»	
	Laon	140	67	1	Mézières.
	Lille	120	125	1	Landrecies et Busigny.
	Lyon	641	67	1	Mézières, Reims, Gray et Dijon.
	Mâcon	574	67	1	Mézières, Reims, Gray et Dijon.
	Marseille	993	67	1	Mézières, Reims, Gray et Dijon.
	Maubeuge	»	132	»	
	Metz	369	67	1	Mézières et Reims.
	Mézières	»	67	»	
	Mutzig	435	101	»	Mézières, Reims et Saverne.

LIEUX DE DÉPART	DESTINATIONS	DISTANCES EN KILOMÈTRES		NOMBRE de CAMIONNAGES	LIEUX des CHANGEMENTS DE VOIE OU DE WAGON
		VOIES DE FER	VOIES DE TERRE		
Givet (suite)	Paris	260	67	1	Mézières et Reims.
	Phalsbourg	409	84	»	Mézières, Reims et Sarrebourg.
	Quesnoy (Le)	»	140	»	
	Reims	88	67	1	Mézières.
	Rocroi	»	38	»	
	Rouen	409	67	1	Mézières, Reims et Paris.
	Saint-Denis	270	67	1	Mézieres, Reims et Paris.
	Saint-Omer	162	125	1	Landrecies et Busigny.
	Saint-Ponce	»	71	»	
	Saint-Quentin	191	67	1	Mézières, Reims et Laon.
	Saumur	461	67	1	Mézières, Reims et Paris.
	Sedan	»	89	»	
	Soissons	140	99	»	Mézières et Laon.
	Strasbourg	479	67	1	Mézières et Reims.
	Thionville	396	67	1	Mézières et Reims.
	Toulon	993	132	»	Mézières, Reims, Gray, Dijon et Marseille.
	Valenciennes	93	125	1	Landrecies et Busigny.
	Villers	»	70	»	
Givors	Lyon	22	»	2	
	Montbrison	68	14	1	Montrond.
	Rive-de-Gier	16	»	2	
	Roanne	129	»	2	
	Saint-Chamond	26	»	2	
	Saint-Étienne	37	»	2	
Graffenstaden (Usine de)	Strasbourg	»	8	»	
Grammont	Havre (Le)	89	»	2	
	Maromme	»	8	»	
	Rouen	»	2	»	
Granville	Laval	»	115	»	
	Lorient	»	236	»	
	Lyon	826	63	1	Carentan et Paris.
	Marseille	1178	63	1	Carentan et Paris.
	Mont-Saint-Michel	»	58	»	
	Nantes	»	211	»	
	Napoléonville	»	195	»	
	Paris	314	63	1	Carentan.
	Rennes	»	104	»	
	Rouen	339	63	1	Carentan.
	Saint-Brieuc	»	153	»	
	Saint-Lô	»	57	»	
	Saint-Malo	»	92	»	
	Saint-Vaast-la-Hougue	30	82	»	Carentan et Valognes.
	Toulon	1178	128	»	Carentan, Paris et Marseille.
Gravelines	Lille	84	20	1	Dunkerque.
	Marseille	1246	20	1	Dunkerque, Busigny, Laon, Reims, Gray et Dijon.
	Maubeuge	229	20	1	Dunkerque et Busigny.

LIEUX DE DÉPART	DESTINATIONS	DISTANCES EN KILOMÈTRES		NOMBRE de TRANSBORDEMENTS	LIEUX des CHANGEMENTS DE VOIE OU DE WAGON
		VOIES DE FER	VOIES DE TERRE		
Gravelines (suite)	Metz	592	20	1	Dunkerque, Busigny, Laon et Reims.
	Mézières	399	20	1	Dunkerque, Busigny et Laon.
	Paris	357	20	1	Dunkerque.
	Rouen	151	122	1	Boulogne, Abbeville et Dieppe.
	Saint-Omer	»	31	»	
	Saint-Quentin	209	20	1	Dunkerque et Busigny.
	Strasbourg	702	20	1	Dunkerque, Busigny, Laon et Reims
	Toulon	1216	85	»	Dunkerque, Busigny, Laon, Reims, Gray, Dijon et Marseille.
	Valenciennes	151	20	1	Dunkerque.
Gray	Grenoble	429	»	3	Dijon et Saint-Rambert.
	Langres	56	»	2	
	Lons-le-Saulnier	52	52	1	Dôle.
	Lunéville	348	»	2	
	Lyon	266	»	2	Dijon.
	Marseille	618	»	2	Dijon.
	Metz	354	»	2	
	Mézières	375	»	2	Reims.
	Moulins	320	»	2	Dijon et Lyon.
	Nancy	315	»	2	
	Neuf-Brisach	271	16	1	Colmar.
	Paris	353	»	2	
	Saumur	653	»	2	Paris.
	Strasbourg	340	»	2	
	Saint-Étienne	323	»	2	Dijon et Lyon.
	Toulon	618	65	1	Dijon et Marseille.
	Vesoul	119	»	2	
	Vouges (poudrerie)	21	»	2	
Grenoble	Guéret	677	35	1	Saint-Rambert, Lyon, Le Guétin et La Souterraine.
	La Rochelle	981	»	2	Saint-Rambert, Lyon et Le Guétin.
	Lille	936	»	2	Saint-Rambert, Dijon, Gray, Reims, Laon et Busigny.
	Limoges	737	»	2	Saint-Rambert, Lyon, et Le Guétin.
	Lons-le-Saulnier	258	65	1	Saint-Rambert et Tournus.
	Lyon	155	»	2	Saint-Rambert.
	Mâcon	236	»	2	Saint-Rambert.
	Marseille	383	»	2	Saint-Rambert.
	Metz	774	»	2	Saint-Rambert, Dijon et Gray.
	Mézières	796	»	2	Saint-Rambert, Dijon, Gray et Reims
	Montbrison	253	14	1	Saint-Rambert, Lyon et Montrond.
	Mont-Dauphin	»	161	»	
	Montélimart	182	»	2	Saint-Rambert.
	Montpellier	360	»	2	Saint-Rambert.
	Mure (La)	»	30	»	
	Mutzig	651	34	4	Saint-Rambert, Dijon, Belfort et Schélestadt.
	Nancy	735	»	2	Saint-Rambert, Dijon et Gray.
	Nantes	931	»	2	Saint-Rambert, Lyon et Le Guétin.
	Nevers	465	»	2	Saint-Rambert et Lyon.
	Nîmes	310	»	2	Saint-Rambert.
	Orléans	624	»	2	Saint-Rambert, Lyon et Le Guétin.
	Paris	606	»	2	Saint-Rambert.
	Périgueux	996	»	2	Saint-Rambert, Cette et Bordeaux.

LIEUX DE DÉPART	DESTINATIONS	DISTANCES EN KILOMÈTRES		NOMBRE de CAMIONNAGES	LIEUX des CHANGEMENTS DE VOIE OU DE WAGON
		VOIES DE FER	VOIES DE TERRE		
Grenoble (suite)	Perpignan	530	»	2	Saint-Rambert, Cette et Narbonne.
	Poitiers	837	»	2	Saint-Rambert, Lyon et Le Guétin.
	Pont-de-Beauvoisin	26	25	1	Voiron.
	Privas	137	39	1	Saint-Rambert et Valence.
	Provins	632	18	1	Saint-Rambert, Montereau et Nogent-sur-Seine.
	Puy (Le)	211	77	1	Saint-Rambert, Lyon et Saint-Étienne.
	Queyras (fort)	»	177	»	
	Rennes	1060	»	2	Saint-Rambert, Lyon, Le Guétin et Le Mans.
	Ripault (Le)	739	17	1	Saint-Rambert, Lyon, Le Guétin et Tours.
	Roanne	295	»	2	Saint-Rambert et Lyon.
	Rochefort	978	»	2	Saint-Rambert, Lyon et Le Guétin.
	Romans	119	18	1	Saint-Rambert et Tain.
	Saint-Chamas (poudrerie)	335	»	2	Saint-Rambert.
	Saint-Étienne	211	»	2	Saint-Rambert et Lyon.
	Saint-Maixent	891	»	2	Saint-Rambert, Lyon et Le Guétin.
	Saint-Marcellin	44	35	1	Voreppe.
	Sampigny	677	»	2	Saint-Rambert, Dijon et Gray.
	Schelestadt	651	»	2	Saint-Rambert, Dijon et Belfort.
	Sedan	795	22	1	Saint-Rambert, Dijon, Gray, Reims et Mézières.
	Sisteron	»	148	»	
	Strasbourg	696	»	2	Saint-Rambert, Dijon et Belfort.
	Toul	702	»	2	Saint-Rambert, Dijon et Gray.
	Toulon	383	65	1	Saint-Rambert et Marseille.
	Toulouse	612	»	2	Saint-Rambert et Cette.
	Tour-du-Pin (La)	26	33	1	Voiron.
	Tournoux	»	178	»	
	Tours	739	»	2	Saint-Rambert, Lyon et Le Guétin.
	Troyes	607	»	2	Saint-Rambert, Dijon et Gray.
	Tulle	526	143	1	Saint-Rambert, Lyon et Clermont-Ferrand.
	Valence	137	»	2	Saint-Rambert.
	Vans (Les)	355	39	1	Saint-Rambert et Alais.
	Vesoul	539	»	2	Saint-Rambert, Dijon et Gray.
	Vienne	122	»	2	Saint-Rambert.
	Vincennes	666	»	2	Saint-Rambert.
	Vonges (poudrerie)	400	»	2	Saint-Rambert et Dijon.
	Voulte (La) (forges)	137	20	1	Saint-Rambert et Valence.
Guéret	Haguenau	859	34	1	La Souterraine et Paris.
	Hesdin	534	71	»	La Souterraine, Paris et Abbeville.
	Joigny	588	34	1	La Souterraine et Paris.
	Limoges	60	34	1	La Souterraine.
	Lunéville	728	34	1	La Souterraine et Paris.
	Lyon	523	34	1	La Souterraine et Le Guétin.
	Mâcon	595	34	1	La Souterraine, Le Guétin et Lyon.
	Mans (Le)	435	34	1	La Souterraine.
	Marseille	875	34	1	La Souterraine, Le Guétin et Lyon.
	Metz	734	34	1	La Souterraine et Paris.
	Mérignac	188	129	1	La Souterraine, Limoges et Périgueux.
	Mézières	662	34	1	La Souterraine, Paris et Reims.
	Moulins	274	34	1	La Souterraine et Le Guétin.
	Nancy	695	34	1	La Souterraine et Paris.

LIEUX DE DÉPART	DESTINATIONS	DISTANCES EN KILOMÈTRES		NOMBRE de TRANSBORDEMENTS	LIEUX des CHANGEMENTS DE VOIE OU DE WAGON
		VOIE DE FER	VOIE DE TERRE		
Guéret (suite)	Nantes	529	35	1	La Souterraine.
	Napoléonville	597	139	»	La Souterraine, Le Mans et Rennes
	Nevers	235	34	1	La Souterraine et Le Guétin.
	Orléans	223	34	1	La Souterraine.
	Paris	342	34	1	La Souterraine.
	Périgueux	60	129	»	La Souterraine et Limoges.
	Poitiers	61	137	»	La Souterraine et Lothiers.
	Provins	412	56	»	La Souterraine, Paris et Nangis.
	Rennes	597	34	1	La Souterraine et Le Mans.
	Roanne	382	35	1	La Souterraine et Le Guétin.
	Saint-Étienne	469	34	1	La Souterraine et Le Guétin.
	Saint-Germain-en-Laye	364	35	1	La Souterraine et Paris.
	Saint-Maixent	424	34	1	La Souterraine.
	Saint-Mihiel	637	63	»	La Souterraine, Paris et Commercy
	Saint-Omer	679	35	1	La Souterraine et Paris.
	Sampigny	637	34	1	La Souterraine et Paris.
	Sarreguemines	800	32	»	La Souterraine, Paris et Forbach.
	Tarascon	775	34	1	La Souterraine, Le Guétin et Lyon.
	Toulon	875	99	»	La Souterraine, Le Guétin, Lyon et Marseille.
	Toulouse	453	129	1	La Souterraine, Limoges, Périgueux et Bordeaux.
	Tours	336	34	1	La Souterraine.
	Tulle	60	129	»	La Souterraine et Limoges.
	Valence	629	34	1	La Souterraine, Le Guétin et Lyon.
	Vendôme	280	66	»	La Souterraine et Blois.
	Vernon	422	34	1	La Souterraine et Paris.
	Versailles	359	34	1	La Souterraine et Paris.
	Vesoul	723	35	1	La Souterraine et Paris.
	Villers	602	34	1	La Souterraine, Paris et Reims.
Guétin (Le)	Issoire	192	»	2	
	Issoudun	124	»	2	
	Langon	673	»	2	Bordeaux.
	Lempdes	217	»	2	
	Libourne	595	»	2	
	Moulins	54	»	2	
	Nantes	478	»	2	
	Nevers	12	»	2	
	Orléans	169	»	2	
	Paris	294	»	2	
	Poitiers	385	»	2	
	Riom	144	»	2	
	Roche-Chalais (La)	563	»	2	
	Ruffec	450	»	2	
	Saint-Germain-des-Fossés	93	»	2	
	Saumur	358	»	2	
	Tonneins	728	»	2	Bordeaux.
	Tours	284	»	2	
	Varennes	79	»	2	
	Vierzon	89	»	2	
Guingamp	Huningue	893	134	1	Rennes et Paris.
	Laval	73	134	1	Rennes.
	Lyon	846	134	1	Rennes, Le Mans et Le Guétin.
	Marseille	1128	131	1	Rennes, Le Mans, Le Guétin et Lyon.
	Morlaix	»	55	»	

LIEUX DE DÉPART	DESTINATIONS	DISTANCES EN KILOMÈTRES		NOMBRE de CAMIONNAGES	LIEUX des CHANGEMENTS DE VOIE OU DE [illegible]
		VOIES DE FER	VOIES DE TERRE		
Guingamp (suite)	Nancy	727	131	1	Rennes et Paris.
	Nantes	»	238	»	
	Napoléon-Vendée	»	309	»	
	Napoléonville	»	113	»	
	Niort	440	131	1	Rennes et Le Mans.
	Paris	374	131	1	Rennes.
	Rennes	»	131	»	
	Rouen	514	131	1	Rennes et Paris.
	Saint-Brieuc	»	31	»	
	Saint-Jean-d'Angely	475	159	»	Rennes, Le Mans et Surgères.
	Saint-Lô	»	214	»	
	Saint-Maixent	417	131	1	Rennes et le Mans.
	Saumur	325	131	1	Rennes et Le Mans.
	Toulon	1198	196	»	Rennes, Le Mans, Le Guétin, Lyon et Marseille.
	Tours	261	131	1	Rennes et Le Mans.
	Vernon	454	131	1	Rennes et Paris.
	Versailles	356	131	1	Rennes.
	Vesoul	755	131	1	Rennes et Paris.
	Villers	634	131	1	Rennes, Paris et Reims.
Guise	Ham	»	48	»	
	Laon	54	27	1	Saint-Quentin.
	La Fère	29	27	1	Saint-Quentin.
	Mézières	»	92	»	
	Paris	171	27	1	Saint-Quentin.
	Saint-Quentin	»	27	»	
	Soissons	30	59	»	Saint-Quentin et Chauny.
Haguenau	Havre (Le)	746	»	2	Paris.
	Hesdin	690	37	1	Reims, Laon, Creil et Abbeville.
	Lauterbourg	34	20	1	Wissembourg.
	Lichtemberg	»	28	»	
	Lille	635	»	2	Reims, Laon et Busigny.
	Lunéville	132	»	2	
	Lyon	574	»	2	Belfort et Dijon.
	Marseille	926	»	2	Belfort et Dijon.
	Maubeuge	584	»	2	Reims et Laon.
	Meaux	473	»	2	
	Metz	222	»	2	
	Mézières	494	»	2	Reims.
	Moulins	859	»	2	Paris et Le Guétin.
	Mulhouse	143	»	2	
	Mutzig	34	25	1	Strasbourg.
	Nancy	165	»	2	
	Paris	517	»	2	
	Phalsbourg	59	»	2	
	Petite-Pierre (La)	59	16	1	Saverne.
	Pont-à-Mousson	193	»	2	
	Provins	522	18	1	Nogent-sur-Seine.
	Reims	406	»	2	
	Saint-Dizier	347	»	2	
	Saint-Maixent	907	»	2	Paris.
	Saint-Omer	697	»	2	Reims, Laon et Busigny.
	Sampigny	223	»	2	
	Sarreguemines	»	75	»	

LIEUX DE DÉPART	DESTINATIONS	DISTANCES EN KILOMÈTRES — VOIES DE FER	DISTANCES EN KILOMÈTRES — VOIES DE TERRE	NOMBRE de CANTONNEMENTS	LIEUX des CHANGEMENTS DE VOIE OU DE WAGON
Haguenau (suite).	Saverne	59	»	2	
	Sarrebourg	86	»	2	
	Schélestadt	78	»	2	
	Strasbourg	35	»	2	
	Thann	151	»	2	
	Thionville	249	»	2	
	Toul	198	»	2	
	Valenciennes	608	»	2	Reims, Laon et Busigny.
	Vernon	507	»	2	Paris.
	Vitry-le-Français	512	»	2	
	Villers	495	»	2	Reims.
	Wissembourg	35	»	2	
Ham	La Fère	14	23	1	Chauny.
	Laon	36	23	1	Chauny.
	Lille	127	21	1	Saint-Quentin et Busigny.
	Marseille	989	19	1	Noyon et Paris.
	Paris	125	19	1	Noyon.
	Péronne	»	35	»	
	Saint-Omer	189	21	1	Saint-Quentin et Busigny.
	Saint-Quentin	»	21	»	
	Soissons	»	55	»	
	Toulon	989	84	»	Noyon, Paris et Marseille.
	Valenciennes	99	21	1	Saint-Quentin et Busigny.
Havre (Le)	Harfleur	7	»	2	[illegible]
	Honfleur	»	10	»	
	Joigny	375	»	2	Paris.
	La Fère	383	»	2	Paris.
	La Flèche	117	128	1	Honfleur, Pont-l'Évêque, Lisieux, Argentan et Le Mans.
	Lagny	257	»	2	Paris.
	Landrecies	453	»	2	Paris.
	Langres	526	»	2	Paris.
	La Rochelle	502	86	2	Honfleur, Pont-l'Évêque, Lisieux, Argentan et Le Mans.
	Laval	207	86	2	Honfleur, Pont-l'Évêque, Lisieux et Argentan.
	Lille	503	»	2	Paris.
	Limoges	636	»	2	Paris.
	Lisieux	48	26	2	Honfleur et Pont-l'Évêque.
	Louviers	133	»	2	
	Lunéville	615	»	2	Paris.
	Lyon	751	»	2	Paris.
	Malaunay	80	»	2	
	Mans (Le)	117	86	2	Honfleur, Pont-l'Évêque, Lisieux et Argentan.
	Mantes	173	»	2	
	Marseille	1083	»	2	Paris.
	Maubeuge	475	»	2	Paris.
	Meaux	274	»	2	Paris.
	Melun	274	»	2	Paris.
	Metz	622	»	2	Paris.
	Mézières	489	»	2	Paris et Reims.
	Montreuil-sur-Mer	173	65	2	Dieppe et Abbeville.

LIEUX DE DÉPART	DESTINATIONS	DISTANCES EN KILOMÈTRES		NOMBRE de CHANGEMENTS	LIEUX des CHANGEMENTS DE VOIE OU DE WAGON
		VOIE DE FER	VOIE DE TERRE		
	Morlaix	289	272	1	Honfleur, Pont-l'Évêque, Lisieux, Argentan et Rennes.
	Nancy	582	»	2	Paris.
	Nantes	393	86	2	Honfleur, Pont-l'Évêque, Lisieux, Argentan et Le Mans.
	Napoléon-Vendée	393	157	1	Honfleur, Pont-l'Évêque, Lisieux, Argentan, Le Mans et Nantes.
	Nîmes	1020	»	2	Paris.
	Orléans	351	»	2	Paris.
	Paris	229	»	2	
	Péronne	408	25	1	Paris et Albert.
	Perpignan	1250	»	2	Paris, Cette et Narbonne.
	Phalsbourg	601	17	1	Paris et Sarrebourg.
	Poissy	203	»	2	
	Pontoise	258	»	2	Paris.
	Rennes	280	86	2	Honfleur, Pont-l'Évêque, Lisieux et Argentan.
	Rochefort	541	86	2	Honfleur, Pont-l'Évêque, Lisieux, Argentan et Le Mans.
	Rouen	89	»	2	
	Saint-Cyr	251	»	2	Paris.
	Saint-Denis	235	»	2	Paris.
	Saint-Étienne	764	»	2	Paris et Le Guétin.
	Saint-Germain-en-Laye	195	12	1	Triel.
Havre (Le) (suite)	Saint-Lô	98	61	1	Honfleur, Pont-l'Évêque et Bayeux.
	Saint-Malo	67	193	1	Honfleur, Pont-l'Évêque et Caen.
	Saint-Omer	566	»	2	Paris.
	Saint-Ponce	439	»	2	Paris et Reims.
	Saint-Valery-en-Caux	44	34	1	Fécamp.
	Saumur	262	86	2	Honfleur, Pont-l'Évêque, Lisieux, Argentan et Le Mans.
	Schelestadt	775	»	2	Paris.
	Soissons	330	37	1	Paris et Compiègne.
	Strasbourg	731	»	2	Paris.
	Toul	559	»	2	Paris.
	Toulon	1093	65	1	Paris et Marseille.
	Toulouse	1069	»	2	Paris et Bordeaux.
	Tours	198	86	2	Honfleur, Pont-l'Évêque, Lisieux, Argentan et Le Mans.
	Tréport (Le)	132	35	1	Dieppe.
	Triel	195	»	2	
	Valence	847	»	2	Paris.
	Valenciennes	506	»	2	Paris.
	Verdun	524	54	1	Paris et Commercy.
	Vernon	156	»	2	
	Versailles	246	»	2	Paris.
	Wissembourg	779	»	2	Paris.
	Yvetot	54	»	2	
	Landrecies	162	»	2	Busigny.
	Lille	43	»	2	
	Marseille	1177	»	2	Busigny, Laon, Reims, Gray et Dijon
	Maubeuge	189	»	2	Busigny.
Hazebrouck	Montreuil-sur-Mer	102	35	2	Calais et Boulogne.
	Paris	316	»	2	
	Pontoise	287	»	2	
	Saint-Denis	310	»	2	
	Saint-Omer	21	»	2	

LIEUX DE DÉPART	DESTINATIONS	DISTANCES EN KILOMÈTRES		NOMBRE de TRANSBORDEMENTS	LIEUX des TRANSBORDEMENTS DE VOIE OU DE WAGON
		VOIES DE FER	VOIES DE TERRE		
Hazebrouck (suite)	Saint-Quentin	166	»	2	Busigny.
	Strasbourg	662	»	2	Busigny, Laon et Reims.
	Valenciennes	111	»	2	
Hesdin	La Rochelle	672	37	1	Abbeville et Paris.
	Lille	64	50	1	Saint-Omer.
	La Fère	212	37	1	Abbeville et Creil.
	Metz	567	37	1	Abbeville, Creil, Laon et Reims.
	Montreuil-sur-Mer	»	25	»	
	Paris	192	37	1	Abbeville.
	Provins	261	69	»	Abbeville, Paris et Nangis.
	Saint-Lô	461	72	»	Abbeville, Paris et Bayeux.
	Saint-Maixent	582	37	1	Abbeville et Paris.
	Saint-Mihiel	460	56	»	Abbeville, Creil, Laon, Reims et Commercy.
	Saint-Omer	»	50	»	
	Saint-Quentin	228	37	1	Abbeville.
	Sampigny	469	37	1	Abbeville, Creil, Laon et Reims.
	Strasbourg	677	37	1	Abbeville, Creil, Laon et Reims.
	Verdun	469	91	»	Abbeville, Creil, Laon, Reims et Commercy.
	Vernon	272	37	1	Abbeville et Paris.
	Versailles	209	37	1	Abbeville et Paris.
	Villers	372	37	1	Abbeville, Creil et Laon.
Honfleur	Rouen	89	»	2	
	Vernon	150	»	2	
Huningue	Lyon	361	»	2	Belfort et Dijon.
	Marseille	813	»	2	Belfort et Dijon.
	Mulhouse	28	»	2	
	Mutzig	93	34	1	Schelestadt.
	Neuf-Brisach	71	16	1	Colmar.
	Paris	549	»	2	
	Saint-Lô	788	35	1	Paris et Bayeux.
	Saint-Maixent	909	»	2	Paris.
	Saumur	829	»	2	Paris.
	Schelestadt	93	»	2	
	Strasbourg	158	»	2	
	Thann	48	»	2	
	Thionville	370	»	2	
	Toulon	843	65	1	Belfort, Dijon et Marseille.
	Troyes	353	»	2	
	Vesoul	138	»	2	
Isle-sur-le-Doubs (L')	Lyon	347	»	2	Dijon.
	Marseille	669	»	2	Dijon.
	Metz	400	»	2	Belfort.
	Montbéliard	20	»	2	
	Paris	464	»	2	Dijon.
	Pont-de-Roide	»	16	»	
	Saumur	765	»	2	Dijon et Paris.
	Strasbourg	195	»	2	Belfort.
	Toulon	699	65	1	Dijon et Marseille.
	Vesoul	100	»	2	Belfort.

LIEUX DE DÉPART	DESTINATIONS	DISTANCES EN KILOMÈTRES		NOMBRE de [illegible]	LIEUX des CHANGEMENTS DE VOIE OU DE WAGON
		VOIES DE FER	VOIES DE TERRE		
Issoire	Issoudun	316	»	2	Le Guétin.
	Langon	866	»	2	Le Guétin et Bordeaux.
	Lempdes	25	»	2	
	Libourne	787	»	2	Le Guétin.
	Moulins	142	»	2	
	Nantes	672	»	2	Le Guétin.
	Nevers	204	»	2	
	Orléans	362	»	2	Le Guétin.
	Paris	483	»	2	Le Guétin.
	Poitiers	578	»	2	Le Guétin.
	Riom	49	»	2	
	Roche-Chalais (La)	755	»	2	Le Guétin.
	Ruffec	643	»	2	Le Guétin.
	Saint-Germain-des-Fossés	109	»	2	
	Saumur	549	»	2	Le Guétin.
	Tonneins	926	»	2	Le Guétin et Bordeaux.
	Tours	477	»	2	Le Guétin.
	Varennes	143	»	2	
	Vierzon	282	»	2	Le Guétin.
Issoudun	Langon	622	»	2	Bordeaux.
	Lempdes	341	»	2	Le Guétin.
	Libourne	543	»	2	
	Lyon	418	»	2	Le Guétin.
	Moulins	175	»	2	Le Guétin.
	Nantes	426	»	2	
	Nevers	135	»	2	Le Guétin.
	Orléans	117	»	2	
	Paris	239	»	2	
	Poitiers	333	»	2	
	Riom	268	»	2	Le Guétin.
	Roanne	277	»	2	Le Guétin.
	Roche-Chalais (La)	510	»	2	
	Ruffec	399	»	2	
	Saint-Étienne	384	»	2	Le Guétin.
	Saint-Germain-des-Fossés	216	»	2	Le Guétin.
	Saumur	296	»	2	
	Tonneins	676	»	2	Bordeaux.
	Tours	232	»	2	
	Varennes	204	»	2	Le Guétin.
	Vierzon	36	»	2	
Joigny	Lapalud	541	»	2	
	La Roche (Yonne)	10	»	2	
	Lunel	672	»	2	
	Lyon	366	»	2	
	Mâcon	295	»	2	
	Marsal	487	35	1	Montereau et Nancy.
	Marseille	718	»	2	
	Meaux	191	»	2	Paris.
	Melun	102	»	2	
	Montbart	98	»	2	
	Montélimart	517	»	2	
	Montereau	67	»	2	
	Montpellier	695	»	2	

LIEUX DE DÉPART	DESTINATIONS	DISTANCES EN KILOMÈTRES		NOMBRE de CONVOYEURS	LIEUX des CHANGEMENTS DE VOIE OU DE WAGON
		VOIES DE FER	VOIES DE TERRE		
Joigny (suite)	Montrond	456	»	2	Lyon.
	Mornas	553	»	2	
	Nevers	59	109	1	Auxerre.
	Nîmes	645	»	2	
	Nogent-sur-Seine	112	»	2	Montereau.
	Orange	569	»	2	
	Orléans	268	»	2	Paris.
	Paris	146	»	2	
	Plombières (Côte-d'Or)	165	»	2	
	Pont-Saint-Esprit	546	»	2	
	Provins	112	18	1	Montereau et Nogent-sur-Seine.
	Rambouillet	194	»	2	Paris.
	Roanne	507	»	2	Lyon.
	Rognac	685	»	2	
	Saint-Brieuc	529	109	1	Paris et Rennes.
	Saint-Chamas (poudrerie)	670	»	2	
	Saint-Étienne	423	»	2	Lyon.
	Saint-Florentin	27	»	2	
	Saint-Maixent	536	»	2	Paris.
	Saint-Mihiel	428	19	1	Montereau et Commercy.
	Sampigny	328	»	2	Montereau.
	Saumur	457	»	2	Paris.
	Sens	33	»	2	
	Strasbourg	545	»	2	Dijon et Belfort.
	Tarascon	618	»	2	
	Toulon	718	65	1	Marseille.
	Tonnerre	51	»	2	
	Tournus	263	»	2	
	Tours	385	»	2	Paris.
	Troyes	167	»	2	Montereau.
	Valence	472	»	2	
	Vernon	226	»	2	Paris.
	Versailles	163	»	2	Paris.
	Vienne	398	»	2	
	Villefranche (Rhône)	332	»	2	
	Villers	396	»	2	Paris et Reims.
	Vincennes	148	»	2	
Jonzac	Barbezieux	»	22	»	
	La Rochelle	35	65	1	Rochefort.
	Paris	459	56	1	Angoulême.
	Saintes	»	47	»	
Klingenthal	Mutzig	»	16	»	
	Obernay	»	5	»	
	Paris	558	43	1	Saverne.
	Phalsbourg	»	52	»	
	Saverne	»	43	»	
	Schlestadt	»	28	»	
	Strasbourg	»	31	»	
	Vincennes	558	43	1	Saverne.
	Wasselonne	»	28	»	
La Fère	Landrecies	77	»	2	
	Laon	22	»	2	

LIEUX DE DÉPART	DESTINATIONS	DISTANCES EN KILOMÈTRES		NOMBRE de CAMIONNAGES	LIEUX des CHANGEMENTS DE VOIE OU DE WAGON
		VOIES DE FER	VOIES DE TERRE		
Fère (La) (Suite)	La Rochelle	634	»	2	Paris.
	Lille	155	»	2	Busigny.
	Lyon	628	»	2	Laon, Reims, Gray et Dijon.
	Marseille	986	»	2	Laon, Reims, Gray et Dijon.
	Maubeuge	104	»	2	
	Melun	199	»	2	Paris.
	Metz	356	»	2	Laon et Reims.
	Mézières	163	»	2	Laon.
	Montmédy	163	65	1	Laon et Mézières.
	Mutzig	422	34	1	Laon, Reims et Saverne.
	Nantes	585	»	2	Paris.
	Nevers	456	»	2	Paris et Le Guétin.
	Paris	154	»	2	
	Péronne	29	33	1	Saint-Quentin.
	Pont-à-Mousson	327	»	2	Laon et Reims.
	Reims	75	»	2	Laon.
	Rennes	528	»	2	Paris.
	Ripault (Le) (poudrerie)	391	17	1	Paris et Tours.
	Rocroi	163	29	1	Laon et Mézières.
	Rouen	294	»	2	Paris.
	Saint-Cyr	176	»	2	Paris.
	Saint-Denis	169	»	2	
	Saint-Étienne	685	»	2	Laon, Reims, Gray, Dijon et Lyon
	Saint-Omer	217	»	2	Busigny.
	Saint-Ponce	163	»	2	Laon.
	Saint-Quentin	29	»	2	
	Sédan	163	22	1	Laon et Mézières.
	Soissons	44	32	1	Chauny.
	Strasbourg	466	»	2	Laon et Reims.
	Torteron	458	30	1	Paris, Le Guétin et Nevers.
	Toulon	980	65	1	Laon, Reims, Gray, Dijon et Marseille.
	Troyes	321	»	2	Paris.
	Valenciennes	128	»	2	Busigny.
	Verdun	258	55	1	Laon, Reims et Commercy.
	Vernon	234	»	2	Paris.
	Versailles	171	»	2	Paris.
	Villers	163	»	2	Laon.
	Vitry-le-Français	169	»	2	Laon et Reims.
Flèche (La)	Laval	»	68	»	
	Lille	486	42	1	Le Mans et Paris.
	Mans (Le)	»	42	»	
	Metz	605	42	1	Le Mans et Paris.
	Mézières	471	42	1	Le Mans, Paris et Reims.
	Nantes	88	46	1	Angers.
	Napoléon-Vendée	88	117	»	Angers et Nantes.
	Niort	228	40	1	Château-du-Loir.
	Orléans	164	40	1	Château-du-Loir.
	Paris	211	42	1	Le Mans.
	Périgueux	421	40	1	Château-du-Loir.
	Port-Louis	128	174	»	Angers et Savenay.
	Rennes	73	68	1	Laval.
	Rouen	351	42	1	Le Mans et Paris.
	Saint-Brieuc	73	168	»	Laval et Rennes.
	Saint-Malo	73	138	»	Laval et Rennes.

LIEUX DE DÉPART	DESTINATIONS	DISTANCES EN KILOMÈTRES — Voies de fer	DISTANCES EN KILOMÈTRES — Voies de terre	NOMBRE de contingents	LIEUX des changements de voie ou de wagon
Flèche (La) (suite)	Saint-Omer	548	52	1	Le Mans et Paris.
	Saumur	»	52	»	
	Strasbourg	713	52	1	Le Mans et Paris.
	Tours	49	50	1	Château-du-Loir.
Loupe (La)	Laval	177	»	2	
	Maintenon	56	»	2	
	Mans (Le)	83	»	2	
	Nogent-le-Rotrou	25	»	2	
	Paris	124	»	2	
	Rambouillet	76	»	2	
	Rennes	250	»	2	
	Saint-Cyr	163	»	2	
	Sillé-le-Guillaume	123	»	2	
	Verneuil	»	39	»	
	Versailles	108	»	2	
Lamballe	Paris	374	80	1	Rennes.
	Rennes	»	80	»	
	Saint-Brieuc	»	20	»	
Landrecies	Laon	99	»	2	
	Lille	129	»	2	Busigny.
	Lyon	764	»	2	Laon, Reims, Gray et Dijon.
	Marseille	1056	»	2	Laon, Reims, Gray et Dijon.
	Maubeuge	28	»	2	
	Metz	332	»	2	Laon et Reims.
	Mézières	239	»	2	Laon.
	Montreuil	262	»	2	Busigny.
	Montreuil-Verton	262	»	2	Busigny.
	Nîmes	983	»	2	Laon, Reims, Gray et Dijon.
	Paris	219	»	2	
	Pontoise	190	»	2	
	Reims	151	»	2	Laon.
	Rocroi	»	87	»	
	Rouen	359	»	2	Paris.
	Saint-Denis	213	»	2	
	Saint-Omer	182	»	2	Busigny.
	Saint-Quentin	49	»	2	
	Sedan	239	22	1	Laon et Mézières.
	Strasbourg	532	»	2	Laon et Reims.
	Valenciennes	93	»	2	Busigny.
	Villers	239	»	2	Laon.
Langon	Lempdes	891	»	2	Bordeaux et Le Guétin.
	Libourne	79	»	2	Bordeaux.
	Mont-de-Marsan	198	»	2	Bordeaux.
	Moulins	728	»	2	Bordeaux et Le Guétin.
	Nantes	585	»	2	Bordeaux.
	Nevers	686	»	2	Bordeaux et Le Guétin.
	Orléans	505	»	2	Bordeaux.
	Paris	626	»	2	Bordeaux.
	Poitiers	289	»	2	Bordeaux.

LIEUX DE DÉPART	DESTINATIONS	DISTANCES EN KILOMÈTRES		NOMBRE de TRANSBORDEMENTS	LIEUX des CHANGEMENTS DE VOIE OU DE WAGON
		VOIES DE FER	VOIES DE TERRE		
Langon (suite)	Riom	818	»	2	Bordeaux et Le Guétin.
	Roche-Chalais (La)	412	»	2	Bordeaux.
	Ruffec	224	»	2	Bordeaux.
	Saint-Germain-des-Fossés	766	»	2	Bordeaux et Le Guétin.
	Saumur	453	»	2	Bordeaux.
	Tonneins	54	»	2	
	Toulouse	215	»	2	
	Tours	390	»	2	Bordeaux.
	Varennes	754	»	2	Bordeaux et Le Guétin.
	Vierzon	585	»	2	Bordeaux.
	Villeneuve-d'Agen	54	35	1	Tonneins.
	Vincennes	626	»	2	Bordeaux.
Langres	La Rochelle	777	»	2	Paris.
	Laval	598	»	2	Paris.
	Lunéville	294	»	2	
	Lyon	322	»	2	Gray et Dijon.
	Mâcon	251	»	2	Gray et Dijon.
	Marseille	675	»	2	Gray et Dijon.
	Metz	300	»	2	
	Mézières	319	»	2	Reims.
	Mont-Dauphin	476	161	1	Gray, Dijon, Saint-Rambert et Grenoble.
	Mutzig	258	34	1	Schélestadt.
	Nancy	261	»	2	
	Paris	297	»	2	
	Perpignan	821	»	2	Gray, Dijon, Cette et Narbonne.
	Saint-Mihiel	202	19	1	Commercy.
	Schélestadt	258	»	2	
	Sedan	319	22	1	Reims et Mézières.
	Strasbourg	303	»	2	
	Toul	228	»	2	
	Toulon	675	65	1	Gray, Dijon et Marseille.
	Troyes	131	»	2	
	Verdun	202	54	1	Commercy.
	Vesoul	85	»	2	
	Vonges (poudrerie)	77	»	2	Gray.
Lanvaux forges (Morbihan).	Auray	»	15	»	
	Brest	»	207	»	
	Lorient	»	53	»	
	Port-Louis	»	49	»	
	Rennes	»	125	»	
	Saint-Servan	»	188	»	
	Vannes	»	20	»	
Laon	Lille	177	»	2	Busigny.
	Marseille	957	»	2	Reims, Gray et Dijon.
	Maubeuge	126	»	2	
	Meaux	180	»	2	Reims.
	Melun	221	»	2	Paris.
	Metz	333	»	2	Reims.
	Mézières	140	»	2	
	Mutzig	399	34	1	Reims et Saverne.

LIEUX DE DÉPART	DESTINATIONS	DISTANCES EN KILOMÈTRES — Voies de fer	DISTANCES EN KILOMÈTRES — Voies de terre	NOMBRE de changements	LIEUX des changements de voie ou de wagon
Laon (suite)	Nancy	294	»	2	Reims.
	Paris	176	»	2	
	Phalsbourg	373	17	1	Reims et Sarrebourg.
	Reims	52	»	2	
	Rouen	214	»	2	Paris.
	Saint-Mihiel	235	19	1	Reims et Commercy.
	Saint-Omer	229	»	2	Busigny.
	Saint-Quentin	51	»	2	
	Sedan	140	22	1	Mézières.
	Soissons	»	32	»	
	Strasbourg	443	»	2	Reims.
	Toulon	957	65	1	Reims, Gray, Dijon et Marseille.
	Troyes	345	»	2	Reims.
	Valenciennes	150	»	2	Busigny.
	Verdun	235	54	1	Reims et Commercy.
	Vervins	»	38	»	
	Villers	140	»	2	
Lapalud	Lyon	179	»	2	
	Marseille	172	»	2	
	Montélimart	39	»	2	
	Montpellier	149	»	2	
	Mornas	43	»	2	
	Nîmes	99	»	2	
	Orange	23	»	2	
	Paris	686	»	2	
	Pont-Saint-Esprit	»	9	»	
	Privas	74	39	1	Valence.
	Roanne	329	»	2	Lyon.
	Rognac	144	»	2	
	Saint-Chamas (poudrerie)	124	»	2	
	Saint-Étienne	236	»	2	Lyon.
	Saint-Hippolyte	99	47	1	Nîmes.
	Tarascon	73	»	2	
	Toulon	172	65	1	Marseille.
	Toulouse	401	»	2	Cette.
	Tulle	452	143	1	Lyon, et Clermont-Ferrand.
	Uzès	99	22	1	Nîmes.
	Valence	74	»	2	
	Vans (Les)	145	39	1	Alais.
	Vienne	159	»	2	
	Vincennes	686	»	2	
	Voulte (La) (forges)	74	20	1	Valence.
Largentière	Lyon	106	83	1	Valence.
	Marseille	172	61	1	Alais.
	Montélimart	45	83	1	Valence.
	Montpellier	100	61	1	Alais.
	Nîmes	49	61	1	Alais.
	Paris	618	83	1	Valence.
	Privas	»	45	»	
	Valence	»	83	»	
	Vans (Les)	»	27	»	
	Voulte (La)	»	64	»	

LIEUX DE DÉPART	DESTINATIONS	DISTANCES EN KILOMÈTRES		NOMBRE de CAMIONNAGES	LIEUX des CHANGEMENTS DE VOIE OU DE WAGON
		VOIES DE FER	VOIES DE TERRE		
La Rochelle..........	Laval........................	435	»	2	Le Mans.
	Libourne....................	346	»	2	
	Lille........................	755	»	2	Paris.
	Limoges......................	640	»	2	
	Lorient......................	481	132	1	Savenay.
	Lyon.........................	827	»	2	Le Guétin.
	Mans (Le)....................	345	»	2	
	Marseille....................	1065	»	2	Bordeaux et Cette.
	Maubeuge.....................	726	»	2	Paris.
	Metz.........................	872	»	2	Paris.
	Mézières.....................	740	»	2	Paris et Reims.
	Montauban....................	587	»	2	Bordeaux.
	Mont-de-Marsan...............	529	»	2	Bordeaux.
	Montpellier..................	889	»	2	Bordeaux et Cette.
	Moulins......................	580	»	2	Le Guétin.
	Nancy........................	833	»	2	Paris.
	Nantes.......................	440	»	2	
	Nîmes........................	942	»	2	Bordeaux et Cette.
	Napoléon-Vendée..............	»	83	»	
	Napoléonville................	481	127	1	Savenay.
	Nevers.......................	540	»	2	Le Guétin.
	Niort........................	66	»	2	
	Orange.......................	1016	»	2	Bordeaux et Cette.
	Orléans......................	360	»	2	
	Paris........................	480	»	2	
	Parthenay....................	90	29	1	Saint-Maixent.
	Pau..........................	529	82	1	Bordeaux et Mont-de-Marsan.
	Périgueux....................	406	»	2	
	Perpignan....................	851	»	2	Bordeaux et Narbonne.
	Poitiers.....................	144	»	2	
	Port-Louis...................	481	128	1	Savenay.
	Quimper......................	481	194	1	Savenay.
	Rennes.......................	507	»	2	Le Mans.
	Ripault (Le) [poudrerie].....	245	17	1	Tours.
	Rochefort....................	35	»	2	
	Rouen........................	620	»	2	Paris.
	Royan........................	35	69	1	Rochefort.
	Ruelle (fonderie de canons)...	248	»	2	
	Sables d'Olonne (Les)........	»	101	»	
	Saint-Brieuc.................	507	100	1	Le Mans et Rennes.
	Saint-Étienne................	773	»	2	Le Guétin.
	Saint-Germain-en-Laye........	502	»	2	Paris.
	Saint-Jean-d'Angely..........	32	28	1	Surgères.
	Saint-Lô.....................	475	92	1	Le Mans, Argentan, Caen et Bayeux.
	Saint-Maixent................	90	»	2	
	Saint-Omer...................	817	»	2	Paris.
	Saintes......................	35	38	1	Rochefort.
	Saumur.......................	368	»	2	
	Strasbourg...................	982	»	2	Paris.
	Thouars......................	90	67	1	Saint-Maixent.
	Toulon.......................	1065	65	1	Bordeaux, Cette et Marseille.
	Toulouse.....................	638	»	2	Bordeaux.
	Tours........................	245	»	2	
	Troyes.......................	647	»	2	Paris.
	Tulle........................	406	101	1	Périgueux.
	Valenciennes.................	757	»	2	Paris.
	Vannes.......................	481	76	1	Savenay.

LIEUX DE DÉPART	DESTINATIONS	DISTANCES EN KILOMÈTRES		NOMBRE de CAMIONNAGES	LIEUX DES CHANGEMENTS DE VOIE OU DE WAGON
		VOIES DE FER	VOIES DE TERRE		
La Rochelle (suite)	Vernon	560	»	2	Paris.
	Versailles	497	»	2	Paris.
	Vesoul	861	»	2	Paris.
	Vincennes	489	»	2	
Las-Illas	Perpignan	»	45	»	
	Perthus (Le)	»	24	»	
Lauterbourg	Lichtenberg	34	48	»	Wissembourg et Haguenau.
	Metz	253	20	1	Wissembourg.
	Mutzig	67	55	»	Wissembourg et Strasbourg.
	Nancy	193	20	1	Wissembourg.
	Paris	550	20	1	Wissembourg.
	Petite-Pierre (La)	92	36	»	Wissembourg et Saverne.
	Strasbourg	67	20	1	Wissembourg.
	Wissembourg	»	20	»	
Laval	Lille	576	»	2	Paris.
	Lyon	774	»	2	Le Mans et Le Guélin.
	Maintenon	233	»	2	
	Mans (Le)	90	»	2	
	Marseille	1126	»	2	Le Mans, Le Guélin et Lyon.
	Mayenne	»	30	»	
	Metz	494	»	2	Paris.
	Mont-Saint-Michel	73	65	1	Rennes.
	Nantes	88	74	1	Angers.
	Napoléon-Vendée	88	145	»	Angers et Nantes.
	Napoléonville	73	105	1	Rennes.
	Nogent-le-Rotrou	152	»	2	
	Orléans	304	»	2	Le Mans.
	Paris	301	»	2	
	Pau	684	82	1	Le Mans, Bordeaux et Mont-de-Marsan.
	Perigueux	561	»	2	Le Mans.
	Poitiers	290	»	2	Le Mans.
	Pont-de-Buis	73	239	1	Rennes.
	Port-Louis	73	147	1	Rennes.
	Rambouillet	253	»	2	
	Rennes	73	»	2	
	Rochefort	432	»	2	Le Mans.
	Rodez	909	41	1	Le Mans, Bordeaux, Montauban et Saint-Christophe.
	Rouen	441	»	2	Paris.
	Saint-Brieuc	73	100	1	Rennes.
	Saint-Cyr	279	»	2	
	Saint-Lô	»	145	»	
	Saint-Malo	73	70	1	Rennes.
	Saintes	432	38	1	Le Mans et Rochefort.
	Saumur	253	»	2	Le Mans.
	Sillé-le-Guillaume	54	»	2	
	Toulon	1126	65	1	Le Mans, le Guélin, Lyon et Marseille.
	Tours	180	»	2	Le Mans.
	Troyes	468	»	2	Paris.
	Tulle	584	89	1	Le Mans et Limoges.

LIEUX DE DÉPART	DESTINATIONS	DISTANCES EN KILOMÈTRES		NOMBRE de CAMIONNAGES	LIEUX des CHANGEMENTS DE VOIE OU DE WAGON
		VOIES DE FER	VOIES DE TERRE		
	Valenciennes	578	»	2	Paris.
	Valogne	294	57	2	Argentan et Caen.
Laval (suite)	Vannes	73	104	1	Rennes.
	Vendôme	140	58	1	Le Mans et Château-du-Loir.
	Versailles	284	»	2	
	Mende	»	131	»	
	Moulins	167	»	2	
	Nantes	697	»	2	Le Guétin.
	Nevers	229	»	2	
	Orléans	387	»	2	Le Guétin.
	Paris	508	»	2	Le Guétin.
Lempdes	Poitiers	603	»	2	Le Guétin.
	Puy (Le)	»	79	»	
	Rodez	»	170	»	
	Saint-Flour	»	48	»	
	Tours	602	»	2	Le Guétin.
	Varennes	138	»	2	
	Vierzon	307	»	2	Le Guétin.
	Macon	949	»	2	Bordeaux et Cette.
	Marseille	720	»	2	Bordeaux et Cette.
	Mérignac	36	»	2	
	Moulins	648	»	2	Le Guétin.
	Nantes	567	»	2	
	Nevers	607	»	2	Le Guétin.
	Orléans	427	»	2	
	Paris	548	»	2	
	Pau	184	82	1	Bordeaux et Mont-de-Marsan.
	Périgueux	93	»	2	
	Poitiers	211	»	2	
	Rennes	575	»	2	Le Mans.
	Riom	741	»	2	Le Guétin.
	Roche-Chalais (La)	34	»	2	
	Rochefort	344	»	2	
Libourne	Ruffec	145	»	2	
	Saint-Germain-des-Fossés	689	»	2	Le Guétin.
	Saint-Jean-d'Angely	98	65	1	Angoulême.
	Saint-Lô	541	92	1	Le Mans, Argentan, Caen et Bayeux.
	Saint-Maurice	184	18	1	Bordeaux et Mont-de-Marsan.
	Saintes	98	71	1	Angoulême.
	Saumur	375	»	2	
	Tarbes	184	99	1	Bordeaux et Mont-de-Marsan.
	Tonneins	133	»	2	Bordeaux.
	Toulon	720	65	1	Bordeaux, Cette et Marseille.
	Toulouse	293	»	2	Bordeaux.
	Tours	342	»	2	
	Tulle	93	104	1	Périgueux.
	Varennes	676	»	2	Le Guétin.
	Vierzon	507	»	2	
	Mutzig	»	66	»	
Lichtenberg	Paris	458	32	1	Saverne.
	Strasbourg	34	28	1	Haguenau.
	Wissembourg	34	28	1	Haguenau.

LIEUX DE DÉPART	DESTINATIONS	DISTANCES EN KILOMÈTRES — VOIES DE FER	DISTANCES EN KILOMÈTRES — VOIES DE TERRE	NOMBRE de changements	LIEUX des CHANGEMENTS DE VOIE OU DE WAGON
Licq	Mauléon	»	25	»	
	Navarreux	»	45	»	
	Oloron	»	66	»	
	Saint-Jean-Pied-de-Port	»	65	»	
	Tardets	»	7	»	
Lieurey	Paris	168	58	1	Évreux.
	Thionville	527	58	1	Évreux et Paris.
Lille	Limoges	676	»	2	Paris.
	Longwy	547	50	1	Busigny, Laon, Reims et Thionville.
	Lorient	649	142	1	Paris et Rennes.
	Lunéville	565	»	2	Busigny, Laon et Reims.
	Lyon	782	»	2	Busigny, Laon, Reims, Gray et Dijon
	Mans (Le)	386	»	2	Paris.
	Marseille	1134	»	2	Busigny, Laon, Reims, Gray et Dijon
	Maubeuge	147	»	2	Busigny.
	Metz	549	»	2	Busigny, Laon et Reims.
	Mézières	317	»	2	Busigny et Laon.
	Mont-de-Marsan	1066	»	2	Paris et Bordeaux.
	Montpellier	1111	»	2	Busigny, Laon, Reims, Gray et Dijon
	Montreuil-Vertus	212	»	2	
	Moulins	617	»	2	Paris et Le Guétin.
	Mutzig	576	34	1	Busigny, Laon, Reims et Saverne.
	Nancy	471	»	2	Busigny, Laon et Reims.
	Nantes	708	»	2	Paris.
	Neuf-Brisach	686	16	1	Busigny, Laon, Reims et Colmar.
	Noyon	263	»	2	
	Orléans	397	»	2	Paris.
	Paris	275	»	2	
	Pau	1066	82	1	Paris, Bordeaux et Mont-de-Marsan
	Périgueux	881	»	2	Paris.
	Péronne	96	25	1	Albert.
	Perpignan	1281	»	2	Busigny, Laon, Reims, Gray, Dijon, Cette et Narbonne.
	Poitiers	613	»	2	Paris.
	Pont-à-Mousson	481	»	2	Busigny, Laon et Reims.
	Pont-de-Buis	649	239	1	Paris et Rennes.
	Pontoise	246	»	2	
	Quesnoy (Le)	69	17	1	Valenciennes.
	Rennes	649	»	2	Paris.
	Rochefort	753	»	2	Paris.
	Rocroi	120	87	1	Busigny et Landrecies.
	Rouen	415	»	2	Paris.
	Saint-Brieuc	649	100	1	Paris et Rennes.
	Saint-Denis	269	»	2	
	Saint-Étienne	849	»	2	Paris et Le Guétin.
	Saint-Mihiel	512	19	1	Busigny, Laon, Reims et Commercy
	Saint-Omer	65	»	2	
	Saint-Pouce	317	»	2	Busigny et Laon.
	Saint-Quentin	127	»	2	Busigny.
	Saint-Venant	»	48	»	
	Saintes	753	38	1	Paris et Rochefort.
	Sarreguemines	576	18	1	Busigny, Laon, Reims et Forisach.
	Saumur	576	»	2	Paris.

LIEUX DE DÉPART	DESTINATIONS	DISTANCES EN KILOMÈTRES		NOMBRE de CAMIONNAGES	LIEUX des CHANGEMENTS DE VOIE OU DE WAGON
		VOIES DE FER	VOIES DE TERRE		
	Schélestadt	664	»	2	Busigny, Laon et Reims.
	Sedan	347	22	1	Busigny, Laon et Mézières.
	Senlis	207	16	1	Creil.
	Soissons	156	32	1	Chauny.
	Strasbourg	620	»	2	Busigny, Laon et Reims.
	Stenay	317	56	1	Busigny, Laon et Mézières.
	Tarbes	1006	99	1	Paris, Bordeaux et Mont-de-Marsan
	Thionville	537	»	2	Busigny, Laon et Reims.
	Toulon	1134	65	1	Busigny, Laon, Reims, Gray, Dijon et Marseille.
Lille (suite)	Toulouse	1115	»	2	Paris et Bordeaux.
	Tours	512	»	2	Paris.
	Troyes	442	»	2	Paris.
	Tulle	676	89	1	Paris et Limoges.
	Valenciennes	69	»	2	
	Vannes	649	103	1	Paris et Rennes.
	Vendôme	455	32	1	Paris et Blois.
	Verdun	412	54	1	Busigny, Laon, Reims et Commercy
	Vernon	355	»	2	Paris.
	Versailles	292	»	2	Paris.
	Vesoul	544	»	2	Busigny, Laon et Reims.
	Villers	317	»	2	Busigny et Laon.
	Épinal	828	»	2	Paris.
	Lunéville	787	»	2	Paris.
	Lyon	583	»	2	Le Guétin.
	Mâcon	655	»	2	Le Guétin et Lyon.
	Marseille	935	»	2	Le Guétin et Lyon.
	Meaux	446	»	2	Paris.
	Mende	500	131	1	Le Guétin et Lempdes.
	Metz	793	»	2	Paris.
	Montauban	334	95	1	Périgueux et Bordeaux.
	Mirande	264	194	»	Périgueux, Bordeaux et Agen.
	Montpellier	912	»	2	Le Guétin et Lyon.
	Moulins	334	»	2	Le Guétin.
	Nantes	590	»	2	
	Nevers	293	»	2	Le Guétin.
	Nîmes	862	»	2	Le Guétin et Lyon.
	Niort	574	»	2	
	Orléans	281	»	2	
Limoges	Paris	404	»	2	
	Pau	276	177	»	Périgueux, Bordeaux, et Mont-de-Marsan.
	Périgueux	»	95	»	
	Perpignan	598	95	1	Périgueux, Bordeaux et Narbonne.
	Poitiers	496	»	2	
	Provins	471	22	1	Paris et Nangis.
	Rennes	656	»	2	Le Mans.
	Rochechouart	»	40	»	
	Rodez	»	277	»	
	Saint-Étienne	529	»	2	Le Guétin.
	Saint-Flour	500	48	1	Le Guétin et Lempdes.
	Saint-Maixent	551	»	2	
	Saint-Yrieix	»	43	»	
	Saintes	»	174	»	
	Saumur	459	»	2	
	Strasbourg	963	»	2	Paris.

LIEUX DE DÉPART	DESTINATIONS	DISTANCES EN KILOMÈTRES		NOMBRE de CAMIONNAGES	LIEUX des CHANGEMENTS DE VOIE OU DE WAGON
		VOIES DE FER	VOIES DE TERRE		
Limoges (suite)	Tarbes	276	194	»	Périgueux, Bordeaux et Mont-de-Marsan.
	Toulon	935	65	1	Le Guétin, Lyon et Marseille.
	Toulouse	385	95	1	Périgueux et Bordeaux.
	Tours	395	»	2	
	Troyes	568	»	2	Paris.
	Tulle	»	89	»	
	Versailles	418	»	2	Paris.
Limoux	Marseille	337	25	1	Carcassonne et Cette.
	Mornas	»	185	»	
	Metz	1114	25	1	Carcassonne, Cette, Dijon et Gray.
	Montpellier	161	25	1	Carcassonne et Cette.
	Narbonne	59	25	1	Carcassonne.
	Paris	931	25	1	Carcassonne et Bordeaux.
	Pont-Saint-Esprit	298	38	»	Carcassonne, Cette et Mornas.
	Perpignan	123	25	1	Carcassonne et Narbonne.
	Seix	»	130	»	
	Tarascon-sur-Ariège	»	76	»	
	Toulon	337	90	»	Carcassonne, Cette et Marseille.
	Toulouse	91	25	1	Carcassonne.
	Uzès	214	47	»	Carcassonne, Cette et Nîmes.
	Valence	384	25	1	Carcassonne et Cette.
Lisieux	Malaunay	226	»	2	
	Mantes	133	»	2	
	Paris	190	»	2	
	Pont-l'Évêque	18	»	2	
	Rouen	216	»	2	
	Saint-Germain-en-Laye	155	12	1	Triel.
	Triel	155	»	2	
	Trouville	18	11	1	Pont-l'Évêque.
	Vernon	157	»	2	
	Yvetot	255	»	2	
Lodève	Lyon	329	54	1	Montpellier.
	Marseille	177	54	1	Montpellier.
	Mende	»	169	»	
	Metz	959	54	1	Montpellier, Dijon et Gray.
	Mèze	»	56	»	
	Milhau	»	68	»	
	Montpellier	»	54	»	
	Nîmes	53	54	1	Montpellier.
	Paris	841	54	1	Montpellier.
	Rodez	»	140	»	
	Strasbourg	871	54	1	Montpellier, Dijon et Belfort.
	Toulon	177	119	»	Montpellier et Marseille.
	Toulouse	176	60	1	Béziers.
Longwy	Lunéville	117	50	1	Thionville.
	Lyon	647	50	1	Thionville, Gray et Dijon.
	Marseille	990	50	1	Thionville, Gray et Dijon.
	Melun	564	50	1	Thionville et Paris.
	Metz	85	50	1	Thionville.

LIEUX DE DÉPART	DESTINATIONS	DISTANCES EN KILOMÈTRES		NOMBRE DE CAMIONNAGES	LIEUX DES CHANGEMENTS DE VOIE OU DE WAGON
		VOIES DE FER	VOIES DE TERRE		
Longwy (suite)	Mézières	»	106	»	
	Montmédy	»	41	»	
	Moutzig	199	84	»	Thionville et Saverne.
	Paris	519	50	1	Thionville.
	Pont-à-Mousson	57	50	1	Thionville.
	Périgueux	1025	50	1	Thionville et Paris.
	Rennes	793	58	1	Thionville et Paris.
	Sarreguemines	190	68	»	Thionville et Forbach.
	Strasbourg	254	56	1	Thionville.
	Thionville	»	50	»	
	Toulon	999	115	»	Thionville, Gray, Dijon et Marseille
	Verdun	»	66	»	
	Villers	»	109	»	
Lons-le-Saunier	Louhans	»	27	»	
	Lyon	105	55	1	Tournus.
	Mâcon	32	55	1	Tournus.
	Marseille	456	55	1	Tournus.
	Metz	406	52	1	Dôle et Gray.
	Mulhouse	191	52	1	Dôle et Belfort.
	Moutzig	254	80	»	Dôle, Belfort et Schélestadt.
	Nancy	367	52	1	Dôle et Gray.
	Paris	362	52	1	Dôle et Dijon.
	Salins	»	53	»	
	Schélestadt	254	52	1	Dôle et Belfort.
	Strasbourg	299	52	1	Dôle et Belfort.
	Toulon	456	120	»	Tournus et Marseille.
	Toulouse	685	55	1	Tournus et Cette.
	Tournus	»	55	»	
	Valence	210	55	1	Tournus.
	Vesoul	171	52	1	Dôle et Gray.
Lorient	Concarneau	»	50	»	
	Lunéville	760	142	1	Rennes et Paris.
	Lyon	816	132	1	Savenay et Le Guétin.
	Mans (Le)	162	142	1	Rennes.
	Marseille	1168	132	1	Savenay, Le Guétin et Lyon.
	Metz	766	142	1	Rennes et Paris.
	Mézières	635	142	1	Rennes, Paris et Reims.
	Nantes	49	132	1	Savenay.
	Napoléon-Vendée	46	203	»	Savenay et Nantes.
	Napoléonville	»	55	»	
	Orléans	350	132	1	Savenay.
	Paris	374	142	1	Rennes.
	Pluvigner	»	32	»	
	Pont-de-Buis (poudrerie)	»	104	»	
	Port-Louis	»	25	»	
	Quiberon	»	64	»	
	Quimper	»	69	»	
	Rennes	»	142	»	
	Ripault (Le)	235	149	»	Savenay et Tours.
	Rouen	514	142	1	Rennes et Paris.
	Saint-Brieuc	»	137	»	
	Saint-Étienne	762	132	1	Savenay et Le Guétin.
	Saint-Lô	»	280	»	
	Saint-Malo	»	188	»	

LIEUX DE DÉPART	DESTINATIONS	DISTANCES EN KILOMÈTRES		NOMBRE DE CHANGEMENTS	LIEUX DES CHANGEMENTS DE VOIE OU DE WAGON
		VOIES DE FER	VOIES DE TERRE		
Lorient (suite)	Saumur	172	139	1	Savenay.
	Strasbourg	878	152	1	Rennes et Paris.
	Toulon	1188	197	»	Savenay, Le Guétin, Lyon et Marseille.
	Toulouse	839	132	1	Savenay et Bordeaux.
	Tours	253	152	1	Savenay.
	Trélivan	»	2	»	
	Tulle	636	221	»	Savenay et Limoges.
	Vannes	»	56	»	
	Vernon	554	142	1	Rennes et Paris.
Louhans	Mâcon	32	28	1	Tournus.
	Tournus	»	28	»	
Lourdes	Navarrenx	»	88	»	
	Paris	731	118	1	Mont-de-Marsan et Bordeaux.
	Pau	»	40	»	
	Perpignan	214	165	1	Toulouse et Narbonne.
	Saint-Jean-Pied-de-Port	»	159	»	
	Tarbes	»	19	»	
	Viscos (Le)	»	1	»	
Louviers	Paris	107	»	2	
	Rouen	30	»	2	
	Vernon	27	»	2	
Lunel	Lunéville	929	»	2	Dijon et Gray.
	Lyon	396	»	2	
	Mâcon	378	»	2	
	Montélimart	155	»	2	
	Marseille	153	»	2	
	Metz	925	»	2	Dijon et Gray.
	Montpellier	25	»	2	
	Mornas	115	»	2	
	Nîmes	30	»	2	
	Orange	104	»	2	
	Paris	818	»	2	
	Roanne	445	»	2	Lyon.
	Rognac	128	»	2	
	Saint-Chamas (poudrerie)	105	»	2	
	Saint-Étienne	383	»	2	Lyon.
	Saint-Hippolyte-du-Fort	30	37	1	Nîmes.
	Saint-Jean-d'Angely	665	65	1	Cette, Bordeaux et Angoulême.
	Saint-Maixent	824	»	2	Cette et Bordeaux.
	Strasbourg	858	»	2	Dijon et Belfort.
	Tarascon	54	»	2	
	Toulon	153	65	1	Marseille.
	Valence	200	»	2	
	Vernon	898	»	2	Paris.
	Vienne	274	»	2	
	Villers	947	»	2	Dijon, Gray et Reims.
Lunéville	Lyon	614	»	2	Gray et Dijon.
	Marsal	»	27	»	

LIEUX DE DÉPART	DESTINATIONS	DISTANCES EN KILOMÈTRES — VOIES DE FER	DISTANCES EN KILOMÈTRES — VOIES DE TERRE	NOMBRE de CAMIONNAGES	LIEUX DES CHANGEMENTS DE VOIE OU DE WAGON
	Marseille	966	»	2	Gray et Dijon.
	Maubeuge	453	»	2	Reims et Laon.
	Meaux	349	»	2	
	Metz	93	»	2	
	Mézières	363	»	2	Reims.
	Mulhouse	226	»	2	
	Mutzig	73	34	1	Saverne.
	Nancy	33	»	2	
	Paris	356	»	2	
	Phalsbourg	57	17	1	Sarrebourg.
	Pont-à-Mousson	61	»	2	
	Reims	273	»	2	
	Saint-Dizier	180	»	2	
	Saint-Étienne	671	»	2	Gray, Dijon et Lyon.
	Saint-Lô	635	35	1	Paris et Bayeux.
	Saint-Maixent	776	»	2	Paris.
	Saint-Mihiel	92	19	1	Commercy.
	Sampigny	92	»	2	
	Sarrebourg	47	»	2	
Lunéville (suite)	Sarreguemines	157	18	1	Forbach.
	Saumur	680	»	2	Paris.
	Saverne	73	»	2	
	Schélestadt	161	»	2	
	Sedan	363	22	1	Reims et Mézières.
	Stenay	92	109	1	Commercy.
	Strasbourg	117	»	2	
	Thann	234	»	2	
	Thionville	117	»	2	
	Toul	66	»	2	
	Toulon	960	65	1	Gray, Dijon et Marseille.
	Troyes	355	»	2	
	Valence	720	»	2	Gray et Dijon.
	Vendôme	556	32	1	Paris et Blois.
	Verdun	92	54	1	Commercy.
	Versailles	393	»	2	Paris.
	Vienne	646	»	2	Gray et Dijon.
	Villers	383	»	2	Reims.
	Vitry-le-Français	181	»	2	
	Wissembourg	165	»	2	
	Condé (Nord)	755	13	1	Dijon, Gray, Reims, Laon, Busigny et Valenciennes.
	Mâcon	72	»	2	
	Mans (Le)	684	»	2	Le Guétin.
	Marsal	581	35	1	Dijon, Gray et Nancy.
	Marseille	352	»	2	
	Maubeuge	724	»	2	Dijon, Gray, Reims et Laon.
	Melun	468	»	2	
Lyon	Mende	57	166	1	Saint-Étienne.
	Metz	628	»	2	Dijon et Gray.
	Mézières	641	»	2	Dijon, Gray et Reims.
	Montauban	632	»	2	Cette.
	Montbard	269	»	2	
	Montbrison	89	14	1	Montrond.
	Mont-Dauphin	154	161	1	Saint-Rambert et Grenoble.
	Mont-de-Marsan	985	»	2	Cette et Bordeaux.
	Montélimart	151	»	2	
	Montereau	533	»	2	

LIEUX DE DÉPART	DESTINATIONS	DISTANCES EN KILOMÈTRES		NOMBRE de CHANGEMENTS	LIEUX de CHANGEMENT DE VOIE OU DE MODE
		VOIES DE FER	VOIES DE TERRE		
	Montluel	17	»	2	
	Montmédy	641	65	1	Dijon, Gray, Reims et Mézières.
	Montpellier	329	»	2	
	Montrond	89	»	2	
	Mornas	191	»	2	
	Moulins	239	»	2	
	Mutzig	537	34	1	Dijon, Belfort et Schlestadt.
	Nancy	534	»	2	Dijon et Gray.
	Nantes	777	»	2	Le Guétin.
	Napoléon-Vendée	777	71	1	Le Guétin et Nantes.
	Neuf-Brisach	475	16	1	Dijon, Belfort et Colmar.
	Nevers	344	»	2	
	Nîmes	279	»	2	
	Niort	761	»	2	Le Guétin.
	Nogent-sur-Seine	478	»	2	Montereau.
	Orange	203	»	2	
	Orléans	470	»	2	Le Guétin.
	Oullins	4	»	2	
	Paris	512	»	2	
	Périgueux	853	»	2	Le Guétin.
	Perpignan	409	»	2	Cette et Narbonne.
	Pierre-Châtel	75	26	1	Rossillon.
	Plombières (Côte-d'Or)	197	»	2	
	Poitiers	683	»	2	Le Guétin.
	Pontarlier	283	53	1	Dijon et Salins.
	Pont-de-Beauvoisin	128	25	1	Saint-Rambert et Voiron.
	Pont-Saint-Esprit	180	»	2	
	Privas	166	39	1	Valence.
Lyon (suite)	Provins	478	18	1	Montereau et Nogent-sur-Seine.
	Puy (Le)	57	77	1	Saint-Étienne.
	Queyras (fort)	154	177	1	Saint-Rambert et Grenoble.
	Rennes	848	»	2	Le Guétin et Le Mans.
	Riom	258	»	2	
	Rive-de-Gier	37	»	2	
	Roanne	131	»	2	
	Rodez	332	170	1	Lempdes.
	Rognac	323	»	2	
	Romans	88	18	1	Tain.
	Rouen	652	»	2	Paris.
	Rousses (Les)	168	92	1	Seyssel.
	Saint-Aignan-sur-Cher	399	59	1	Le Guétin et Vierzon.
	Saint-Benoît	»	115	»	
	Saint-Chamas (poudrerie)	304	»	2	
	Saint-Étienne	57	»	2	
	Saint-Florentin	339	»	2	
	Saint-Flour	332	48	1	Lempdes.
	Saint-Hippolyte	279	47	1	Nîmes.
	Saint-Maixent	737	»	2	Le Guétin.
	Saint-Omer	844	»	2	Dijon, Gray, Reims, Laon et Rosigny
	Salon	294	57	1	Avignon.
	Sampigny	523	»	2	Dijon et Gray.
	Sathonay	»	14	»	
	Saumur	648	»	2	Le Guétin.
	Saverne	584	»	2	Dijon et Belfort.
	Sedan	641	22	1	Dijon, Gray, Reims et Mézières.
	Sens	399	»	2	
	Sisteron	154	158	1	Saint-Rambert et Grenoble.

LIEUX DE DÉPART	DESTINATIONS	DISTANCES EN KILOMÈTRES voies de fer	DISTANCES EN KILOMÈTRES voies de terre	NOMBRE de transbordements	LIEUX des changements de voie ou de wagon
Lyon (suite)	Strasbourg	542	»	2	Dijon et Belfort.
	Tarascon	252	»	2	
	Tarbes	581	151	1	Cette et Toulouse.
	Thionville	657	»	2	Dijon et Gray.
	Tonnerre	316	»	2	
	Toul	548	»	2	Dijon et Gray.
	Toulon	352	65	1	Marseille.
	Toulouse	581	»	2	Cette.
	Tournon ou Tain	88	»	2	
	Tournus	104	»	2	
	Tours	585	»	2	Le Guétin.
	Troyes	453	»	2	Dijon et Gray.
	Tulle	272	143	1	Clermont-Ferrand.
	Uzès	279	22	1	Nîmes.
	Valence	106	»	2	
	Valenciennes	755	»	2	Dijon, Gray, Reims, Laon et Busigny
	Vannes	816	76	1	Le Guétin et Savenay.
	Vans (Les)	324	30	1	Alais.
	Verdun	523	54	1	Dijon, Gray et Commercy.
	Vernon	592	»	2	Paris.
	Vesoul	385	»	2	Dijon et Gray.
	Vichy	190	24	1	Lapalisse.
	Vienne	32	»	2	
	Vierzon	390	»	2	Le Guétin.
	Villefranche (Rhône)	34	»	2	
	Villers	641	»	2	Dijon, Gray et Reims.
	Vincennes	512	»	2	
	Vonges (poudrerie)	245	»	2	Dijon.
	Voulte (La) (forges)	166	20	1	Valence.
Mâcon	Marseille	425	»	2	
	Melun	397	»	2	
	Metz	549	»	2	Dijon et Gray.
	Montbard	198	»	2	
	Montbrison	161	14	1	Lyon et Montrond.
	Montélimart	223	»	2	
	Montereau	362	»	2	
	Montpellier	401	»	2	
	Montrond	156	»	2	Lyon.
	Mornas	258	»	2	
	Moulins	321	»	2	Lyon.
	Nancy	510	»	2	Dijon et Gray.
	Narbonne	505	»	2	Cette.
	Nevers	383	»	2	Lyon.
	Nîmes	351	»	2	
	Nogent-sur-Seine	407	»	2	Montereau.
	Paris	431	»	2	
	Plombières (Côte-d'Or)	131	»	2	
	Provins	407	18	1	Montereau et Nogent-sur-Seine.
	Roanne	213	»	2	Lyon.
	Rognac	390	»	2	
	Saint-Chamas (poudrerie)	376	»	2	
	Saint-Étienne	129	»	2	Lyon.
	Saint-Florentin	268	»	2	
	Saint-Lô	740	33	1	Paris et Bayeux.
	Salins	212	»	2	Dijon.

LIEUX DE DÉPART	DESTINATIONS	DISTANCES EN KILOMÈTRES — VOIES DE FER	DISTANCES EN KILOMÈTRES — VOIES DE TERRE	NOMBRE DE TRANSBORDEMENTS	LIEUX DES CHANGEMENTS DE VOIE OU DE WAGON
	Salon	303	47	1	Avignon.
	Sens	328	»	2	
	Strasbourg	471	»	2	Dijon et Belfort.
	Tarascon	324	»	2	
	Tarbes	656	154	1	Cette et Toulouse.
	Tonnerre	244	»	2	
Mâcon (suite)	Toulon	424	65	1	Marseille.
	Tournus	32	»	2	
	Troyes	382	»	2	Dijon et Gray.
	Valence	178	»	2	
	Vienne	103	»	2	
	Villefranche (Rhône)	38	»	2	
	Vincennes	441	»	2	Paris.
	Nogent-le-Rotrou	81	»	2	
	Paris	69	»	2	
	Rambouillet	21	»	2	
Maintenon	Saint-Cyr	47	»	2	
	Sillé-le-Guillaume	179	»	2	
	Versailles	52	»	2	
	Vincennes	69	»	2	
	Mantes	93	»	2	
	Paris	159	»	2	
	Rouen	10	»	2	
Malaunay	Saint-Germain-en-Laye	145	12	1	Triel.
	Triel	145	»	2	
	Vernon	70	»	2	
	Yvetot	29	»	2	
	Marseille	53	53	1	Aix.
	Montpellier	175	53	1	Aix.
Manosque	Rognac	25	53	1	Aix.
	Sisteron	»	50	»	
	Toulon	»	132	»	
	Maintenon	144	»	2	
	Mamers	»	43	»	
	Marsal	564	35	1	Paris et Nancy.
	Marseille	1036	»	2	Le Guétin et Lyon.
	Mérignac	446	»	2	
	Morlaix	182	186	1	Rennes.
	Nancy	663	»	2	Paris.
	Nantes	204	»	2	
Mans (Le)	Napoléon-Vendée	204	71	1	Nantes.
	Napoléonville	162	105	1	Rennes.
	Nogent-le-Rotrou	63	»	2	
	Orléans	214	»	2	
	Paris	211	»	2	
	Poitiers	200	»	2	
	Rambouillet	164	»	2	
	Rennes	162	»	2	
	Rochefort	352	»	2	

LIEUX DE DÉPART	DESTINATIONS	DISTANCES EN KILOMÈTRES		NOMBRE DE CAMIONNAGES	LIEUX DES CHANGEMENTS DE VOIE OU DE WAGON
		VOIES DE FER	VOIES DE TERRE		
Mans (Le) (suite)	Rouen	351	»	2	Paris.
	Saint-Brieuc	162	100	1	Rennes.
	Saint-Calais	»	54	»	
	Saint-Cyr	190	»	2	
	Saint-Jean-d'Angély	312	28	1	Surgères.
	Saint-Lô	130	92	1	Argentan, Caen et Bayeux.
	Saint-Malo	162	70	1	Rennes.
	Saumur	163	»	2	
	Sillé-le-Guillaume	36	»	2	
	Toulon	1036	65	1	Le Guétin, Lyon et Marseille.
	Toulouse	793	»	2	Bordeaux.
	Tours	99	»	2	
	Troyes	378	»	2	Paris.
	Vannes	162	104	1	Rennes.
	Vendôme	50	58	1	Château-du-Loir.
	Versailles	195	»	2	
	Villers	571	»	2	Paris et Reims.
Mantes	Meulan	46	»	2	
	Paris	57	»	2	
	Poissy	31	»	2	
	Rouen	85	»	2	
	Saint-Germain-en-Laye	22	12	1	Triel.
	Triel	22	»	2	
	Vernon	24	»	2	
	Versailles	74	»	2	Paris.
	Yvetot	122	»	2	
Marsal	Colmar	188	27	1	Lunéville.
	Commercy	59	35	1	Nancy.
	Marseille	935	35	1	Nancy, Gray et Dijon.
	Metz	»	57	»	
	Moyenvic	»	4	»	
	Mutzig	73	61	»	Lunéville et Saverne.
	Nancy	»	35	»	
	Paris	353	35	1	Nancy.
	Phalsbourg	»	55	»	
	Pont-à-Mousson	29	35	1	Nancy.
	Saint-Lô	622	79	»	Nancy, Paris et Bayeux.
	Sampigny	59	35	1	Nancy.
	Strasbourg	117	27	1	Lunéville.
	Toul	54	35	1	Nancy.
	Toulon	953	100	»	Nancy, Gray, Dijon et Marseille.
	Toulouse	1165	35	1	Nancy, Gray, Dijon et Cette.
	Villers	330	35	1	Nancy et Reims.
Marseille	Maubeuge	1083	»	2	Dijon, Gray, Reims et Laon.
	Mauléon	882	77	1	Cette, Bordeaux et Bayonne.
	Mazamet	337	47	1	Cette et Carcassonne.
	Meaux	969	»	2	Paris.
	Melun	820	»	2	
	Mende	126	151	1	Nîmes.
	Metz	972	»	2	Dijon et Gray.
	Mézières	993	»	2	Dijon, Gray et Reims.
	Montauban	479	»	2	Cette.
	Montbard	624	»	2	

LIEUX DE DÉPART	DESTINATIONS	DISTANCES EN KILOMÈTRES		NOMBRE de transbordements	LIEUX des transbordements du wagon
		voies de fer	voies de terre		
Marseille (suite).	Montbrison	551	14	1	Lyon et Montrond.
	Mont-Dauphin	53	210	1	Aix.
	Montélimart	201	»	2	
	Montereau	785	»	2	
	Montpellier	177	»	2	
	Montrond	479	»	2	Lyon.
	Mornas	159	»	2	
	Moulins	604	»	2	Lyon.
	Mutzig	849	38	1	Belfort et Schélestadt.
	Nancy	953	»	2	Dijon et Gray.
	Nantes	1129	»	2	Lyon et Le Guétin.
	Napoléon-Vendée	1129	71	1	Lyon, Le Guétin et Nantes.
	Napoléonville	1198	105	1	Lyon, Le Guétin, Le Mans et Rennes.
	Narbonne	279	»	2	Cette.
	Neuf-Brisach	827	16	1	Dijon, Belfort et Colmar.
	Nevers	663	»	2	Lyon.
	Nîmes	126	»	2	
	Niort	999	»	2	Cette et Bordeaux.
	Nogent-sur-Seine	836	»	2	Montereau.
	Orange	149	»	2	
	Orléans	822	»	2	Lyon et Le Guétin.
	Paris	864	»	2	
	Pau	528	190	1	Cette et Toulouse.
	Périgueux	812	»	2	Cette et Bordeaux.
	Perpignan	346	»	2	Cette et Narbonne.
	Phalsbourg	936	»	2	Belfort.
	Plombières (Côte-d'Or)	557	»	2	
	Poitiers	930	»	2	Cette et Bordeaux.
	Pont-de-Buis	1168	229	1	Lyon, Le Guétin et Savenay.
	Pont-Saint-Esprit	159	15	1	Mornas.
	Prades	346	52	1	Cette, Narbonne et Perpignan.
	Privas	256	30	1	Valence.
	Puy (Le)	499	77	1	Lyon et Saint-Étienne.
	Querqueville	1235	»	2	Paris.
	Quesnoy (Le)	1056	15	1	Dijon, Gray, Reims, Laon, Landrecies.
	Quimper	1168	104	1	Lyon, Le Guétin et Savenay.
	Rennes	1198	»	2	Lyon, Le Guétin et Le Mans.
	Ripault (Le) (poudrerie)	937	17	1	Lyon, Le Guétin et Tours.
	Roanne	493	»	2	Lyon.
	Rochefort	1063	»	2	Cette et Bordeaux.
	Rodez	659	41	1	Cette, Montauban et St-Christophe.
	Rognac	28	»	2	
	Romans	256	18	1	Valence.
	Rouen	1004	»	2	Paris.
	Saint-Aignan-sur-Cher	742	59	1	Lyon, Le Guétin et Vierzon.
	Saint-Brieuc	1198	100	1	Lyon, Le Guétin, le Mans et Rennes.
	Saint-Chamas (poudrerie)	43	»	2	
	Saint-Étienne	499	»	2	Lyon.
	Saint-Florentin	685	»	2	
	Saint-Flour	684	48	1	Lyon et Lempdes.
	Saint-Hippolyte	128	47	1	Nîmes.
	Saint-Jean-Pied-de-Port	882	60	1	Cette, Bordeaux et Bayonne.
	Saint-Maixent	976	»	2	Cette et Bordeaux.
	Saint-Médard (poudrerie)	684	13	1	Cette et Bordeaux.
	Saint-Mihiel	875	19	1	Dijon, Gray et Commercy.
	Saint-Omer	1196	»	2	Dijon, Gray, Reims, Laon et Busigny.
	Saint-Tropez	»	151	»	

LIEUX DE DÉPART	DESTINATIONS	DISTANCES EN KILOMÈTRES		NOMBRE de TRANSBORDEMENTS	LIEUX des CHANGEMENTS DE VOIE OU DE WAGON
		VOIES DE FER	VOIES DE TERRE		
Marseille (suite)	Saintes	817	71	1	Cette, Bordeaux et Angoulême.
	Salon	28	21	1	Rognac.
	Sampigny	875	»	2	Dijon et Gray.
	Sarreguemines	1038	18	1	Dijon, Gray et Forbach.
	Saumur	988	»	2	Lyon et Le Guétin.
	Schélestadt	849	»	2	Dijon et Belfort.
	Sedan	993	22	1	Dijon, Gray, Reims et Mézières.
	Sens	751	»	2	
	Seyne (La)	53	153	1	Aix.
	Sisteron	53	103	1	Aix.
	Soissons	921	51	1	Dijon, Gray et Château-Thierry.
	Strasbourg	894	»	2	Dijon et Belfort.
	Tarascon-sur-Rhône	109	»	2	
	Tarbes	528	151	1	Cette et Toulouse.
	Thionville	999	»	2	Dijon et Gray.
	Tonnerre	688	»	2	
	Toul	900	»	2	Dijon et Gray.
	Toulon	»	65	»	
	Toulouse	428	»	2	Cette.
	Tournus	458	»	2	
	Tours	937	»	2	Lyon et Le Guétin.
	Troyes	805	»	2	Dijon et Gray.
	Tulle	824	153	1	Lyon et Clermont-Ferrand.
	Uzès	126	22	1	Nîmes.
	Valence	246	»	2	
	Valenciennes	1107	»	2	Dijon, Gray, Reims, Laon et Busigny.
	Vans (Les)	172	39	1	Alais.
	Verdun	875	54	1	Dijon, Gray et Commercy.
	Vernon	944	»	2	Paris.
	Versailles	881	»	2	Paris.
	Vesoul	737	»	2	Dijon et Gray.
	Vienne	320	»	2	
	Villefranche (Rhône)	386	»	2	
	Villers	993	»	2	Dijon, Gray et Reims.
	Vincennes	864	»	2	
	Vonges (poudrerie)	597	»	2	Dijon.
	Voulte (La) [forges]	246	20	1	Valence.
	Wissembourg	959	»	2	Dijon et Belfort.
Maubeuge	Meaux	294	»	2	Paris.
	Mende	754	131	1	Paris, le Guétin et Lempdes.
	Metz	459	»	2	Laon et Reims.
	Mézières	»	105	»	
	Montauban	1035	»	2	Paris et Bordeaux.
	Montbéliard	573	»	2	Laon, Reims et Belfort.
	Montbrison	746	14	1	Paris, Le Guétin et Montrond.
	Mont-de-Marsan	977	»	2	Paris et Bordeaux.
	Montpellier	1060	»	2	Laon, Reims, Gray et Dijon.
	Montreuil	289	»	2	Busigny.
	Montreuil-Verton	289	»	2	Busigny.
	Moulins	588	»	2	Paris et Le Guétin.
	Mutzig	523	34	1	Laon, Reims et Saverne.
	Nancy	420	»	2	Laon et Reims.
	Nantes	677	»	2	Paris.
	Nevers	548	»	2	Paris et Le Guétin.
	Nîmes	1007	»	2	Laon, Reims, Gray et Dijon.

LIEUX DE DÉPART	DESTINATIONS	DISTANCES EN KILOMÈTRES — VOIES DE FER	DISTANCES EN KILOMÈTRES — VOIE DE TERRE	NOMBRE de CANTONNADES	LIEUX des CHANGEMENTS DE VOIE OU DE WAGON
Maubeuge (suite)	Niort	660	»	2	Paris.
	Orléans	367	»	2	Paris.
	Paris	246	»	2	
	Périgueux	852	»	2	Paris.
	Perpignan	1230	»	2	Laon, Reims, Gray, Dijon, Cette et Narbonne.
	Pontoise	217	»	2	
	Privas	837	39	1	Laon, Reims, Gray, Dijon et Valence.
	Puy (Le)	763	64	1	Paris, Le Guétin et Brioude.
	Quesnoy (Le)	»	34	»	
	Quimper	620	204	1	Paris et Rennes.
	Rennes	626	»	2	Paris.
	Ripault (Le)	583	47	1	Paris et Tours.
	Rodez	754	170	1	Paris, Le Guétin et Lempdes.
	Rochefort	724	»	2	Paris.
	Rouen	386	»	2	Paris.
	Saint-Brieuc	620	160	1	Paris et Rennes.
	Saint-Denis	240	»	2	
	Saint-Étienne	781	»	2	Paris et Le Guétin.
	Saint-Lô	515	35	1	Paris et Bayeux.
	Saint-Maixent	636	»	2	Paris.
	Saint-Malo	628	70	1	Paris et Rennes.
	Saint-Omer	209	»	2	Busigny.
	Saint-Quentin	76	»	2	
	Sedan	»	126	»	
	Stenay	»	160	»	
	Strasbourg	569	»	2	Laon et Reims.
	Toul	387	»	2	Laon et Reims.
	Toulon	1083	65	1	Laon, Reims, Gray, Dijon et Marseille.
	Toulouse	1086	»	2	Paris et Bordeaux.
	Tours	483	»	2	Paris.
	Troyes	413	»	2	Paris.
	Tulle	647	89	1	Paris et Limoges.
	Valenciennes	129	»	2	Busigny.
	Verdun	361	54	1	Laon, Reims et Commercy.
	Vernon	326	»	2	Paris.
	Vesoul	493	»	2	Laon et Reims.
	Villers	»	107	»	
	Wissembourg	647	»	»	Laon et Reims.
Mauléon	Navarrenx	»	19	»	
	Oleron	»	41	»	
	Paris	781	77	1	Bayonne et Bordeaux.
	Pau	»	78	»	
	Saint-Jean-Pied-de-Port	»	55	»	
	Saint-Palais	»	24	»	
	Tarbes	»	113	»	
	Toulouse	555	77	1	Bayonne et Bordeaux.
Mauriac	Paris	448	100	1	Clermont-Ferrand et Le Guétin.
	Puy (Le)	»	235	»	
	Rodez	»	151	»	
	Saint-Flour	»	125	»	
Meaux	Melun	90	»	2	Paris.
	Metz	348	»	2	

LIEUX DE DÉPART	DESTINATIONS	DISTANCES EN KILOMÈTRES VOIES DE FER	VOIES DE TERRE	NOMBRE de CHANGEMENTS	LIEUX des CHANGEMENTS DE VOIE OU DE WAGON
Meaux (suite)	Mézières	216	»	2	Reims.
	Mulhouse	492	»	2	
	Mutzig	414	35	1	Saverne.
	Nancy	309	»	2	
	Paris	45	»	2	
	Péronne	224	25	1	Paris et Albert.
	Phalsbourg	388	17	1	Sarrebourg.
	Pont-à-Mousson	318	»	2	
	Pontarlier	445	43	1	Paris, Dijon et Salins.
	Provins	115	22	1	Paris et Nangis.
	Reims	128	»	2	
	Saint-Dizier	191	»	2	
	Saint-Lô	314	35	1	Paris et Bayeux.
	Sarrebourg	388	»	2	
	Saumur	346	»	2	Paris.
	Saverne	414	»	2	
	Schélestadt	502	»	2	
	Senlis	»	47	»	
	Soissons	»	66	»	
	Strasbourg	458	»	2	
	Thann	510	»	2	
	Thionville	374	»	2	
	Toul	276	»	2	
	Toulon	909	65	1	Paris et Marseille.
	Verdun	250	54	1	Commercy.
	Vernon	125	»	2	Paris.
	Versailles	62	»	2	Paris.
	Vitry-le-Français	161	»	2	
	Villers	216	»	2	Reims.
	Wissembourg	506	»	2	
Melun	Coulommiers	»	56	»	
	Metz	438	»	2	Paris.
	Mézières	305	»	2	Paris et Reims.
	Montbard	199	»	2	
	Montélimart	619	»	2	
	Montereau	35	»	2	
	Montpellier	797	»	2	
	Montrond	532	»	2	Lyon.
	Mornas	654	»	2	
	Nancy	398	»	2	Paris.
	Nevers	357	»	2	Paris et Le Guétin.
	Nîmes	747	»	2	
	Nogent-sur-Seine	80	»	2	
	Orange	671	»	2	
	Orléans	167	»	2	Paris.
	Paris	45	»	2	
	Plombières (Côte-d'Or)	366	»	2	
	Provins	80	18	1	Montereau et Nogent-sur-Seine.
	Rambouillet	93	»	2	Paris.
	Roanne	684	»	2	Lyon.
	Rognac	786	»	2	
	Saint-Chamas (poudrerie)	772	»	2	
	Saint-Étienne	525	»	2	Lyon.
	Saint-Florentin	129	»	2	
	Saint-Germain-en-Laye	67	»	2	Paris.
	Saint-Lô	314	35	1	Paris et Bayeux.

LIEUX DE DÉPART	DESTINATIONS	DISTANCES EN KILOMÈTRES		NOMBRE de TRANSBORDEMENTS	LIEUX DES CHANGEMENTS DE VOIE OU DE WAGON
		VOIES DE FER	VOIES DE TERRE		
Melun (suite)	Saumur	346	»	2	Paris.
	Sens	69	»	2	
	Soissons	146	37	1	Paris et Compiègne.
	Strasbourg	547	»	2	Paris.
	Tarascon	720	»	2	
	Tonnerre	153	»	2	
	Toulon	820	65	1	Marseille.
	Tournus	365	»	2	
	Troyes	135	»	2	Montereau.
	Valence	574	»	2	
	Verdun	340	54	1	Paris et Commercy.
	Versailles	62	»	2	Paris.
	Vienne	500	»	2	
	Villefranche (Rhône)	434	»	2	
	Vincennes	45	»	2	
	Vitry-le-François	250	»	2	Paris.
	Vonges (poudrerie)	318	»	2	Dijon.
Mende	Montélimart	128	151	1	Nîmes.
	Montpellier	55	154	1	Nîmes.
	Moulins	166	131	1	Lempdes.
	Nevers	229	131	1	Lempdes.
	Nîmes	»	154	»	
	Paris	508	131	1	Lempdes et Le Guétin.
	Puy (Le)	»	89	»	
	Rodez	»	115	»	
	Saint-Étienne	»	166	»	
	Saint-Flour	»	83	»	
	Toulon	126	216	»	Nîmes et Marseille.
	Toulouse	218	156	1	Saint-Christophe et Montauban.
	Tulle	»	245	»	
Merens	Limoux	»	110	»	
	Perpignan	»	286	»	
	Tarascon (Ariège)	»	35	»	
Mérignac	Compiègne	684	»	2	Paris.
	Montpellier	508	»	2	Cette.
	Paris	583	»	2	
	Périgueux	128	»	2	
	Saint-Jean-d'Angely	133	65	1	Angoulême.
	Saint-Maixent	292	»	2	
	Saint-Maurice	148	18	1	Mont-de-Marsan.
	Saint-Mihiel	878	19	1	Paris et Commercy.
	Sampigny	878	»	2	Paris.
	Saumur	410	»	2	
	Tarascon	585	»	2	Cette.
	Tarbes	148	99	1	Mont-de-Marsan.
	Toulouse	257	»	2	
	Valence	731	»	2	Cette.
	Versailles	600	»	2	Paris.
	Villers	843	»	2	Paris et Reims.
	Vignau (Le)	843	119	1	Mont-de-Marsan.
Metz	Mézières	369	»	2	Reims.
	Mesterhausen	70	56	1	Forbach.

LIEUX DE DÉPART	DESTINATIONS	DISTANCES EN KILOMÈTRES		NOMBRE de CAMIONNAGES	LIEUX des CHANGEMENTS DE VOIE OU DE WAGON
		VOIES DE FER	VOIES DE TERRE		
Metz (suite)	Montmédy	»	88	»	
	Montpellier	559	»	2	Gray et Dijon.
	Morlaix	766	186	1	Paris et Rennes.
	Moulins	735	»	2	Paris et Le Guétin.
	Mulhouse	315	»	2	
	Mutzig	163	35	1	Saverne.
	Nancy	58	»	2	
	Nantes	825	»	2	Paris.
	Napoléon-Vendée	825	71	1	Paris et Nantes.
	Narbonne	1055	»	2	Gray, Dijon et Cette.
	Neuf-Brisach	273	16	1	Colmar.
	Nevers	694	»	2	Paris et Le Guétin.
	Niederbronn	222	21	1	Haguenau.
	Nîmes	899	»	2	Gray et Dijon.
	Niort	806	»	2	Paris.
	Orléans	515	»	2	Paris.
	Paris	393	»	2	
	Perpignan	1119	»	2	Gray, Dijon, Cette et Narbonne.
	Petite-Pierre (La)	163	16	1	Saverne.
	Phalsbourg	136	17	1	Sarrebourg.
	Pierre-Châtel	650	20	1	Gray, Dijon, Mâcon et Bossillon.
	Plombières (Vosges)	132	27	1	Épinal.
	Poitiers	731	»	2	Paris.
	Pont-à-Mousson	30	»	2	
	Pont-de-Buis	766	239	1	Paris et Rennes.
	Provins	417	18	1	Nogent-sur-Seine.
	Reims	281	»	2	
	Rennes	766	»	2	Paris.
	Riom	828	»	2	Paris et Le Guétin.
	Rochefort	870	»	2	Paris.
	Rocroi	369	29	1	Reims et Mézières.
	Rouen	533	»	2	Paris.
	Saint-Avold	51	»	2	
	Saint-Brieuc	766	100	1	Paris et Rennes.
	Saint-Cyr	415	»	2	Paris.
	Saint-Denis	399	»	2	Paris.
	Saint-Dizier	192	»	2	
	Saint-Étienne	677	»	2	Gray, Dijon et Lyon.
	Saint-Maixent	782	»	2	Paris.
	Saint-Mihiel	98	19	1	Commercy.
	Saint-Omer	572	»	2	Reims, Laon et Busigny.
	Saint-Ponce	369	»	2	Reims.
	Saint-Quentin	384	»	2	Reims et Laon.
	Saintes	870	38	1	Paris et Rochefort.
	Salins	446	»	2	Gray.
	Salon	851	47	1	Gray, Dijon et Avignon.
	Sampigny	98	»	2	
	Sarrebourg	136	»	2	
	Sarreguemines	70	18	1	Forbach.
	Saumur	694	»	2	Paris.
	Saverne	163	»	2	
	Schélestadt	256	»	2	
	Sedan	»	131	»	
	Sées	689	»	2	Paris.
	Soissons	297	41	1	Château-Thierry.
	Stenay	»	103	»	
	Strasbourg	297	»	2	

LIEUX DE DÉPART	DESTINATIONS	DISTANCES EN KILOMÈTRES — VOIES DE FER	DISTANCES EN KILOMÈTRES — VOIES DE TERRE	NOMBRE de CHANGEMENTS	LIEUX DES CHANGEMENTS DE VOIE OU DE WAGON
Metz (suite)	Tarbes	1124	99	1	Paris, Bordeaux et Mont-de-Marsan.
	Tarascon	872	»	2	Gray et Dijon.
	Thann	324	»	2	
	Thionville	34	»	2	
	Toul	74	»	2	
	Toulon	972	65	1	Gray, Dijon et Marseille.
	Toulouse	1204	»	2	Gray, Dijon et Cette.
	Tournon	774	178	1	Gray, Dijon, St-Rambert et Grenoble.
	Tours	630	»	2	Paris.
	Troyes	361	»	2	
	Tulle	793	89	1	Paris et Limoges.
	Verdun	»	65	»	
	Vernon	475	»	2	Paris.
	Versailles	409	»	2	Paris.
	Vesoul	382	»	2	
	Vic	»	50	»	
	Villers	369	»	2	Reims.
	Villette (La)	392	»	2	
	Vitry-le-Français	187	»	2	
	Wissembourg	255	»	2	
Mézières ou **Charleville**	Montmédy	»	65	»	
	Montpellier	970	»	2	Reims, Gray et Dijon.
	Moulins	662	»	2	Reims, Paris et Le Guétin.
	Mulhouse	543	»	2	Reims.
	Mutzig	435	34	1	Reims et Saverne.
	Nancy	330	»	2	Reims.
	Nantes	691	»	2	Reims et Paris.
	Neuf-Brisach	545	16	1	Reims et Colmar.
	Orléans	382	»	2	Reims et Paris.
	Paris	260	»	2	Reims.
	Périgueux	866	»	2	Reims et Paris.
	Péronne	194	33	1	Laon et Saint-Quentin.
	Perpignan	1140	»	2	Reims, Gray, Dijon, Cette et Narbonne.
	Phalsbourg	404	17	1	Reims et Sarrebourg.
	Pont-à-Mousson	340	»	2	Reims.
	Quesnoy (Le)	239	15	1	Laon et Landrecies.
	Rennes	634	»	2	Reims et Paris.
	Reims	88	»	2	
	Rethel	39	»	2	
	Rocroi	»	29	»	
	Rodez	768	170	1	Reims, Paris, Le Guétin et Lempdes.
	Rouen	400	»	2	Reims et Paris.
	Saint-Cyr	282	»	2	Reims et Paris.
	Saint-Malo	634	70	1	Reims, Paris et Rennes.
	Sainte-Menehould	159	42	1	Reims et Châlons.
	Saint-Mihiel	271	10	1	Reims et Commercy.
	Saint-Omer	379	»	2	Laon et Busigny.
	Saint-Ponce	»	4	»	
	Saint-Quentin	191	»	2	Laon.
	Sampigny	271	»	2	Reims.
	Sarreguemines	433	18	1	Reims et Forbach.
	Saumur	561	»	2	Reims et Paris.
	Schélestadt	542	»	2	Reims.
	Sedan	»	22	»	

LIEUX DE DÉPART	DESTINATIONS	DISTANCES EN KILOMÈTRES — VOIES DE FER	DISTANCES EN KILOMÈTRES — VOIES DE TERRE	NOMBRE de CAMIONNAGES	LIEUX des CHANGEMENTS DE VOIE OU DE WAGON
Mézières ou **Charleville** (suite)	Soissons	140	32	1	Laon.
	Stenay	»	56	»	
	Strasbourg	479	»	2	Reims.
	Thionville	396	»	2	Reims.
	Toulon	993	65	1	Reims, Gray, Dijon et Marseille.
	Toulouse	1100	»	2	Reims, Paris et Bordeaux.
	Tours	497	»	2	Reims et Paris.
	Troyes	379	»	2	Reims.
	Tulle	661	80	1	Reims, Paris et Limoges.
	Valenciennes	290	»	2	Laon et Busigny.
	Verdun	»	102	»	
	Vesoul	403	»	2	Reims.
	Villers	»	3	»	
	Vrigne-aux-Bois	»	20	»	
	Wissembourg	527	»	2	Reims.
Mirande	Pau	»	88	»	
	Tarbes	»	49	»	
	Toulouse	»	102	»	
Montauban	Mont-de-Marsan	354	»	2	Bordeaux.
	Montpellier	303	»	2	Cette.
	Nîmes	356	»	2	Cette.
	Orléans	668	»	2	Bordeaux.
	Paris	789	»	2	Bordeaux.
	Pau	354	82	1	Bordeaux et Mont-de-Marsan.
	Périgueux	334	»	2	Bordeaux.
	Perpignan	265	»	2	Narbonne.
	Puy (Le)	167	245	1	Décazeville.
	Rodez	167	41	1	Saint-Christophe.
	Saumur	616	»	2	Bordeaux.
	Tarbes	»	157	»	
	Thouars	452	79	1	Bordeaux et Poitiers.
	Toulon	479	65	1	Cette et Marseille.
	Toulouse	51	»	2	
	Tulle	»	194	»	
	Valenciennes	1066	»	2	Bordeaux et Paris.
Montbard	Montélimart	414	»	2	
	Montereau	165	»	2	
	Montpellier	592	»	2	
	Nîmes	541	»	2	
	Nogent-sur-Seine	210	»	2	Montereau.
	Orange	465	»	2	
	Paris	243	»	2	
	Plombières (Côte-d'Or)	67	»	2	
	Roanne	405	»	2	Lyon.
	Saint-Étienne	321	»	2	Lyon.
	Saint-Florentin	71	»	2	
	Sémur	»	18	»	
	Sens	131	»	2	
	Tonnerre	47	»	2	
	Tournus	166	»	2	
	Troyes	71	47	1	Saint-Florentin.

LIEUX DE DÉPART	DESTINATIONS	DISTANCES EN KILOMÈTRES		NOMBRE de CAMIONNAGES	LIEUX des CHANGEMENTS DE VOIE OU DE WAGON
		VOIES DE FER	VOIES DE TERRE		
Montbard (suite)	Valence	360	»	2	
	Villefranche (Rhône)	235	»	2	
Montbéliard	Mulhouse	67	»	2	Belfort.
	Pont-de-Roide	»	15	»	
	Saumur	762	»	2	Belfort et Paris.
	Strasbourg	175	»	2	Belfort.
	Thann	85	»	2	Belfort.
	Toulon	720	65	1	Dijon et Marseille.
	Valence	474	»	2	Dijon.
	Vesoul	80	»	2	Belfort.
Montbrison	Mont-Dauphin	243	175	»	Montrond, Lyon, Saint-Rambert et Grenoble.
	Moulins	169	14	1	Montrond.
	Nevers	222	15	1	Montrond.
	Orléans	381	14	1	Montrond et Le Guétin.
	Oullins	89	14	1	Montrond.
	Paris	590	14	1	Montrond et Le Guétin.
	Puy (Le)	35	91	»	Montrond et Saint-Étienne.
	Rive-de-Gier	62	14	1	Montrond.
	Roanne	52	15	1	Montrond.
	Rodez	243	184	»	Montrond et Lempdes.
	Saint-Étienne	35	14	1	Montrond.
	Saint-Flour	243	62	»	Montrond et Lempdes.
	Salon	320	64	»	Montrond, Lyon et Avignon.
	Toulon	441	79	»	Montrond, Lyon et Marseille.
	Tulle	183	157	»	Montrond et Clermont-Ferrand.
	Valence	195	14	1	Montrond et Lyon.
	Vendôme	439	46	»	Montrond, le Guétin et Blois.
Mont-Dauphin	Paris	666	161	1	Grenoble et Saint-Rambert.
	Saint-Chamas	46	209	1	Aix.
	Saint-Étienne	211	161	1	Grenoble, Saint-Rambert et Lyon.
	Toulon	»	274	»	
	Vonges (poudrerie)	400	161	1	Grenoble, Saint-Rambert et Dijon.
Mont-de-Marsan	Oloron	»	89	»	
	Paris	731	»	2	Bordeaux.
	Pau	»	82	»	
	Perpignan	618	»	2	Bordeaux et Narbonne.
	Salies	52	»	2	
	Saint-Maurice	»	18	»	
	Saint-Médard (poudrerie)	148	13	1	Bordeaux.
	Saint-Sever	»	16	»	
	Tarbes	»	99	»	
	Toulon	832	65	1	Bordeaux, Cette et Marseille.
	Toulouse	405	»	2	Bordeaux.
	Tulle	276	101	1	Bordeaux et Périgueux.
	Valence	879	»	2	Bordeaux et Cette.
Montélimart	Montpellier	179	»	2	
	Montrond	239	»	2	Lyon.

LIEUX DE DÉPART	DESTINATIONS	DISTANCES EN KILOMÈTRES		NOMBRE de CAMIONNAGES	LIEUX des CHANGEMENTS DE VOIE OU DE WAGON
		VOIES DE FER	VOIES DE TERRE		
Montélimart (suite)	Mornas	42	»	2	
	Nîmes	128	»	2	
	Nogent-sur-Seine	629	»	2	Montereau.
	Orange	52	»	2	
	Paris	663	»	2	
	Plombières (Côte d'Or)	347	»	2	
	Privas	45	39	1	Valence.
	Roanne	292	»	2	Lyon.
	Rognac	174	»	2	
	Saint-Chamas (poudrerie)	154	»	2	
	Saint-Étienne	208	»	2	Lyon.
	Saint-Florentin	485	»	2	
	Sens	550	»	2	
	Strasbourg	693	»	2	Dijon et Belfort.
	Tarascon	102	»	2	
	Tonnerre	461	»	2	
	Toulon	204	65	1	Marseille.
	Tournus	249	»	2	
	Troyes	604	»	2	Dijon et Gray.
	Valence	45	»	2	
	Vans (Les)	174	39	1	Alais.
	Vienne	119	»	2	
	Voulte (La) [forges]	45	20	1	Valence.
Montereau	Montpellier	762	»	2	
	Montrond	518	»	2	Lyon.
	Mornas	620	»	2	
	Nîmes	712	»	2	
	Nogent-sur-Seine	45	»	2	
	Orange	636	»	2	
	Paris	79	»	2	
	Plombières (Côte-d'Or)	232	»	2	
	Provins	45	18	1	Nogent-sur-Seine.
	Roanne	570	»	2	Lyon.
	Rognac	752	»	2	
	Saint-Chamas (poudrerie)	737	»	2	
	Saint-Étienne	590	»	2	Lyon.
	Saint-Florentin	94	»	2	
	Sens	34	»	2	
	Tarascon	685	»	2	
	Tonnerre	148	»	2	
	Tournus	330	»	2	
	Troyes	100	»	2	
	Valence	539	»	2	
	Vienne	465	»	2	
	Villefranche (Rhône)	399	»	2	
Mont-Louis	Paris	1011	76	1	Perpignan, Narbonne et Cette.
	Perpignan	»	76	»	
	Prats-de-Mollo	»	60	»	
	Toulon	356	151	»	Perpignan, Narbonne, Cette et Marseille.
	Vonges (poudrerie)	744	76	1	Perpignan, Narbonne, Cette et Dijon

LIEUX DE DÉPART	DESTINATIONS	DISTANCES EN KILOMÈTRES		NOMBRE de [illegible]	LIEUX des CHANGEMENTS DE VOIE OU DE WAGON
		VOIES DE FER	VOIES DE TERRE		
Montmédy	Condé (Nord)	290	78	»	Mézières, Laon, Busigny et Valenciennes.
	Mutzig	163	122	»	Metz et Saverne.
	Nancy	58	88	1	Metz.
	Neuf-Brisach	273	104	»	Metz et Colmar.
	Paris	269	63	1	Mézières et Reims.
	Reims	88	65	1	Mézières.
	Saint-Étienne	628	65	1	Mézières, Reims, Gray, Dijon et Lyon.
	Saint-Mihiel	»	87	»	
	Saint-Omer	279	63	1	Mézières, Laon et Busigny.
	Saint-Quentin	191	65	1	Mézières et Laon.
	Sedan	»	43	»	
	Sampigny	»	96	»	
	Soissons	140	97	»	Mézières et Laon.
	Stenay	»	15	»	
	Strasbourg	207	88	1	Metz.
	Thionville	»	91	»	
	Toul	75	88	1	Metz.
	Toulon	993	130	»	Mézières, Reims, Gray, Dijon et Marseille.
	Verdun	»	32	»	
	Villers	»	68	»	
	Wissembourg	255	88	1	Metz.
Montpellier	Montrond	517	»	2	Lyon.
	Montrouge	841	»	2	
	Mornas	137	»	2	
	Nantes	1050	»	2	Cette et Bordeaux.
	Narbonne	103	»	2	Cette.
	Nevers	640	»	2	Lyon.
	Nîmes	53	»	2	
	Niort	823	»	2	Cette et Bordeaux.
	Nogent-sur-Seine	807	»	2	Montereau.
	Orange	127	»	2	
	Orléans	720	»	2	Lyon et Le Guétin.
	Pamiers	161	71	1	Cette et Carcassonne.
	Paris	841	»	2	
	Pau	252	190	1	Cette et Toulouse.
	Périgueux	640	»	2	Cette et Bordeaux.
	Perpignan	170	»	2	Cette et Narbonne.
	Pézenas	»	49	»	
	Plombières (Côte-d'Or)	525	»	2	
	Poitiers	754	»	2	Cette et Bordeaux.
	Pont-Saint-Esprit	137	13	1	Mornas.
	Privas	223	39	1	Valence.
	Provins	807	18	1	Montereau et Nogent-sur-Seine.
	Rennes	1129	»	2	Cette, Bordeaux et Le Mans.
	Roanne	469	»	2	Lyon.
	Rodez	473	51	1	Cette, Montauban et St-Christophe.
	Rognac	149	»	2	
	Saint-Chamas (poudrerie)	129	»	2	
	Saint-Étienne	386	»	2	Lyon.
	Saint-Florentin	663	»	2	
	Saint-Flour	664	48	1	Lyon et Lempdes.
	Saint-Hippolyte	53	47	1	Nîmes.
	Saint-Jean-d'Angély	641	65	1	Cette, Bordeaux et Angoulême.

LIEUX DE DÉPART	DESTINATIONS	DISTANCES EN KILOMÈTRES		NOMBRE de [illegible]	LIEUX des CHANGEMENTS DE VOIE OU DE WAGON
		VOIES DE FER	VOIES DE TERRE		
Montpellier (suite)	Saint-Mihiel	852	19	1	Dijon, Gray et Commercy.
	Saint-Pons (Hérault)	80	51	1	Cette et Béziers.
	Saumur	918	»	2	Cette et Bordeaux.
	Sens	728	»	2	
	Strasbourg	871	»	2	Dijon et Belfort.
	Tarascon	77	»	2	
	Tarbes	252	151	1	Cette et Toulouse.
	Thionville	976	»	2	Dijon et Gray.
	Tonnerre	645	»	2	
	Toulon	177	65	1	Marseille.
	Toulouse	252	»	2	Cette.
	Tournus	433	»	2	
	Tours	855	»	2	Cette et Bordeaux.
	Troyes	782	»	2	Dijon et Gray.
	Tulle	303	194	1	Cette et Montauban.
	Uzès	53	22	1	Nîmes.
	Urdos	252	264	1	Cette et Toulouse.
	Valence	223	»	2	
	Vans (Les)	100	39	1	Alais.
	Verdun	852	54	1	Dijon, Gray et Commercy.
	Vichy	510	24	1	Lyon et Lapalisse.
	Vienne	296	»	2	
	Villefranche (Rhône)	363	»	2	
	Vincennes	841	»	2	
	Vonges (poudrerie)	575	»	2	Dijon.
	Voulte (La) [forges]	223	20	1	Valence.
Montreuil-sur-Mer	Paris	233	»	2	
	Pontoise	204	»	2	
	Rouen	102	65	2	Abbeville et Dieppe.
	Saint-Denis	227	»	2	
	Saint-Omer	81	35	2	Boulogne et Calais.
	Saint-Pol	»	47	»	
	Saint-Quentin	268	»	2	Creil.
	Saint-Valery-sur-Somme	51	20	1	Abbeville.
	Saint-Venant	»	83	»	
	Tréport (Le)	51	38	1	Abbeville.
	Valenciennes	213	»	2	
Montrond	Nîmes	366	»	2	Lyon.
	Nogent-sur-Seine	563	»	2	Lyon et Montereau.
	Orange	288	»	2	Lyon.
	Paris	506	»	2	Lyon.
	Roanne	52	»	2	
	Saint-Étienne	35	»	2	
	Tarascon	340	»	2	Lyon.
	Valence	194	»	2	Lyon.
	Vienne	120	»	2	Lyon.
Mont-Saint-Michel	Morlaix	»	200	»	
	Napoléonville	»	156	»	
	Paris	374	65	1	Rennes.
	Rennes	»	65	»	
	Saint-Brieuc	»	144	»	

LIEUX DE DÉPART	DESTINATIONS	DISTANCES EN KILOMÈTRES		NOMBRE de CHANGEMENTS	LIEUX des CHANGEMENTS DE VOIE OU DE WAGON
		VOIES DE FER	VOIES DE TERRE		
Mont-St-Michel (suite).	Saint-Malo	»	53	»	
	Saint-Lô	»	87	»	
	Saint-Servan	»	50	»	
	Vannes	»	169	»	
Morlaix	Château du Taureau	»	12	»	
	Moulins	597	186	1	Rennes, Le Mans et Le Guétin.
	Napoléon-Vendée	50	347	»	Savenay et Nantes.
	Napoléonville	»	168	»	
	Nantes	50	276	1	Savenay.
	Nevers	567	186	1	Rennes, Le Mans et Le Guétin.
	Orléans	376	186	1	Rennes et Le Mans.
	Paris	374	186	1	Rennes.
	Quimper	»	82	»	
	Rennes	»	186	»	
	Saint-Brieuc	»	86	»	
	Saint-Germain-en-Laye	356	109	»	Rennes et Versailles.
	Saint-Lô	»	269	»	
	Saint-Malo	»	177	»	
	Strasbourg	876	186	1	Rennes et Paris.
	Toulon	1198	251	»	Rennes, Le Mans, Le Guétin, Lyon et Marseille.
	Vannes	»	209	»	
	Vernon	454	186	1	Rennes et Paris.
	Villers	654	186	1	Rennes, Paris et Reims.
Moulins	Mutzig	868	34	1	Le Guétin, Paris et Saverne.
	Nancy	695	»	2	Le Guétin et Paris.
	Nantes	530	»	2	Le Guétin.
	Neuf-Brisach	724	16	1	Lyon, Dijon, Belfort et Colmar.
	Nevers	63	»	2	
	Nîmes	528	»	2	Lyon.
	Orléans	221	»	2	Le Guétin.
	Palisse (La)	59	»	2	
	Paris	352	»	2	Le Guétin.
	Périgueux	335	95	1	Le Guétin et Limoges.
	Poitiers	436	»	2	Le Guétin.
	Puy (Le)	178	64	1	Brioude.
	Riom	96	»	2	
	Roanne	108	»	2	
	Roche-Chalais (La)	615	»	2	Le Guétin.
	Ruffec	501	»	2	Le Guétin.
	Saint-Amand	»	79	»	
	Saint-Étienne	195	»	2	
	Saint-Flour	166	45	1	Lempdes.
	Saint-Germain-des-Fossés	41	»	2	
	Saint-Germain-en-Laye	364	»	2	Le Guétin et Paris.
	Saint-Jean-d'Angely	518	28	1	Le Guétin et Surgères.
	Saint-Lô	611	35	1	Le Guétin, Paris et Bayeux.
	Saumur	399	»	2	Le Guétin.
	Strasbourg	844	»	2	Le Guétin et Paris.
	Tonneins	779	»	2	Le Guétin et Bordeaux.
	Toulon	601	65	1	Lyon et Marseille.
	Toulouse	830	»	2	Lyon et Cette.
	Tours	335	»	2	Le Guétin.

LIEUX DE DÉPART	DESTINATIONS	DISTANCES EN KILOMÈTRES		NOMBRE de CHANGEMENTS	LIEUX des CHANGEMENTS DE VOIE OU DE WAGON
		VOIES DE FER	VOIES DE TERRE		
	Troyes	509	»	2	Le Guétin et Paris.
	Tulle	156	143	1	Clermont-Ferrand.
	Valence	355	»	2	Lyon.
	Varennes (Allier)	28	»	2	
Moulins (suite)	Vernon	422	»	2	Le Guétin et Paris.
	Vesoul	631	»	2	Lyon, Dijon et Gray.
	Vichy	28	25	1	Varennes.
	Vierzon	141	»	2	Le Guétin.
	Villers	602	»	2	Le Guétin, Paris et Reims.
	Mutzig	66	33	1	Schélestadt.
	Nancy	258	»	2	
	Paris	491	»	2	
	Phalsbourg	152	»	2	
	Pont-à-Mousson	236	»	2	
	Reims	465	»	2	
	Saint-Dizier	302	»	2	
	Sarrebourg	180	»	2	
	Saverne	152	»	2	
Mulhouse	Schélestadt	66	»	2	
	Strasbourg	111	»	2	
	Thann	21	»	2	
	Thionville	342	»	2	
	Toul	204	»	2	
	Toulon	786	65	1	Belfort Dijon et Marseille.
	Vesoul	110	»	2	
	Vitry-le-Français	331	»	2	
	Vonges (poudrerie)	221	»	2	Belfort.
	Wissembourg	176	»	2	
	Nancy	106	34	1	Saverne.
	Nantes	880	34	1	Saverne et Paris.
	Narbonne	932	34	1	Schélestadt, Belfort, Dijon et Cette
	Neuf-Brisach	23	50	»	Schélestadt et Colmar.
	Nevers	760	34	1	Saverne, Paris et Le Guétin.
	Nîmes	776	34	1	Schélestadt, Belfort et Dijon.
	Niort	872	34	1	Saverne et Paris.
	Orange	780	34	1	Schélestadt, Belfort et Dijon.
	Orléans	579	34	1	Saverne et Paris.
	Paris	458	34	1	Saverne.
	Petite-Pierre (La)	»	50	»	
	Phalsbourg	»	43	»	
Mutzig	Pont-à-Mousson	134	34	1	Saverne.
	Rennes	832	34	1	Saverne et Paris.
	Saint-Étienne	554	34	1	Schélestadt, Belfort, Dijon et Lyon
	Saint-Mihiel	164	53	»	Saverne et Commercy.
	Saint-Omer	638	34	1	Saverne, Reims, Laon et Busigny.
	Sampigny	163	34	1	Saverne.
	Sarrebourg	27	34	1	Saverne.
	Sarreguemines	»	93	»	
	Saverne	»	34	»	
	Schélestadt	»	34	»	
	Sedan	435	56	»	Saverne, Reims et Mézières.
	Soissons	364	75	»	Saverne et Château-Thierry.
	Strasbourg	»	25	»	

LIEUX DE DÉPART	DESTINATIONS	DISTANCES EN KILOMÈTRES		NOMBRE de [illegible]	LIEUX [illegible]
		[illegible] DE FER	[illegible] DE TERRE		
Mutzig (suite)	Thionville	190	34	1	Saverne.
	Toul	170	34	1	Saverne.
	Toulon	849	99	»	Schlestadt, Belfort, Dijon et Marseille.
	Toulouse	1081	34	1	Schlestadt, Belfort, Dijon et Cette.
	Tulle	855	123	»	Saverne, Paris et Limoges.
	Valenciennes	559	34	1	Saverne, Reims, Laon et Busigny.
	Verdun	164	88	»	Saverne et Commercy.
	Vesoul	474	34	1	Schlestadt.
	Vienne	529	34	1	Schlestadt, Belfort et Dijon.
	Vitry-le-François	254	34	1	Saverne.
	Wissembourg	92	34	1	Saverne.
Nancy	Nantes	784	»	2	Paris.
	Neuf-Brisach	215	16	1	Colmar.
	Nîmes	860	»	2	Gray et Dijon.
	Orléans	474	»	2	Paris.
	Paris	353	»	2	
	Phalsbourg	79	17	1	Sarrebourg.
	Poitiers	690	»	2	Paris.
	Pont-à-Mousson	29	»	2	
	Rouen	492	»	2	Paris.
	Saint-Avold	105	»	2	
	Saint-Dizier	153	»	2	
	Saint-Jean-d'Angely	881	28	1	Paris et Surgères.
	Saint-Maixent	743	»	2	Paris.
	Saint-Mihiel	59	19	1	Commercy.
	Saint-Omer	533	»	2	Reims, Laon et Busigny.
	Remiremont	59	»	2	
	Sarreguemines	124	18	1	Forbach.
	Sarrebourg	79	»	2	»
	Saumur	654	»	2	Paris.
	Saverne	106	»	2	
	Schlestadt	193	»	2	
	Strasbourg	150	»	2	
	Thann	267	»	2	
	Thionville	85	»	2	
	Toul	34	»	2	
	Toulon	933	65	1	Gray, Dijon et Marseille.
	Toulouse	1162	»	2	Gray, Dijon et Cette.
	Tours	590	»	2	Paris.
	Troyes	322	»	2	
	Tulle	754	80	1	Paris et Limoges.
	Valence	687	»	2	Gray et Dijon.
	Vannes	784	108	1	Paris et Nantes.
	Verdun	59	54	1	Commercy.
	Vesoul	354	»	2	
	Vitry-le-François	158	»	2	
	Vonges (poudrerie)	336	»	2	Gray.
	Wissembourg	198	»	2	
Nantes	Napoléon-Vendée	»	71	»	
	Napoléonville	40	127	1	Savenay.
	Nevers	391	»	2	Le Guétin.
	Nîmes	1050	»	2	Le Guétin et Lyon.

LIEUX DE DÉPART	DESTINATIONS	DISTANCES EN KILOMÈTRES		NOMBRE de CANTONNEMENTS	LIEUX des CHANGEMENTS DE VOIE ET DE WAGON
		VOIES DE FER	VOIES DE TERRE		
	Niort	375	»	2	
	Noirmoutiers	»	83	»	
	Orléans	310	»	2	
	Paimbœuf	»	42	»	
	Paris	431	»	2	
	Parthenay	»	128	»	
	Pau	690	82	1	Bordeaux et Mont-de-Marsan.
	Périgueux	567	»	2	
	Perpignan	1012	»	2	Bordeaux et Narbonne.
	Poitiers	296	»	2	
	Pont-de-Buis	40	229	1	Savenay.
	Port-Louis	40	128	1	Savenay.
	Quiberon	40	120	1	Savenay.
	Quimper	40	194	1	Savenay.
	Rennes	»	107	»	
	Riom	625	»	2	Le Guétin.
	Ripault (Le) [poudrerie]	195	47	1	Tours.
	Roche-Chalais (La)	473	»	2	
	Rouen	571	»	2	Paris.
	Ruffec	362	»	2	
	Sables-d'Olonne (Les)	»	107	»	
	Saint-Brieuc	»	207	»	
Nantes (suite)	Saint-Étienne	723	»	2	Le Guétin.
	Saint-Germain-en-Laye	451	»	2	Paris.
	Saint-Jean-d'Angély	408	28	1	Surgères.
	Saint-Lô	424	92	1	Le Mans, Argentan, Caen et Bayeux.
	Saint-Maixent	250	»	2	
	Saint-Malo	»	177	»	
	Saint-Nazaire	65	»	2	
	Saintes	438	38	1	Rochefort.
	Saumur	132	»	2	
	Strasbourg	933	»	2	Paris.
	Tonneins	639	»	2	Bordeaux.
	Toulon	1129	65	1	Le Guétin, Lyon et Marseille.
	Toulouse	799	»	2	Bordeaux.
	Tours	195	»	2	
	Tulle	500	89	1	Limoges.
	Valenciennes	708	»	2	Paris.
	Vannes	40	76	1	Savenay.
	Varennes (Allier)	557	»	2	Le Guétin.
	Vendôme	253	32	1	Blois.
	Verdun	726	54	1	Paris et Commercy.
	Versailles	448	»	2	Paris.
	Vierzon	390	»	2	
	Napoléonville	40	198	»	Nantes et Savenay.
	Noirmoutiers	»	83	»	
	Niort	»	87	»	
	Paris	431	71	1	Nantes.
	Parthenay	»	160	»	
Napoléon-Vendée	Périgueux	340	87	1	Niort.
	Poitiers	78	87	1	Niort.
	Rennes	»	178	»	
	Rochefort	35	83	1	La Rochelle.
	Sables-d'Olonne (Les)	»	36	»	
	Saint-Brieuc	»	278	»	

LIEUX DE DÉPART	DESTINATIONS	DISTANCES EN KILOMÈTRES		NOMBRE DE CAMIONNAGES	LIEUX DES CHANGEMENTS DE VOIE OU DE WAGON
		VOIES DE FER	VOIES DE TERRE		
Napoléon-Vendée (suite).	Saint-Maixent	24	87	1	Niort.
	Saintes	35	121	»	La Rochelle et Rochefort.
	Saumur	130	71	1	Nantes.
	Thouars	»	118	»	
	Toulon	999	152	»	Niort, Bordeaux, Cette et Marseille.
	Tours	195	71	1	Nantes.
	Tulle	350	188	»	Niort et Périgueux.
	Versailles	448	71	1	Nantes et Paris.
	Vierzon	390	71	1	Nantes.
	Villers	691	71	1	Nantes, Paris et Reims.
Napoléonville	Niort	440	105	1	Rennes et Le Mans.
	Paris	372	105	1	Rennes.
	Pont-de-Buis	»	152	»	
	Port-Louis	»	60	»	
	Questembert	»	73	»	
	Quimper	»	117	»	
	Quimperlé	»	69	»	
	Rennes	»	105	»	
	Saint-Brieuc	»	82	»	
	Saint-Étienne	792	105	1	Rennes, Le Mans et Le Guétin.
	Saint-Germain-en-Laye	356	118	»	Rennes et Versailles.
	Saint-Jean-d'Angély	458	155	»	Savenay et Surgères.
	Saint-Lô	»	225	»	
	Saint-Maixent	417	105	1	Rennes et Le Mans.
	Saumur	172	127	1	Savenay.
	Strasbourg	876	105	1	Rennes et Paris.
	Tarascon	1098	105	1	Rennes, Le Mans, Le Guétin et Lyon
	Toulon	1198	170	»	Rennes, Le Mans, Le Guétin, Lyon et Marseille.
	Tulle	656	194	»	Rennes, Le Mans et Limoges.
	Vannes	»	51	»	
	Versailles	350	105	1	Rennes.
Narbonne	Basse-Franquier	»	35	»	
	Nîmes	156	»	2	Cette.
	Pamiers	59	71	1	Carcassonne.
	Paris	945	»	2	Cette.
	Perpignan	64	»	2	
	Pont-Saint-Esprit	250	13	1	Cette et Mornas.
	Rodez	368	51	1	Montauban et Saint-Christophe.
	Saint-Chamas (poudrerie)	231	»	2	Cette.
	Saint-Étienne	589	»	2	Cette et Lyon.
	Saint-Flour	552	155	1	Montauban et Decazeville.
	Saint-Girons	59	124	1	Carcassonne.
	Saint-Hippolyte	156	47	1	Cette et Nîmes.
	Tarascon-sur-Rhône	180	»	2	Cette.
	Tarbes	150	151	1	Toulouse.
	Toulon	279	65	1	Cette et Marseille.
	Toulouse	150	»	2	
	Tulle	260	194	1	Montauban.
Navarreux	Oloron	»	21	»	
	Paris	731	77	1	Mont-de-Marsan et Bordeaux.
	Pau	»	55	»	

LIEUX DE DÉPART	DESTINATIONS	DISTANCES EN KILOMÈTRES — VOIES DE FER	DISTANCES EN KILOMÈTRES — VOIES DE TERRE	NOMBRE DE TRANSBORDEMENTS	LIEUX DES CHANGEMENTS DE VOIE OU DE WAGON
Navarrenx (suite)	Portalet (fort)	»	62	»	
	Saint-Jean-Pied-de-Port	»	63	»	
	Sauveterre	»	21	»	
	Sus	»	1	»	
	Tarbes	»	93	»	
	Tardets	»	36	»	
	Toulouse	595	77	1	Mont-de-Marsan et Bordeaux.
	Urdos	»	62	»	
	Urdos (forges)	»	74	»	
Neuf-Brisach	Paris	533	16	1	Colmar.
	Phalsbourg	160	16	1	Colmar.
	Saint-Omer	758	16	1	Colmar, Reims, Laon et Busigny.
	Sarrebourg	137	16	1	Colmar.
	Saverne	109	16	1	Colmar.
	Schélestadt	23	16	1	Colmar.
	Strasbourg	68	16	1	Colmar.
	Toul	249	16	1	Colmar.
	Toulon	827	84	»	Colmar, Belfort, Dijon et Marseille.
	Valence	581	16	1	Colmar, Belfort et Dijon.
	Vesoul	152	16	1	Colmar.
	Vincennes	560	16	1	Colmar.
Nevers	Orléans	181	»	2	Le Guétin.
	Palisse (La)	121	»	2	
	Paris	302	»	2	Le Guétin.
	Poitiers	397	»	2	Le Guétin.
	Pont-Saint-Ours	»	5	»	
	Rennes	567	»	2	Le Guétin et Le Mans.
	Riom	156	»	2	
	Roanne	170	»	2	
	Roche-Chalais (La)	575	»	2	Le Guétin.
	Ruffec	462	»	2	Le Guétin.
	Saint-Étienne	257	»	2	
	Saint-Flour	220	58	1	Lempdes.
	Saint-Germain-des-Fossés	104	»	2	
	Saint-Lô	571	35	1	Le Guétin, Paris et Bayeux.
	Saumur	359	»	2	Le Guétin.
	Strasbourg	804	»	2	Le Guétin et Paris.
	Tonneins	740	»	2	Le Guétin et Bordeaux.
	Torteron	»	30	»	
	Tonlon	663	65	1	Lyon et Marseille.
	Tours	296	»	2	Le Guétin.
	Tulle	294	89	1	Le Guétin et Limoges.
	Varennes-les-Narcy	»	34	»	
	Varennes-sur-Allier	91	»	2	
	Vernon	382	»	2	Le Guétin et Paris.
	Versailles	319	»	2	Le Guétin et Paris.
	Vichy	91	25	1	Varennes.
	Vierzon	100	»	2	Le Guétin.
	Vincennes	302	»	2	Le Guétin.
Nîmes	Nogent-sur-Seine	757	»	2	Montereau.
	Orange	76	»	2	

LIEUX DE DÉPART	DESTINATIONS	DISTANCES EN KILOMÈTRES — VOIES DE FER	DISTANCES EN KILOMÈTRES — VOIES DE TERRE	NOMBRE de CAMIONNAGES	LIEUX des CHANGEMENTS DE VOIE ET DE WAGONS
Nimes (ville)	Paris	791	»	2	
	Pau	505	190	1	Cette et Toulouse.
	Péronne	970	25	1	Paris et Albert.
	Perpignan	223	»	2	Cette et Narbonne.
	Plombières (Côte-d'Or)	474	»	2	
	Pont-Saint-Esprit	86	13	1	Mornas.
	Privas	173	31	1	Valence.
	Rennes	1125	»	2	Lyon, Le Guétin et Le Mans.
	Roanne	420	»	2	Lyon.
	Rochefort	940	»	2	Cette et Bordeaux.
	Rodez	526	51	1	Cette, Montauban et St-Christophe.
	Rognac	99	»	2	
	Rouen	931	»	2	Paris.
	Saint-Chamas (poudrerie)	78	»	2	
	Saint-Étienne	336	»	2	Lyon.
	Saint-Florentin	612	»	2	
	Saint-Flour	»	234	»	
	Saint-Hippolyte-du-Fort	»	57	»	
	Saint-Jean du Gard	»	58	»	
	Salon	49	39	1	Arles.
	Sens	678	»	2	
	Strasbourg	821	»	2	Dijon et Belfort.
	Tarascon-sur-Rhône	27	»	2	
	Tonnerre	595	»	2	
	Toulon	126	65	1	Marseille.
	Toulouse	305	»	2	Cette.
	Tournus	383	»	2	
	Tours	804	»	2	Lyon et Le Guétin.
	Troyes	732	»	2	Dijon et Gray.
	Tulle	356	105	1	Cette et Montauban.
	Uzès	»	22	»	
	Valence	173	»	2	
	Vans (Les)	49	39	1	Alais.
	Versailles	808	»	2	Paris.
	Vienne	247	»	2	
	Vigan (Le)	»	76	»	
	Villefranche (Rhône)	307	»	2	
	Voulte (La) [forges]	173	20	1	Valence.
Niort	Orléans	294	»	2	
	Paris	414	»	2	
	Parthenay	24	29	1	Saint-Maixent.
	Périgueux	340	»	2	
	Poitiers	78	»	2	
	Rennes	449	»	2	Le Mans.
	Roanne	626	»	2	Le Guétin.
	Rochefort	64	»	2	
	Rouen	554	»	2	Paris.
	Ruffec	135	»	2	
	Sables d'Olonne	»	100	»	
	Saint-Étienne	707	»	2	Le Guétin.
	Saint-Jean-d'Angely	34	28	1	Surgères.
	Saint-Maixent	24	»	2	
	Saintes	64	38	1	Rochefort.
	Saumur	242	»	2	
	Toulon	999	65	1	Bordeaux, Cette et Marseille.

LIEUX DE DÉPART	DESTINATIONS	DISTANCES EN KILOMÈTRES — VOIES DE FER	DISTANCES EN KILOMÈTRES — VOIE DE TERRE	NOMBRE de CAMIONNAGES	LIEUX des CHANGEMENTS DE VOIE OU DE WAGON
Niort (suite)	Toulouse	572	»	2	Bordeaux.
	Tours	179	»	2	
	Tulle	349	101	1	Périgueux.
	Vannes	414	76	1	Savenay.
	Villers	674	»	2	Paris et Reims.
Nogent-le-Rotrou	Paris	149	»	2	
	Rambouillet	101	»	2	
	Saint-Cyr	127	»	2	
	Sillé-le-Guillaume	99	»	2	
	Versailles	132	»	2	
Nogent-sur-Seine	Orange	681	»	2	Montereau.
	Paris	124	»	2	
	Plombières (Côte-d'Or)	277	»	2	Montereau.
	Provins	»	18	»	
	Roanne	619	»	2	Montereau et Lyon.
	Rognac	797	»	2	Montereau.
	Saint-Chamas (poudrerie)	782	»	2	Montereau.
	Saint-Étienne	535	»	2	Montereau et Lyon.
	Saint-Florentin	139	»	2	Montereau.
	Sens	79	»	2	Montereau.
	Tarascon	730	»	2	Montereau.
	Tonnerre	163	»	2	Montereau.
	Tournus	375	»	2	Montereau.
	Troyes	55	»	2	
	Valence	584	»	2	Montereau.
	Vienne	510	»	2	Montereau.
	Villefranche (Rhône)	444	»	2	Montereau.
Noyon	Paris	124	»	2	
	Saint-Omer	234	»	2	Busigny.
	Saint-Quentin	46	»	2	
	Valenciennes	145	»	2	Busigny.
Olette	Perpignan	»	58	»	
	Port-Vendres	»	89	»	
Oloron	Paris	731	99	1	Mont-de-Marsan et Bordeaux.
	Pau	»	33	»	
	Saint-Jean-Pied-de-Port	»	82	»	
	Tarbes	»	72	»	
	Toulouse	465	99	1	Mont-de-Marsan et Bordeaux.
	Urdos	»	41	»	
	Urdos (forges)	»	53	»	
Orange	Paris	715	»	2	
	Périgueux	763	»	2	Cette et Bordeaux.
	Plombières (Côte-d'Or)	398	»	2	
	Rambouillet	763	»	2	Paris.
	Roanne	345	»	2	Lyon.

LIEUX DE DÉPART	DESTINATIONS	DISTANCES EN KILOMÈTRES		NOMBRE de CHANGEMENTS	LIEUX des CHANGEMENTS DE VOIE OU DE WAGON
		VOIES DE FER	VOIES DE TERRE		
	Rognac	132	»	2	
	Saint-Chamas (poudrerie)	182	»	2	
	Saint-Étienne	260	»	2	Lyon.
	Saint-Florentin	536	»	2	
	Saumur	849	»	2	Lyon et Le Guétin.
	Sens	692	»	2	
	Tarascon	50	»	2	
	Tonnerre	519	»	2	
Orange (suite)	Toulon	149	65	1	Marseille.
	Tournus	309	»	2	
	Troyes	656	»	2	Dijon et Cray.
	Valence	97	»	2	
	Vernon	795	»	2	Paris.
	Vienne	171	»	2	
	Villefranche (Rhône)	231	»	2	
	Villers	844	»	2	Dijon, Gray et Reims.
	Paris	122	»	2	
	Pau	610	82	1	Bordeaux et Mont-de-Marsan.
	Périgueux	380	»	2	
	Perpignan	932	»	2	Bordeaux et Narbonne.
	Pithiviers	»	42	»	
	Poitiers	216	»	2	
	Rambouillet	170	»	2	Paris.
	Rennes	376	»	2	Le Mans.
	Riom	314	»	2	Le Guétin.
	Roanne	329	»	2	Le Guétin.
	Roche-Chalais (La)	393	»	2	
	Rochefort	358	»	2	
	Romans	558	18	1	Le Guétin, Lyon et Tain.
	Rouen	262	»	2	Paris.
	Rueil	138	»	2	Paris.
	Ruffec	281	»	2	
	Saint-Aignan-sur-Cher	59	38	1	Blois.
	Saint-Brieuc	376	100	1	Le Mans et Rennes.
	Saint-Flour	387	58	1	Le Guétin et Lempdes.
Orléans	Saint-Germain-en-Laye	144	»	2	Paris.
	Saint-Germain-des-Fossés	262	»	2	Le Guétin.
	Saint-Omer	459	»	2	Paris.
	Saintes	358	28	1	Rochefort.
	Saumur	179	»	2	
	Strasbourg	623	»	2	Paris.
	Tonneins	559	»	2	Bordeaux.
	Toul	441	»	2	Paris.
	Toulon	822	65	1	Le Guétin, Lyon et Marseille.
	Toulouse	719	»	2	Bordeaux.
	Tours	115	»	2	
	Troyes	289	»	2	Paris.
	Tulle	281	89	1	Limoges.
	Valence	576	»	2	Le Guétin et Lyon.
	Vannes	350	76	1	Savenay.
	Varennes	249	»	2	Le Guétin.
	Vendôme	59	32	1	Blois.
	Verdun	416	54	1	Paris et Commercy.
	Vernon	202	»	2	Paris.
	Versailles	139	»	2	Paris.

LIEUX DE DÉPART	DESTINATIONS	DISTANCES EN KILOMÈTRES — VOIES DE FER	DISTANCES EN KILOMÈTRES — VOIES DE TERRE	NOMBRE DE CAMIONNAGES	LIEUX DES CHANGEMENTS DE VOIE OU DE WAGON
Orléans (suite)	Vesoul	503	»	2	Paris.
	Vierzon	81	»	2	
	Villers	382	»	2	Paris et Reims.
Palisse (La)	Paris	400	»	2	Le Guétin.
	Roanne	49	»	2	
	Varennes	31	»	2	
	Vierzon	200	»	2	Le Guétin.
Paris	Parthenay	300	29	1	Saint-Maixent.
	Pau	731	82	1	Bordeaux et Mont-de-Marsan.
	Périgueux	606	»	2	
	Péronne	179	25	1	Albert.
	Perpignan	1011	»	2	Cette et Narbonne.
	Petite-Pierre (La)	458	16	1	Saverne.
	Pézenas	855	49	1	Montpellier.
	Phalsbourg	432	17	1	Sarrebourg.
	Pithiviers	56	33	1	Étampes.
	Plombières (Vosges)	361	42	1	Favernay.
	Plombières (Côte-d'Or)	310	»	2	
	Poissy	27	»	2	
	Poitiers	338	»	2	
	Mont-à-Mousson	364	»	2	
	Pontarlier	460	43	1	Salins.
	Pont-de-Beauvoisin	554	33	1	Lyon et Bourgoin.
	Pont-de-Buis	374	239	1	Rennes.
	Pontoise	29	»	2	
	Pont-Saint-Esprit	692	»	2	
	Port-Louis	374	147	1	Rennes.
	Prades	1011	42	1	Cette, Narbonne et Perpignan.
	Privas	618	39	1	Valence.
	Provins	70	22	1	Nangis.
	Puy (Le)	517	64	1	Le Guétin et Brioude.
	Quesnoy (Le)	219	15	1	Landrecies.
	Quimper	374	264	1	Rennes.
	Quimperlé	374	156	1	Rennes.
	Rambouillet	48	»	2	
	Reims	172	»	2	
	Rennes	374	»	2	
	Rethel	212	»	2	Reims.
	Riom	435	»	2	Le Guétin.
	Ripault (Le) [poudrerie]	237	17	1	Tours.
	Rodez	508	170	1	Le Guétin et Lempdes.
	Roanne	448	»	2	Le Guétin.
	Roche-Chalais (La)	514	»	2	
	Rochefort	478	»	2	
	Rocroi	260	29	1	Reims et Mézières.
	Rognac	836	»	2	
	Romans	600	18	1	Tain.
	Rouen	136	»	2	
	Rueil	16	»	2	
	Ruelle (fonderie de canons)	450	»	2	
	Ruffec	403	»	2	
	Sables-d'Olonne (Les)	431	167	1	Nantes.
	Saint-Affrique	508	223	1	Le Guétin et Lempdes.

LIEUX DE DÉPART	DESTINATIONS	DISTANCES EN KILOMÈTRES		NOMBRE de CANTONNEMENTS	LIEUX des CHANGEMENTS DE VOIE ET DE WAGON
		VOIES DE FER	VOIES DE TERRE		
	Saint-Aignan-sur-Cher	180	38	1	Blois.
	Saint-Avold	439	»	2	
	Saint-Brieuc	374	100	1	Rennes.
	Saint-Chamas (poudrerie)	816	»	2	
	Saint-Chinian	918	28	1	Cette et Béziers.
	Saint-Cloud	9	»	2	
	Saint-Cyr	22	»	2	
	Saint-Denis	7	»	2	
	Saint-Dizier	235	»	2	
	Saint-Étienne	535	»	2	Le Guétin.
	Saint-Florentin	173	»	2	
	Saint-Flour	508	48	1	Le Guétin et Lempdes.
	Saint-Geniez-de-Rivedolt	506	162	1	Le Guétin et Lempdes.
	Saint-Germain-en-Laye	22	»	2	
	Saint-Germain-des-Fossés	383	»	2	Le Guétin.
	Saint-Gervais (fonderie)	600	58	1	Tain.
	Saint-Hippolyte	791	47	1	Nîmes.
	Saint-Jean-d'Angely	448	28	1	Surgères.
	Saint-Jean-Pied-de-Port	784	60	1	Bordeaux et Bayonne.
	Saint-Leu	17	»	2	
	Saint-Lô	269	35	1	Bayeux.
	Saint-Maixent	390	»	2	
	Saint-Malo	374	70	1	Rennes.
	Saint-Médard (poudrerie)	583	13	1	Bordeaux.
	Saint-Mihiel	295	19	1	Commercy.
	Saint-Omer	337	»	2	
	Saint-Ponce	260	»	2	Reims et Mézières.
	Saint-Quentin	171	»	2	
Paris (suite)	Saint-Valery-en-Caux	220	31	1	Fécamp.
	Saint-Waast	343	19	1	Valognes.
	Saint-Venant	215	42	1	Arras.
	Saint-Vincent	666	162	1	Saint-Rambert et Grenoble.
	Saintes	478	38	1	Rochefort.
	Salins	400	»	2	Dijon.
	Salon	737	47	1	Avignon.
	Sampigny	295	»	2	
	Sarrebourg	432	»	2	
	Sarreguemines	458	18	1	Forbach.
	Saumur	295	»	2	
	Saverne	458	»	2	
	Schlestadt	556	»	2	
	Sedan	260	22	1	Reims et Mézières.
	Senlis	68	16	1	Creil.
	Sens	113	»	2	
	Sées	257	»	2	
	Sèvres	10	»	2	
	Seyne (Basses-Alpes)	754	105	1	Avignon.
	Sézanne	95	49	1	Château-Thierry.
	Sillé-le-Guillaume	247	»	2	
	Sisteron	666	148	1	Saint-Rambert et Grenoble.
	Soissons	101	37	1	Compiègne.
	Stenay	269	56	1	Reims et Mézières.
	Strasbourg	502	»	2	
	Tarascon	765	»	2	
	Tarbes	731	90	1	Bordeaux et Mont-de-Marsan.
	Thann	519	»	2	
	Thiers	445	44	1	Le Guétin et Clermont-Ferrand.

LIEUX DE DÉPART	DESTINATIONS	DISTANCES EN KILOMÈTRES		NOMBRE de CAMIONNAGES	LIEUX des CHANGEMENTS DE VOIE OU DE WAGON
		VOIES DE FER	VOIES DE TERRE		
Paris (suite)	Thionville	419	»	2	
	Thouars	301	34	1	Saumur.
	Tonneins	630	»	2	Bordeaux.
	Tonnerre	197	»	2	
	Toul	320	»	2	
	Toulon	864	65	1	Marseille.
	Toulouse	840	»	2	Bordeaux.
	Tournon	600	»	2	
	Tournoux	666	178	1	Saint-Rambert et Grenoble.
	Tournus	409	»	2	
	Tours	237	»	2	
	Trévoux	487	»	2	
	Triel	35	»	2	
	Troyes	167	»	2	
	Tulle	501	89	1	Limoges.
	Uzès	791	22	1	Nîmes.
	Valence	618	»	2	
	Valenciennes	277	»	2	
	Vannes	374	104	1	Rennes.
	Varennes	370	»	2	Le Guétin.
	Vandenheim	493	»	2	
	Vendôme	180	32	1	Blois.
	Vendresse (Forges)	260	26	1	Reims et Mézières.
	Verdun	295	54	1	Commercy.
	Verneuil	108	39	1	Évreux.
	Vernon	80	»	2	
	Verrey	270	»	2	
	Versailles	17	»	2	
	Vervins	176	38	1	Laon.
	Vesoul	381	»	2	
	Vichy	370	25	1	Le Guétin et Varennes.
	Vienne	544	»	2	
	Vierzon	203	»	2	
	Villefranche (Rhône)	478	»	2	
	Villers	260	»	2	Reims.
	Villers-Cotterets	45	42	1	Meaux.
	Villette (La)	»	4	»	
	Villeneuve-d'Agen	680	34	1	Bordeaux et Tonneins.
	Vincennes	»	8	»	
	Vire	839	59	1	Caen.
	Vitré	336	»	2	
	Vitry-le-Français	205	»	2	
	Wissembourg	550	»	2	
	Yvetot	178	»	2	
Parthenay	Périgueux	317	29	1	Saint-Maixent.
	Poitiers	55	29	1	Saint-Maixent.
	Saumur	»	72	»	
	Thouars	»	38	»	
	Toulouse	549	29	1	Saint-Maixent et Bordeaux.
	Tulle	317	130	»	Saint-Maixent et Périgueux.
Pau	Périgueux	276	82	1	Mont-de-Marsan et Bordeaux.
	Perpignan	214	190	1	Toulouse et Narbonne.
	Peyrehorade	»	70	»	

LIEUX DE DÉPART	DESTINATIONS	DISTANCES EN KILOMÈTRES		NOMBRE DE CAMIONNAGES	LIEUX DES CHANGEMENTS DE VOIE OU DE WAGON
		VOIES DE FER	VOIES DE TERRE		
	Portalet (Fort de)	»	74	»	
	Roquefort	»	88	»	
	Saint-Gaudens	»	103	»	
	Saint-Jean-Pied-de-Port	»	110	»	
	Sarrans	6	48	»	
	Sauveterre	»	65	»	
	Tarbes	»	39	»	
Pau (suite)	Tardets	»	85	»	
	Toulon	428	255	»	Toulouse, Cette et Marseille.
	Toulouse	»	190	»	
	Tours	405	82	1	Mont-de-Marsan et Bordeaux.
	Tulle	276	183	»	Mont-de-Marsan, Bordeaux et Périgueux.
	Urdos	»	74	»	
	Urdos (forges)	»	86	»	
Penthièvre (Fort) (Morbihan.)	Brest	»	210	»	
	Lorient	»	56	»	
	Perpignan	598	»	2	Bordeaux et Narbonne.
	Poitiers	271	»	2	
	Rennes	633	»	2	Le Mans.
	Ribérac	»	38	»	
	Ripault (Le) [poudrerie]	372	17	1	Tours.
	Rochefort	404	»	2	
	Roanne	442	95	1	Limoges et Le Guétin.
Périgueux	Rodez	501	41	1	Bordeaux, Montauban et Saint-Christophe.
	Sarlat	»	72	»	
	Tarbes	276	99	1	Bordeaux et Mont-de-Marsan.
	Toulon	812	65	1	Bordeaux, Cette et Marseille.
	Toulouse	385	»	2	Bordeaux.
	Tours	372	»	2	
	Tulle	»	101	»	
	Villeneuve-d'Agen	224	34	1	Bordeaux et Tonneins.
	Ripault (Le) [poudrerie]	416	42	»	Albert, Paris et Tours.
	Rocroi	191	62	»	Saint-Quentin, Laon et Mézières.
	Sedan	191	55	»	Saint-Quentin, Laon et Mézières.
Péronne	Saint-Omer	158	25	1	Albert.
	Saint-Quentin	»	33	»	
	Strasbourg	394	33	1	Saint-Quentin, Laon et Reims.
	Tours	416	25	1	Albert et Paris.
	Valenciennes	56	38	1	Cambrai.
	Perthus (Le)	»	32	»	
	Pont-Saint-Esprit	397	13	1	Narbonne, Cette et Mornas.
	Port-Vendres	»	31	»	
Perpignan	Prades	»	42	»	
	Prats de Mollo	»	57	»	
	Privas	393	39	1	Narbonne, Cette et Valence.
	Rennes	1078	»	2	Narbonne, Bordeaux et Le Mans.
	Ripault (Le) (poudrerie)	817	17	1	Narbonne, Bordeaux et Tours.

LIEUX DE DÉPART	DESTINATIONS	DISTANCES EN KILOMÈTRES		NOMBRE de CANTONNEMENTS	LIEUX des CHANGEMENTS DE VOIE OU DE WAGON
		VOIES DE FER	VOIES DE TERRE		
Perpignan (suite).	Rodez	432	41	1	Narbonne, Montauban et Saint-Christophe.
	Saint-Chamas (poudrerie)	298	»	2	Narbonne et Cette.
	Saint-Étienne	556	»	2	Narbonne, Cette et Lyon.
	Saint-Hippolyte	223	57	1	Narbonne, Cette et Nîmes.
	Saint-Laurent-du-Cerdan	»	52	»	
	Saint-Médard (poudrerie)	470	13	1	Narbonne et Bordeaux.
	Saintes	603	71	1	Narbonne, Bordeaux et Angoulême.
	Salces	»	15	»	
	Saumur	880	»	2	Narbonne et Bordeaux.
	Strasbourg	1041	»	2	Narbonne, Cette, Dijon et Belfort.
	Tarbes	214	151	1	Narbonne et Toulouse.
	Toulon	346	65	1	Narbonne, Cette et Marseille.
	Toulouse	215	»	2	Narbonne.
	Tours	817	»	2	Narbonne et Bordeaux.
	Troyes	952	»	2	Narbonne, Cette, Dijon et Gray.
	Tulle	265	124	1	Narbonne et Montauban.
	Valence	393	»	2	Narbonne et Cette.
	Vans (Les)	270	39	1	Narbonne, Cette et Alais.
	Verdun	1022	55	1	Narbonne, Cette, Dijon, Gray et Commercy.
	Villefranche-de-Conflent	»	48	»	
	Vernon	1094	»	2	Narbonne, Cette et Paris.
	Vincennes	1011	»	2	Narbonne et Cette.
	Vonges (poudrerie)	744	»	2	Narbonne, Cette et Dijon.
	Voulte (La) (forges)	393	29	1	Narbonne, Cette et Valence.
Paimpont (Forges) (Ille-et-Vilaine.)	Cherbourg	394	98	1	Rennes, Argentan et Caen.
	Lorient	»	113	»	
	Saint-Malo	»	111	»	
	Vannes	»	75	»	
Petite-Pierre (La)	Phalsbourg	»	11	»	
	Sarrebourg	27	16	1	Saverne.
	Saverne	»	16	»	
	Strasbourg	44	16	1	Saverne.
	Thionville	193	16	1	Saverne.
	Wissembourg	92	16	1	Saverne.
Phalsbourg	Sarrebourg	»	17	»	
	Sarreguemines	»	50	»	
	Saverne	»	9	»	
	Schélestadt	87	»	2	
	Sedan	409	39	»	Sarrebourg, Reims et Mézières.
	Soissons	337	58	»	Sarrebourg et Château-Thierry.
	Strasbourg	44	»	2	
	Thionville	163	17	1	Sarrebourg.
	Toul	112	17	1	Sarrebourg.
	Toulon	936	65	1	Belfort, Dijon et Marseille.
	Verdun	138	71	»	Sarrebourg et Commercy.
	Vesoul	261	»	2	
	Vitry-le-Français	227	17	1	Sarrebourg.
	Wissembourg	92	»	2	

LIEUX DE DÉPART	DESTINATIONS	DISTANCES EN KILOMÈTRES: VOIES DE FER	DISTANCES EN KILOMÈTRES: VOIES DE TERRE	NOMBRE DE CAMIONNAGES	LIEUX DES CHANGEMENTS DE VOIE OU DE WAGON
Plombières (Vosges)	Remiremont	»	14	»	
	Rennes	801	27	1	Épinal et Paris.
	Strasbourg	177	27	1	Épinal.
	Toulon	769	103	»	Lure, Belfort, Dijon et Marseille.
	Tours	664	27	1	Épinal et Paris.
	Valence	523	38	1	Lure, Belfort et Dijon.
	Vesoul	»	48	»	
	Vincennes	427	27	1	Épinal.
Poitiers	Rambouillet	286	»	2	Paris.
	Rennes	362	»	2	Le Mans.
	Riom	330	»	2	Le Guétin.
	Ripault (Le) (poudrerie)	101	17	1	Tours.
	Roche-Chalais (La)	177	»	2	
	Rochefort	142	»	2	
	Ruffec	65	»	2	
	Saint-Amand	328	44	1	Bourges.
	Saint-Germain-des-Fossés	478	»	2	Le Guétin.
	Saint-Jean-d'Angely	112	28	1	Surgères.
	Saint-Maixent	55	»	2	
	Saintes	142	38	1	Rochefort.
	Saumur	165	»	2	
	Strasbourg	839	»	2	Paris.
	Tarbes	394	99	1	Bordeaux et Mont-de-Marsan.
	Tonneins	353	»	2	Bordeaux.
	Toulon	930	65	1	Bordeaux, Cette et Marseille.
	Toulouse	503	»	2	Bordeaux.
	Tours	101	»	2	
	Tulle	271	101	1	Périgueux.
	Vannes	336	76	1	Savenay.
	Varennes	465	»	2	Le Guétin.
	Vierzon	297	»	2	
	Villers	598	»	2	Paris et Reims.
	Vincennes	338	»	2	
Pontaillier (sur Saône)	Romans	334	15	1	Dijon et Tain.
	Vesoul	140	»	2	Gray.
	Vonges (poudrerie)	»	4	»	
Pont-à-Mousson	Reims	252	»	2	
	Saint-Dizier	163	»	2	
	Saint-Mihiel	»	42	»	
	Sampigny	69	»	2	
	Sarrebourg	107	»	2	
	Sarreguemines	96	18	1	Forbach.
	Saverne	134	»	2	
	Schélestadt	221	»	2	
	Sedan	345	22	1	Reims et Mézières.
	Strasbourg	178	»	2	
	Thann	295	»	2	
	Thionville	57	»	2	
	Toul	43	»	2	
	Verdun	»	77	»	
	Vesoul	341	»	2	

LIEUX DE DÉPART	DESTINATIONS	DISTANCES EN KILOMÈTRES — VOIES DE FER	DISTANCES EN KILOMÈTRES — VOIES DE TERRE	NOMBRE de CAMIONNAGES	LIEUX des CHANGEMENTS DE VOIE OU DE WAGON
Pont-à-Mousson (suite)	Villers	340	»	2	Reims.
	Vitry-le-Français	158	»	2	
	Wissembourg	226	»	2	
Pont-de-Beauvoisin	Saint-Étienne	99	33	1	Bourgoin et Lyon.
	Toulon	367	90	»	Voiron, Saint-Rambert et Marseille.
	Valence	111	25	1	Voiron et Saint-Rambert.
	Vienne	96	25	1	Voiron et Saint-Rambert.
	Vincennes	554	33	1	Bourgoin et Lyon.
Pont-de-Buys	Port-Louis	»	122	»	
	Quimper	»	35	»	
	Rennes	»	230	»	
	Saumur	132	261	1	Nantes.
	Saint-Brieuc	»	167	»	
	Saint-Malo	»	258	1	
	Tours	235	229	1	Savenay.
	Vannes	»	153	»	
	Vincennes	374	230	1	Rennes.
Pont-de-Roide	Strasbourg	195	16	1	L'Isle-sur-le-Doubs et Belfort.
	Thann	105	16	1	L'Isle-sur-le-Doubs et Belfort.
	Toulon	699	81	»	L'Isle-sur-le-Doubs, Lyon et Marseille.
	Vincennes	464	16	1	L'Isle-sur-le-Doubs, Dijon et Paris.
Pontoise	Saint-Denis	23	»	2	
	Saint-Omer	308	»	2	
	Saint-Quentin	142	»	2	
	Valenciennes	248	»	2	
Pont-Saint-Esprit	Privas	74	39	1	Valence.
	Puy (Le)	236	77	1	Lyon et Saint-Étienne.
	Roanne	320	»	2	Lyon.
	Rognac	132	13	1	Mornas.
	Saint-Chamas (poudrerie)	112	13	1	Mornas.
	Saint-Étienne	237	»	2	Lyon.
	Saint-Hippolyte	86	66	»	Mornas et Nîmes.
	Tarascon-sur-Rhône	69	13	1	Mornas.
	Toulon	159	78	»	Mornas et Marseille.
	Toulouse	389	13	1	Mornas et Cette.
	Tulle	452	153	1	Lyon et Clermont-Ferrand.
	Uzès	86	35	»	Mornas et Nîmes.
	Valence	74	»	2	
	Vans (Les)	132	52	»	Mornas et Alais.
	Vienne	149	»	2	
	La Voulte (forges)	74	20	1	Valence.
Pont-St-Ours (Nièvre)	Rennes	557	»	2	Le Guélin et Le Mans.
	Toulouse	892	»	2	Lyon et Cette.
Portalet	Dax	»	142	»	

LIEUX DE DÉPART	DESTINATIONS	DISTANCES EN KILOMÈTRES		NOMBRE DE TRANSBORDEMENTS	LIEUX DES CHANGEMENTS DE VOIE OU DE MODE
		VOIES DE FER	VOIES DE TERRE		
Port-Louis	Quimper	»	87	»	
	Rennes	»	147	»	
	Ripault (Le) (poudrerie)	235	145	»	Savenay et Tours.
	Rochefort	478	128	1	Savenay.
	Saint-Brieuc	»	142	»	
	Saint-Étienne	762	128	1	Savenay et Le Guétin.
	Toulon	1108	193	»	Savenay, Le Guétin, Lyon et Marseille.
	Tours	235	128	1	Savenay.
	Vannes	»	52	»	
Privas	Roanne	247	39	1	Valence et Lyon.
	Saint-Étienne	163	39	1	Valence et Lyon.
	Tarascon	136	39	1	Valence.
	Toulon	246	104	»	Valence et Marseille.
	Toulouse	475	39	1	Valence et Cette.
	Tournon	19	39	1	Valence.
	Valence	»	39	»	
	Vans (Les)	»	74	»	
	Voulte (La) (forges)	»	20	»	
Provins	Roanne	619	18	1	Nogent, Montereau et Lyon.
	Saint-Brieuc	444	122	»	Nangis, Paris et Rennes.
	Saint-Maixent	460	22	1	Nangis et Paris.
	Saint-Mihiel	319	37	»	Nogent et Commercy.
	Saumur	371	22	1	Nangis et Paris.
	Sedan	195	77	»	La Ferté-sous-Jouarre, Reims et Mézières.
	Senlis	138	38	»	Nangis, Paris et Creil.
	Soissons	30	96	»	La Ferté-sous-Jouarre et Château-Thierry.
	Strasbourg	490	18	1	Nogent-sur-Seine.
	Tarbes	801	121	»	Nangis, Paris, Bordeaux et Mont-de-Marsan.
	Toulon	836	83	»	Nogent, Montereau et Marseille.
	Tours	307	22	1	Nangis et Paris.
	Troyes	56	18	1	Nogent-sur-Seine.
	Tulle	571	111	»	Nangis, Paris et Limoges.
	Valenciennes	347	22	1	Nangis et Paris.
	Valence	584	18	1	Nogent et Montereau.
	Vendôme	250	55	»	Nangis, Paris et Blois.
	Verdun	319	72	»	Nogent et Commercy.
	Versailles	87	22	1	Nangis et Paris.
	Vierzon	273	22	1	Nangis et Paris.
	Villers	195	55	1	La Ferté-sous-Jouarre et Reims.
	Vincennes	70	22	1	Nangis.
Puy (Le)	Riom	84	64	1	Brioude.
	Roanne	87	77	1	Saint-Étienne.
	Rodez	»	204	»	
	Saint-Étienne	»	77	»	
	Saint-Flour	»	127	»	
	Toulon	469	142	»	Saint-Étienne, Lyon et Marseille.
	Toulouse	638	77	1	Saint-Étienne, Lyon et Cette.
	Troyes	592	124	»	St-Étienne, Lyon et St-Florentin.
	Tulle	»	272	»	

LIEUX DE DÉPART	DESTINATIONS	DISTANCES EN KILOMÈTRES VOIES DE FER	VOIES DE TERRE	NOMBRE de CANTONNEMENTS	LIEUX des CHANGEMENTS DE VOIE OU DE WAGON
Puy (Le) (suite)	Valence	163	77	1	Saint-Étienne et Lyon.
	Vincennes	517	64	1	Brioude et Le Guétin.
	Yssengeaux	»	28	»	
Quesnoy (Le)	Rocroi	»	102	»	
	Saint-Étienne	754	15	1	Landrecies, Paris et Le Guétin.
	Saint-Omer	131	17	1	Valenciennes.
	Saint-Quentin	49	15	1	Landrecies.
	Sedan	239	37	»	Landrecies, Laon et Mézières.
	Strasbourg	542	15	1	Landrecies, Laon et Reims.
	Valenciennes	»	17	»	
	Villers	239	15	1	Landrecies et Laon.
Quiberon	Quimper	»	126	»	
	Rennes	»	148	»	
	Saint-Malo	»	218	»	
	Vannes	»	44	»	
Quimper	Quimperlé	»	48	»	
	Rennes	»	204	»	
	Rochefort	478	194	1	Savenay.
	Saint-Brieuc	»	168	»	
	Saint-Malo	»	259	»	
	Saumur	172	194	1	Savenay.
	Toulon	1168	259	»	Savenay, Le Guétin, Lyon et Marseille
	Tours	235	194	1	Savenay.
	Vannes	»	118	»	
Rambouillet	Saint-Cyr	27	»	2	
	Saint-Germain-en-Laye	32	13	1	Versailles.
	Saint-Lô	317	35	1	Paris et Bayeux.
	Saint-Maixent	419	»	2	Le Mans.
	Saumur	327	»	2	Le Mans.
	Sillé-le-Guillaume	199	»	2	
	Strasbourg	550	»	2	Paris.
	Toulon	912	65	1	Paris et Marseille.
	Tours	263	»	2	Le Mans.
	Versailles	32	»	2	
	Villers	308	»	2	Paris et Reims.
	Vincennes	48	»	2	
Redon	Rennes	»	113	»	
Reims	Rocroi	88	29	1	Mézières.
	Rouen	312	»	2	Paris.
	Saint-Dizier	124	»	2	
	Sarrebourg	321	»	2	
	Saverne	347	»	2	
	Schélestadt	435	»	2	
	Sedan	88	22	1	Mézières.

LIEUX DE DÉPART	DESTINATIONS	DISTANCES EN KILOMÈTRES		NOMBRE de CAMPEMENTS	LIEUX des CHANGEMENTS DE VOIE OU DE WAGON
		VOIES DE FER	VOIES DE TERRE		
Reims (suite)	Soissons	52	32	1	Laon.
	Strasbourg	391	»	2	
	Thann	553	»	2	
	Thionville	308	»	2	
	Toul	269	»	2	
	Toulon	965	65	1	Gray, Dijon et Marseille.
	Troyes	293	»	2	
	Valenciennes	202	»	2	Laon et Busigny.
	Verdun-sur-Meuse	183	54	1	Commercy.
	Vitry-le-Français	94	»	2	
	Wissembourg	539	»	2	
Rennes	Coutances	»	132	»	
	Ripault (Le) (poudrerie)	261	17	1	Le Mans et Tours.
	Rochefort	504	»	2	Le Mans.
	Rouen	514	»	2	Paris.
	Saint-Brieuc	»	100	»	
	Saint-Cyr	353	»	2	
	Saint-Denis	381	»	2	Paris.
	Saint-Étienne	792	»	2	Le Mans et Le Guétin.
	Saint-Germain-en-Laye	356	13	1	Versailles.
	Saint-Jean-d'Angely	474	28	1	Le Mans et Surgères.
	Saint-Lô	»	135	»	
	Saint-Malo	»	70	»	
	Saint-Omer	711	»	2	Paris.
	Saint-Quentin	545	»	2	Paris.
	Saint-Servan	»	64	»	
	Sables d'Olonne	»	214	»	
	Saumur	325	»	2	Le Mans.
	Sées	238	»	2	
	Sérigné	»	18	»	
	Strasbourg	876	»	2	Paris.
	Torteron	557	30	1	Le Mans, Le Guétin et Nevers.
	Toulon	1198	65	1	Le Mans, Le Guétin, Lyon et Marseille.
	Toulouse	865	»	2	Le Mans et Bordeaux.
	Tours	261	»	2	Le Mans.
	Trézy (forges de)	488	58	1	Le Mans et Bourges.
	Tulle	656	89	1	Le Mans et Limoges.
	Valogne	367	57	2	Argentan et Caen.
	Vannes	»	104	»	
	Vendôme	242	58	1	Le Mans et Château-du-Loir.
	Vernon	453	»	2	Paris.
	Versailles	356	»	2	
	Villeneuve-d'Agen	704	34	1	Le Mans, Bordeaux et Tonneins.
	Vire	»	115	»	
Riom	Roche-Chalais (La)	707	»	2	Le Guétin.
	Ruffec	595	»	2	Le Guétin.
	Saint-Germain-des-Fossés	52	»	2	
	Saumur	492	»	2	Le Guétin.
	Thiers	14	44	1	Clermont-Ferrand.
	Tonneins	572	»	2	Le Guétin et Bordeaux.
	Tours	420	»	2	Le Guétin.
	Tulle	14	143	1	Clermont-Ferrand.

LIEUX DE DÉPART	DESTINATIONS	DISTANCES EN KILOMÈTRES — VOIES DE FER	DISTANCES EN KILOMÈTRES — VOIES DE TERRE	NOMBRE de TRANSBORDEMENTS	LIEUX des CHANGEMENTS DE VOIE OU DE MARCHE
Riom (suite)	Varennes	65	»	2	
	Vierzon	234	»	2	Le Guétin.
Ripault (Le) (poudrerie)	Rochefort	243	17	1	Tours.
	Saumur	64	17	1	Tours.
	Toulon	937	82	»	Tours, Le Guétin, Lyon et Marseille.
	Toulouse	604	17	1	Tours et Bordeaux.
	Tours	»	17	»	
	Tulle	395	106	»	Tours et Limoges.
	Vincennes	237	17	1	Tours.
Roanne	Rognac	464	»	2	Lyon.
	Romans	229	18	1	Lyon et Tain.
	Saint-Chamas (poudrerie)	445	»	2	Lyon.
	Saint-Étienne	87	»	2	
	Saint-Florentin	476	»	2	Lyon.
	Sens	540	»	2	Lyon.
	Tarascon	393	»	2	Lyon.
	Tonnerre	457	»	2	Lyon.
	Toulon	493	65	1	Lyon et Marseille.
	Tournus	245	»	2	Lyon.
	Tours	444	»	2	Le Guétin.
	Troyes	594	»	2	Lyon, Dijon et Gray.
	Valence	247	»	2	Lyon.
	Vienne	173	»	2	Lyon.
	Vierzon	249	»	2	Le Guétin.
	Villefranche (Rhône)	175	»	2	Lyon.
Roche-Chalais (La)	Ruffec	142	»	2	
	Saint-Germain-des-Fossés	655	»	2	Le Guétin.
	Saumur	342	»	2	
	Tarbes	217	99	1	Bordeaux et Mont-de-Marsan.
	Tonneins	166	»	2	Bordeaux.
	Tours	279	»	2	
	Varennes	642	»	2	Le Guétin.
	Vierzon	473	»	2	
Rochefort	Rouen	618	»	2	Paris.
	Royan	»	69	»	
	Ruelle (fonderie de canons)	246	»	2	
	Saint-Brieuc	504	100	1	Le Mans et Rennes.
	Saint-Chamas	1016	»	2	Bordeaux et Cette.
	Saint-Lô	472	92	1	Le Mans, Argentan, Caen et Bayeux.
	Saint-Malo	504	70	1	Le Mans et Rennes.
	Saint-Médard (poudrerie)	379	13	1	Bordeaux.
	Saintes	»	38	»	
	Saumur	306	»	2	
	Strasbourg	980	»	2	Paris.
	Toulon	1063	65	1	Bordeaux, Cette et Marseille.
	Toulouse	636	»	2	Bordeaux.
	Tours	243	»	2	
	Troyes	645	»	2	Paris.
	Tulle	503	101	1	Périgueux.

LIEUX DE DÉPART	DESTINATIONS	DISTANCES EN KILOMÈTRES — VOIES EN FER	DISTANCES EN KILOMÈTRES — VOIES DE TERRE	NOMBRE DE CAMIONNAGES	LIEUX DES CHANGEMENTS DE VOIE OU DE WAGON
Rochefort (suite)	Versailles	595	»	2	Paris.
	Vincennes	578	»	2	
	Vergeroux	»	5	»	
Rocroi	Saint-Étienne	698	29	1	Mézières, Reims, Gray, Dijon et Lyon
	Saint-Omer	379	29	1	Mézières, Laon et Busigny.
	Saint-Ponce	»	33	»	
	Saint-Quentin	191	29	1	Mézières et Laon.
	Sedan	»	51	»	
	Stenay	»	85	»	
	Strasbourg	479	29	1	Mézières et Reims.
	Toul	297	29	1	Mézières et Reims.
	Valenciennes	290	29	1	Mézières, Laon et Busigny.
	Vitry-le-Français	165	29	1	Mézières et Reims.
Rodez	Saint-Affrique	»	100	»	
	Saint-Étienne	278	170	1	Lempdes.
	Saint-Flour	»	122	»	
	Saint-Hippolyte	526	88	»	Saint-Christophe, Montauban, Cette et Nîmes.
	Toulon	649	106	»	Saint-Christophe, Montauban, Cette et Marseille.
	Toulouse	218	41	1	Saint-Christophe et Montauban.
	Tours	729	41	1	Saint-Christophe, Montauban et Bordeaux.
	Tulle	»	188	»	
	Uzès	526	63	»	Saint-Christophe, Montauban, Cette et Nîmes.
	Valence	696	41	1	Saint-Christophe, Montauban et Cette.
	Villefranche (Aveyron)	66	41	1	Saint-Christophe.
Rognac	Saint-Chamas (poudrerie)	21	»	2	
	Saint-Étienne	380	»	2	Lyon.
	Saint-Florentin	658	»	2	
	Sens	718	»	2	
	Tarascon	73	»	2	
	Tonnerre	634	»	2	
	Toulon	28	65	1	Marseille.
	Tournus	422	»	2	
	Troyes	658	47	1	Saint-Florentin.
	Valence	218	»	2	
	Vienne	293	»	2	
	Villefranche (Rhône)	353	»	2	
Romans	Saint-Étienne	145	18	1	Tain et Lyon.
	Toulon	246	83	»	Valence et Marseille.
	Valence	»	18	»	
	Vienne	57	18	1	Tain.
Romorantin	Tours	89	41	1	Blois.
	Vendôme	»	73	»	
	Vierzon	»	33	»	

LIEUX DE DÉPART	DESTINATIONS	DISTANCES EN KILOMÈTRES		NOMBRE de CAMIONNAGES	LIEUX des CHANGEMENTS DE VOIE OU DE WAGON
		VOIES DE FER	VOIES DE TERRE		
Rouen	Saint-Brieuc	514	100	1	Paris et Rennes.
	Saint-Denis	146	»	2	Paris.
	Saint-Étienne	675	»	2	Paris et Le Guétin.
	Saint-Germain-en-Laye	102	12	1	Triel.
	Saint-Lô	294	35	1	Bayeux.
	Saint-Malo	515	70	1	Paris et Rennes.
	Saint-Omer	477	»	2	Paris.
	Saint-Ouen	150	»	2	
	Saint-Ponce	400	»	2	Paris et Reims.
	Saint-Valery-en-Caux	80	21	1	Fécamp.
	Saumur	441	»	2	Paris.
	Sedan	400	22	1	Paris, Reims et Mézières.
	Sées	427	»	2	Paris.
	Soissons	251	37	1	Paris et Compiègne.
	Strasbourg	642	»	2	Paris.
	Toulon	1004	65	1	Paris et Marseille.
	Toulouse	980	»	2	Paris et Bordeaux.
	Tours	377	»	2	Paris.
	Triel	102	»	2	
	Tulle	541	89	1	Paris et Limoges.
	Valenciennes	417	»	2	Paris.
	Vannes	515	104	1	Paris et Rennes.
	Verdun	435	54	1	Paris et Commercy.
	Vernon	60	»	2	
	Versailles	157	»	2	Paris.
	Yvetot	38	»	2	
Royan	Saintes	»	31	»	
	Toulouse	257	128	1	Bordeaux.
Rueil	Saint-Denis	22	»	2	
	Saint-Germain-en-Laye	11	»	2	
	Versailles	15	»	2	
	Vincennes	16	»	2	
Ruelle (Fonderie de canons)	Toulon	817	65	1	Bordeaux, Cette et Marseille.
	Toulouse	390	»	2	Bordeaux.
	Tours	214	»	2	
	Strasbourg	952	»	2	Paris.
	Vincennes	450	»	2	
Ruffec	Saint-Germain-des-Fossés	543	»	2	Le Guétin.
	Saumur	230	»	2	
	Tonneins	278	»	2	Bordeaux.
	Tours	167	»	2	
	Varennes	531	»	2	Le Guétin.
	Vierzon	362	»	2	
Saintes	Saint-Jean-d'Angely	»	26	»	
	Saint-Médard (poudrerie)	133	84	»	Angoulême et Bordeaux.
	Saumur	306	38	1	Rochefort.
	Strasbourg	980	38	1	Rochefort et Paris.

LIEUX DE DÉPART	DESTINATIONS	DISTANCES EN KILOMÈTRES		NOMBRE DE CHANGEMENTS	LIEUX DE CHANGEMENT DE VOIE OU DE WAGON
		VOIE FERRÉE	VOIE DE TERRE		
Saintes (suite)	Toulon	817	136	»	Angoulême, Bordeaux, Cette et Marseille.
	Toulouse	396	71	1	Angoulême et Bordeaux.
	Tours	243	38	1	Rochefort.
	Tulle	158	172	»	Angoulême et Périgueux.
Salon	Saint-Étienne	288	47	1	Avignon et Lyon.
	Strasbourg	773	47	1	Avignon, Dijon et Belfort.
	Tarascon	»	52	»	
	Toulon	28	86	»	Rognac et Marseille.
	Tulle	393	233	»	Arles, Cette et Montauban.
	Valence	126	47	1	Avignon.
	Vans (Les)	86	78	»	Arles et Alais.
	Voulte (La) (forges)	120	67	»	Avignon et Valence.
Sampigny	Saint-Mihiel	»	9	»	
	Sarreguemines	165	18	1	Forbach.
	Sedan	271	22	1	Reims et Mézières.
	Strasbourg	208	»	2	
	Toul	26	»	2	
	Toulon	875	65	1	Gray, Dijon et Marseille.
	Troyes	263	»	2	
	Valence	628	»	2	Gray et Dijon.
	Valenciennes	385	»	2	Reims, Laon et Busigny.
	Vendôme	475	32	1	Paris et Blois.
	Verdun	»	44	»	
	Vernon	375	»	2	Paris.
	Villers	274	»	2	Reims.
Sarrebourg	Saint-Avold	184	»	2	
	Saint-Dizier	232	»	2	
	Sarreguemines	»	67	»	
	Saverne	27	»	2	
	Schlestadt	115	»	2	
	Strasbourg	71	»	2	
	Thann	188	»	2	
	Thionville	163	»	2	
	Toul	112	»	2	
	Vitry-le-François	227	»	2	
	Wissembourg	119	»	2	
Sarreguemines	Saint-Avold	20	18	1	Forbach.
	Saint-Germain-en-Laye	481	18	1	Forbach et Paris.
	Saint-Jean-d'Angély	906	46	»	Forbach, Paris et Surgères.
	Saumur	759	18	1	Forbach et Paris.
	Sées	755	18	1	Forbach et Paris.
	Strasbourg	53	59	1	Saverne.
	Thionville	108	18	1	Forbach.
	Toul	139	18	1	Forbach.
	Toulon	1038	83	»	Forbach, Gray, Dijon et Marseille.
	Tulle	859	107	»	Forbach, Paris et Limoges.
	Verdun	76	83	»	Forbach et Metz.
	Villers	435	18	1	Forbach et Reims.
	Wissembourg	92	59	1	Saverne.

LIEUX DE DÉPART	DESTINATIONS	DISTANCES EN KILOMÈTRES		NOMBRE de CAMIONNAGES	LIEUX des CHANGEMENTS DE VOIE OU DE WAGON
		VOIES DE FER	VOIES DE TERRE		
Saumur	Schelestadt	857	»	2	Paris.
	Sedan	561	22	1	Paris, Reims et Mézières.
	Segré	44	36	1	Angers.
	Soissons	402	37	1	Paris et Compiègne.
	Strasbourg	802	»	2	Paris.
	Saint-Étienne	592	»	2	Le Guétin.
	Saint-Germain-des-Fossés	449	»	2	Le Guétin.
	Saint-Germain-en-Laye	323	»	2	Paris.
	Saint-Jean-d'Angely	276	28	1	Surgères.
	Saint-Maixent	249	»	2	
	Saint-Mihiel	593	19	1	Paris et Commercy.
	Tarascon	898	»	2	Le Guétin et Lyon.
	Tarbes	558	99	1	Bordeaux et Mont-de-Marsan.
	Thionville	720	»	2	Paris.
	Tonneins	507	»	2	Bordeaux.
	Toul	620	»	2	Paris.
	Toulon	998	65	1	Le Guétin, Lyon et Marseille.
	Toulouse	667	»	2	Bordeaux.
	Tours	64	»	2	
	Tulle	456	89	1	Limoges.
	Valence	754	»	2	Le Guétin et Lyon.
	Valenciennes	578	»	2	Paris.
	Vannes	172	70	1	Savenay.
	Varennes	428	»	2	Le Guétin.
	Vendôme	123	52	1	Blois.
	Verdun	595	54	1	Paris et Commercy.
	Vernon	281	»	2	Paris.
	Versailles	318	»	2	Paris.
	Vesoul	682	»	2	Paris.
	Vierzon	209	»	2	
	Villers	861	»	2	Paris et Reims.
Saverne	Saint-Avold	216	»	2	
	Saint-Dizier	259	»	2	
	Schélestadt	87	»	2	
	Strasbourg	44	»	2	
	Thann	169	»	2	
	Toul	139	»	2	
	Vitry-le-Français	254	»	2	
	Wissembourg	99	»	2	
Schélestadt	Saint-Avold	298	»	2	
	Saint-Dizier	346	»	2	
	Saint-Jean-d'Angely	694	28	1	Paris et Surgères.
	Saint-Maixent	936	»	2	Paris.
	Saint-Mihiel	252	19	1	Commercy.
	Sées	833	»	2	Paris.
	Strasbourg	46	»	2	
	Thann	74	»	2	
	Thionville	277	»	2	
	Toul	226	»	2	
	Toulon	849	65	1	Belfort, Dijon et Marseille.
	Vesoul	174	»	2	
	Villers	512	»	2	Reims.
	Vitry-le-Français	344	»	2	
	Wissembourg	144	»	2	

LIEUX DE DÉPART	DESTINATIONS	DISTANCES EN KILOMÈTRES		NOMBRE DE CHANGEMENTS	LIEUX DE CHANGEMENT DE VOIE OU DE WAGON
		VOIES DE FER	VOIES DE TERRE		
Sedan	Saint-Denis	267	22	1	Mézières, Reims et Paris.
	Saint-Jean-d'Angely	708	50	»	Mézières, Reims, Paris et Surgères.
	Saint-Lô	529	57	»	Mézières, Reims, Paris et Bayeux.
	Saint-Pouce	»	26	»	
	Saint-Quentin	191	22	1	Mézières et Laon.
	Saint-Omer	379	22	1	Mézières, Laon et Busigny.
	Stenay	»	35	»	
	Strasbourg	479	22	1	Mézières et Reims.
	Thionville	»	134	»	
	Toul	297	22	1	Mézières et Reims.
	Toulon	993	87	»	Mézières, Reims, Gray, Dijon et Marseille.
	Valenciennes	290	22	1	Mézières, Laon et Busigny.
	Verdun	»	80	»	
	Vernon	350	22	1	Mézières, Reims et Paris.
	Versailles	277	22	1	Mézières, Reims et Paris.
	Villers	»	25	»	
	Vitry-le-Français	165	22	1	Mézières et Reims.
Senlis	Compiègne	»	32	»	
Sens	Saint-Florentin	60	»	2	
	Tarascon	646	»	2	
	Tonnerre	84	»	2	
	Tournus	296	»	2	
	Troyes	134	»	2	Montereau.
	Valence	560	»	2	
	Vienne	426	»	2	
	Villefranche (Rhône)	365	»	2	
Seyne-les-Alpes	Sisteron	»	82	»	
	Toulon	»	206	»	
Seyne-sur-Mer	Sisteron	»	164	»	
	Toulon	»	9	»	
Sillé-le-Guillaume	Saint-Cyr	225	»	2	
	Versailles	230	»	2	
Soissons	Saint-Quentin	30	32	1	Chauny.
	Strasbourg	508	41	1	Château-Thierry.
	Toul	225	41	1	Château-Thierry.
	Toulon	921	106	»	Château-Thierry, Gray, Dijon et Marseille.
	Troyes	268	37	1	Compiègne et Paris.
	Valenciennes	129	32	1	Chauny et Busigny.
	Verdun	200	95	»	Château-Thierry et Commercy.
	Villers-Cotterets	»	24	»	
	Vincennes	101	37	1	Compiègne.
Strasbourg	Conflans (Moselle)	207	28	1	Metz.
	Saint-Avold	254	»	2	

LIEUX DE DÉPART	DESTINATIONS	DISTANCES EN KILOMÈTRES		NOMBRE de CHANGEMENTS	LIEUX des CHANGEMENTS DE VOIE OU DE WAGON
		VOIES DE FER	VOIES DE TERRE		
	Saint-Dizier	302	»	2	
	Saint-Lô	774	55	1	Paris et Bayeux.
	Saint-Malo	875	70	1	Paris et Rennes.
	Saint-Mihiel	269	19	1	Commercy.
	Saint-Omer	682	»	2	Reims, Laon et Busigny.
	Saint-Ponce	479	»	2	Reims.
	Saint-Quentin	495	»	2	Reims et Laon.
	Thann	149	»	2	
	Thionville	224	»	2	
	Toul	183	»	2	
	Toulon	894	65	1	Belfort, Dijon et Marseille.
	Toulouse	1126	»	2	Belfort, Dijon et Cette.
	Tours	739	»	3	Paris.
Strasbourg (suite)	Troyes	434	»	2	
	Tulle	963	89	1	Paris et Limoges.
	Valence	648	»	2	Belfort et Dijon.
	Valenciennes	595	»	2	Reims, Laon et Busigny.
	Vannes	876	104	1	Paris et Rennes.
	Vendenheim	10	»	2	
	Verdun	268	54	1	Commercy.
	Vesoul	219	»	2	
	Villers	479	»	2	Reims.
	Vincennes	562	»	2	
	Vitry-le-Français	297	»	2	
	Vonges (poudrerie)	329	»	2	Belfort.
	Wissembourg	67	»	2	
	Zinsviller	»	37	»	
	Toulon	742	124	»	Vierzon, Le Guétin, Lyon et Marseille.
	Toulouse	682	38	1	Blois et Bordeaux.
St-Aignan-sur-Cher	Tours	59	38	1	Blois.
	Vendôme	»	70	»	
	Vierzon	»	39	»	
	Vincennes	180	38	1	Blois.
	Saint-Dizier	239	»	2	
	Thann	371	»	2	
Saint-Avold	Thionville	81	»	2	
	Toul	120	»	2	
	Vitry-le-Français	234	»	2	
	Wissembourg	302	»	2	
Saint-Béat	Saint-Gaudens	»	37	»	
	Toulouse	»	126	»	
	Saint-Denis	384	100	1	Rennes et Paris.
	Saint-Lô	»	153	»	
	Saint-Maixent	417	100	1	Rennes et Le Mans.
Saint-Brieuc	Saint-Malo	»	91	»	
	Sept-Iles (Les)	»	80	»	
	Toulon	1198	165	»	Rennes, Le Mans, Le Guétin, Lyon et Marseille.
	Tours	261	100	1	Rennes et Le Mans.

LIEUX DE DÉPART	DESTINATIONS	DISTANCES EN KILOMÈTRES — VOIES EN FER	DISTANCES EN KILOMÈTRES — VOIES DE TERRE	NOMBRE DE CAMIONNAGES	LIEUX DES CHANGEMENTS DE VOIE OU DE MAINS
Saint-Brieuc (suite)	Tulle	650	189	»	Rennes, Le Mans et Limoges.
	Valence	952	100	1	Rennes, Le Mans, Le Guétin et Lyon
	Vannes	»	135	»	
	Versailles	356	100	1	Rennes.
	Villers	634	100	1	Rennes, Paris et Reims.
	Vincennes	374	100	1	Rennes.
St-Chamas (poudrerie)	Saint-Étienne	361	»	2	Lyon.
	Saint-Florentin	638	»	2	
	Salon	»	11	»	
	Sens	705	»	2	
	Tarascon	52	»	2	
	Tonnerre	630	»	2	
	Toulon	48	65	1	Marseille.
	Toulouse	386	»	2	Cette.
	Tournus	402	»	2	
	Troyes	757	»	2	Dijon et Gray.
	Valence	198	»	2	
	Vienne	272	»	2	
	Villefranche (Rhône)	333	»	2	
	Vincennes	816	»	2	
Saint-Cloud	Saint-Denis	20	»	2	Paris.
	Saint-Germain-en-Laye	18	»	2	
	Versailles	9	»	2	
	Vincennes	14	»	2	
Saint-Cyr	Saint-Germain-en-Laye	6	13	1	Versailles.
	Versailles	6	»	2	
	Villers	282	»	2	Paris et Reims.
	Vincennes	22	»	2	
Saint-Denis	Saint-Étienne	542	»	3	Paris et Le Guétin.
	Saint-Germain-en-Laye	29	»	2	Paris.
	Saint-Jean-d'Angely	455	28	1	Paris et Surgères.
	Saint-Lô	276	35	1	Paris et Bayeux.
	Saint-Médard (poudrerie)	569	13	1	Paris et Bordeaux.
	Saint-Omer	331	»	2	
	Saint-Ouen	»	4	»	
	Saint-Ponce	267	»	2	Paris et Reims.
	Saint-Quentin	165	»	2	
	Toulon	871	65	1	Paris et Marseille.
	Valenciennes	270	»	2	
	Vernon	86	»	2	Paris.
	Versailles	23	»	2	Paris.
	Villette (La)	»	7	»	
	Vincennes	6	»	2	
	Vonges (poudrerie)	370	»	2	Paris et Dijon.
Saint-Dizier	Thann	322	»	2	
	Thionville	219	»	2	
	Toul	120	»	2	

LIEUX DE DÉPART	DESTINATIONS	DISTANCES EN KILOMÈTRES		NOMBRE de CAMIONNAGES	LIEUX des CHANGEMENTS DE VOIE OU DE WAGON
		VOIES DE FER	VOIES DE TERRE		
Saint-Dizier (suite)	Vitry-le-Français	30	»	2	
	Wissembourg	350	»	2	
Saint Étienne	Saint-Florentin	392	»	2	Lyon.
	Saint-Flour	278	48	1	Lempdes.
	Saint-Hippolyte	336	47	1	Lyon et Nîmes.
	Saint-Lô	804	35	1	Le Guétin, Paris et Bayeux.
	Saint-Malo	792	70	1	Le Guétin, Le Mans et Rennes.
	Saint-Omer	872	»	2	Le Guétin et Paris.
	Saumur	592	»	2	Le Guétin.
	Sens	456	»	2	Lyon.
	Soissons	636	37	1	Le Guétin, Paris et Compiègne.
	Strasbourg	599	»	2	Lyon, Dijon et Belfort.
	Tarascon-sur-Rhône	302	»	2	Lyon.
	Tonnerre	373	»	2	Lyon.
	Toulon	409	65	1	Lyon et Marseille.
	Toulouse	638	»	2	Lyon et Cette.
	Tournus	161	»	2	Lyon.
	Tours	531	»	2	Le Guétin.
	Troyes	510	»	2	Lyon, Dijon et Gray.
	Tulle	218	143	1	Clermont-Ferrand.
	Uzès	336	22	1	Lyon et Nîmes.
	Valence	163	»	2	Lyon.
	Verdun	580	54	1	Lyon, Dijon, Gray et Commercy.
	Versailles	552	»	2	Le Guétin et Paris.
	Vienne	80	»	2	Lyon.
	Vierzon	336	»	2	Le Guétin.
	Villefranche (Rhône)	91	»	2	Lyon.
	Vincennes	535	»	2	Le Guétin.
	Vonges (poudrerie)	392	»	2	Lyon et Dijon.
	Voulte (La) (forges)	163	20	1	Lyon et Valence.
Saint-Florentin	Tarascon	586	»	2	
	Tonnerre	24	»	2	
	Tournus	236	»	2	
	Troyes	»	47	»	
	Valence	440	»	2	
	Vienne	366	»	2	
	Villefranche (Rhône)	306	»	2	
Saint Flour	Toulon	684	113	»	Lempdes, Lyon et Marseille.
	Toulouse	202	145	1	Décazeville et Montauban.
	Tulle	»	162	»	
	Varennes	138	48	1	Lempdes.
	Vendôme	446	80	»	Lempdes, Le Guétin et Blois.
	Vincennes	508	48	1	Lempdes et Le Guétin.
St-Germain-d.-Fossés	Tonneins	820	»	2	Le Guétin et Bordeaux.
	Tours	377	»	2	Le Guétin.
	Varennes-sur-Allier	13	»	2	
	Vierzon	182	»	2	Le Guétin.
St-Germain-en-Laye	Saint-Jean-d'Angely	470	28	1	Paris et Surgères.
	Saint-Lô	235	47	»	Triel et Bayeux.

LIEUX DE DÉPART	DESTINATIONS	DISTANCES EN KILOMÈTRES		NOMBRE de CHANGEMENTS	LIEUX DES CHANGEMENTS DE VOIE OU DE WAGON
		VOIES DE FER	VOIES DE TERRE		
St-Germain-en-Laye (suite).	Saint-Maixent	412	»	2	Paris.
	Saint-Malo	356	83	»	Versailles et Rennes.
	Saumur	323	»	2	Paris.
	Tarbes	733	99	1	Paris, Bordeaux et Mont-de-Marsan
	Toul	332	»	2	Paris.
	Toulon	886	65	1	Paris et Marseille.
	Toulouse	862	»	2	Paris et Bordeaux.
	Tours	269	»	2	Paris.
	Tulle	523	89	1	Paris et Limoges.
	Triel	»	12	»	
	Verdun	318	51	1	Paris et Commercy.
	Vernon	56	12	1	Triel.
	Versailles	»	13	»	
	Villers	282	»	2	Paris et Reims.
	Vincennes	23	»	2	
Saint-Gervais (Isère) (fonderie de canons)	Saint-Marcellin	»	14	»	
	Toulon	246	133	»	Valence et Marseille.
	Toulouse	475	58	1	Valence et Cette.
	Vincennes	680	58	1	Tain.
	Vonges (poudrerie)	334	58	1	Tain et Dijon.
Saint-Hippolyte	Toulon	126	112	»	Nîmes et Marseille.
	Uzès	»	47	»	
	Valence	173	47	1	Nîmes.
St-Jean-d'Angely	Saint-Lô	452	120	»	Surgères, Le Mans, Argentan, Caen et Bayeux.
	Saint-Maixent	58	28	1	Surgères.
	Saint-Malo	474	98	»	Surgères, Le Mans et Rennes.
	Saint-Mihiel	743	47	»	Surgères, Paris et Commercy.
	Saint-Omer	765	28	1	Surgères et Paris.
	Tarascon	718	65	1	Angoulême, Bordeaux et Cette.
	Tarbes	281	164	»	Angoulême, Bordeaux et Mont-de-Marsan.
	Thionville	867	28	1	Surgères et Paris.
	Toul	768	28	1	Surgères et Paris.
	Toulon	817	120	»	Angoulême, Bordeaux, Cette et Marseille.
	Toulouse	390	65	1	Angoulême et Bordeaux.
	Tours	213	28	1	Surgères.
	Verdun	743	82	»	Surgères, Paris et Commercy.
	Versailles	463	28	1	Surgères et Paris.
	Vesoul	820	28	1	Surgères et Paris.
	Vienne	830	28	1	Surgères, Le Guétin et Lyon.
	Villers	708	28	1	Surgères, Paris et Reims.
	Vonges (poudrerie)	841	28	1	Surgères, Paris et Dijon.
St-Jean-Pied-de-Port	Iraty-Jacho	»	40	»	
	Ordiarp-Tomba	»	10	»	
	Saint-Palais	»	31	»	
	Tarbes	»	149	»	
	Tardets	»	72	»	
	Toulouse	455	60	1	Bayonne et Bordeaux.

LIEUX DE DÉPART	DESTINATIONS	DISTANCES EN KILOMÈTRES — VOIES DE FER	DISTANCES EN KILOMÈTRES — VOIES DE TERRE	NOMBRE de CAMIONNAGES	LIEUX des CHANGEMENTS DE VOIE OU DE WAGON
Saint-Jean-Pied-de-Port (suite)	Tours	545	60	1	Bayonne et Bordeaux.
	Vincennes	781	60	1	Bayonne et Bordeaux.
	Coutances	»	28	»	
	Saint-Maixent	385	92	1	Bayeux, Caen, Argentan et Le Mans
	Saint-Mihiel	564	34	»	Bayeux, Paris et Commercy.
	Saint-Omer	600	35	1	Bayeux et Paris.
	Sées	54	92	1	Bayeux, Caen et Argentan.
	Tarascon	1033	35	1	Bayeux et Paris.
	Toul	589	35	1	Bayeux et Paris.
	Toulon	1133	100	»	Bayeux, Paris et Marseille.
	Toulouse	833	92	1	Bayeux, Caen, Argentan, Le Mans et Bordeaux.
	Tours	229	92	1	Bayeux, Caen, Argentan et Le Mans
Saint-Lô	Troyes	406	62	1	Bayeux et Paris.
	Tulle	670	124	»	Bayeux, Paris et Limoges.
	Valence	887	35	1	Bayeux et Paris.
	Vannes	»	238	»	
	Vendôme	180	150	»	Bayeux, Caen, Argentan Le Mans et Château-du-Loir.
	Vernon	237	35	1	Bayeux.
	Versailles	286	35	1	Bayeux et Paris.
	Vesoul	650	35	1	Bayeux et Paris.
	Vienne	813	35	1	Bayeux et Paris.
	Vierzon	473	35	1	Bayeux et Paris.
	Villers	529	35	1	Bayeux, Paris et Reims.
	Vincennes	269	35	1	Bayeux.
	Sampigny	685	»	2	Paris.
	Saint-Mihiel	685	19	1	Paris et Commercy.
	Stenay	650	56	1	Paris, Reims et Mézières.
	Strasbourg	892	»	2	Paris.
	Tarbes	450	99	1	Bordeaux et Mont-de-Marsan.
	Thionville	809	»	2	Paris.
	Toul	710	»	2	Paris.
	Toulon	976	65	1	Bordeaux, Cette et Marseille.
	Toulouse	549	»	2	Bordeaux.
Saint-Maixent	Tours	156	»	2	
	Tulle	317	101	1	Perigueux.
	Valence	843	»	2	Le Guétin et Lyon.
	Verdun	685	54	1	Paris et Commercy.
	Vernon	470	»	2	Paris.
	Versailles	407	»	2	Paris.
	Vesoul	771	»	2	Paris.
	Vienne	769	»	2	Le Guétin et Lyon.
	Villers	630	»	2	Paris et Reims.
	Vincennes	390	»	2	
	Saint-Mihiel	669	89	»	Rennes, Paris et Commercy.
	Toul	694	70	1	Rennes et Paris.
	Toulon	1198	135	»	Rennes, Le Mans, Le Guétin, Lyon et Marseille.
Saint-Malo	Tours	261	70	1	Rennes et Le Mans.
	Vendôme	212	128	»	Rennes, Le Mans et Château-du-Loir
	Villers	634	70	1	Rennes, Paris et Reims.
	Vincennes	374	70	1	Rennes.

LIEUX DE DÉPART	DESTINATIONS	DISTANCES EN KILOMÈTRES		NOMBRE de CHANGEMENTS	LIEUX des CHANGEMENTS DE VOIE OU DE WAGON
		VOIES DE FER	VOIES DE TERRE		
Saint-Maurice	Dax	»	56	»	
	Saint-Mihiel	1026	37	1	Mont-de-Marsan, Bordeaux, Paris et Commercy.
	Tarbes	»	89	»	
	Toul	1051	18	1	Mont-de-Marsan, Bordeaux et Paris
	Toulouse	405	18	1	Mont-de-Marsan et Bordeaux.
	Villers	991	18	1	Mont-de-Marsan, Bordeaux, Paris et Reims.
	Vincennes	731	18	1	Mont-de-Marsan et Bordeaux.
St-Médard-en-Jalle (Poudrerie.)	Tarbes	448	112	»	Bordeaux et Mont-de-Marsan.
	Toulon	684	78	»	Bordeaux, Cette et Marseille.
	Toulouse	257	13	1	Bordeaux.
	Tours	347	13	1	Bordeaux.
	Tulle	128	114	»	Bordeaux et Périgueux.
	Vincennes	583	13	1	Bordeaux.
Saint-Mihiel	Stenay	»	81	»	
	Toul	36	19	1	Commercy.
	Toulon	875	84	»	Commercy, Gray, Dijon et Marseille
	Toulouse	1107	19	1	Commercy, Gray, Dijon et Cette
	Troyes	263	19	1	Commercy.
	Valence	629	19	1	Commercy, Gray et Dijon.
	Verdun	»	35	»	
	Vesoul	285	19	1	Commercy.
	Vienne	555	19	1	Commercy, Gray et Dijon.
	Villers	271	19	1	Commercy et Reims.
	Vincennes	285	19	1	Commercy.
	Vouges (poudrerie)	278	19	1	Commercy et Gray.
Saint-Omer	Helfaut	»	6	»	
	Saint-Quentin	189	»	2	Busigny.
	Saint-Venant	»	43	»	
	Sedan	379	22	1	Busigny, Laon et Mézières.
	Toulon	1196	65	1	Busigny, Laon, Reims, Gray, Dijon et Marseille.
	Tulle	738	89	1	Paris et Limoges.
	Valenciennes	131	»	2	
	Verdun	474	54	1	Busigny, Laon, Reims et Commercy
	Vesoul	606	»	2	Busigny, Laon et Reims.
	Villers	379	»	2	Busigny et Laon.
	Vincennes	337	»	2	
	Wissembourg	730	»	2	Busigny, Laon et Reims.
Saint-Palais	Dax	51	53	1	Bayonne.
Saint-Ponce	Saint-Quentin	191	»	2	Laon.
	Thionville	396	»	2	Reims.
	Toul	297	»	2	Reims.
	Toulon	993	65	1	Reims, Gray, Dijon et Marseille.
	Toulouse	1100	»	2	Reims, Paris et Bordeaux.
	Tours	497	»	2	Reims et Paris.
	Valenciennes	290	»	2	Laon et Busigny.

LIEUX DE DÉPART	DESTINATIONS	DISTANCES EN KILOMÈTRES — VOIES DE FER	DISTANCES EN KILOMÈTRES — VOIES DE TERRE	NOMBRE de CANTONNEMENTS	LIEUX des CHANGEMENTS DE VOIE OU DE WAGON
Saint-Ponce (suite)	Verdun	»	106	»	
	Versailles	277	»	2	Reims et Paris.
	Vincennes	260	»	2	Reims.
	Vitry-le-Français	182	»	2	Reims.
	Wissembourg	527	»	2	Reims.
Saint-Quentin	Toulon	1003	65	1	Laon, Reims, Gray, Dijon et Marseille.
	Toulouse	1014	»	2	Paris et Bordeaux.
	Tours	408	»	2	Paris.
	Valenciennes	99	»	2	Busigny.
	Vervins	»	54	»	
	Vincennes	171	»	2	
Saint-Servan	Dol	»	22	»	
Saint-Tropez	Tarascon	100	157	1	Marseille.
	Toulon	»	92	»	
	Toulouse	428	157	1	Marseille et Cette.
	Valence	246	157	1	Marseille.
	Vincennes	864	157	1	Marseille.
Saint-Venant	Toulon	1079	107	»	Arras, Paris et Marseille.
	Valenciennes	26	49	1	Douai.
	Versailles	232	42	1	Arras et Paris.
	Vincennes	215	42	1	Arras.
Tarascon-sur-Rhône	Tarbes	329	151	1	Cette et Toulouse.
	Tonnerre	568	»	2	
	Toul	800	»	2	Dijon et Gray.
	Toulon	100	65	1	Marseille.
	Toulouse	329	»	2	Cette.
	Tournus	356	»	2	
	Troyes	705	»	2	Dijon et Gray.
	Valence	146	»	2	
	Verdun	775	55	1	Dijon, Gray et Commercy.
	Vienne	221	»	2	
	Villefranche (Rhône)	281	»	2	
	Villers	893	»	2	Dijon, Gray et Reims.
Tarbes	Toul	1054	99	1	Mont-de-Marsan, Bordeaux et Paris
	Toulon	428	216	»	Toulouse, Cette et Marseille.
	Toulouse	»	151	»	
	Tours	495	99	1	Mont-de-Marsan et Bordeaux.
	Tulle	276	200	»	Mont-de-Marsan, Bordeaux et Périgueux.
	Vendôme	553	131	»	Mont-de-Marsan, Bordeaux et Blois
	Verdun	1026	153	»	Mont-de-Marsan, Bordeaux, Paris et Commercy.
	Vernon	811	99	1	Mont-de-Marsan, Bordeaux et Paris
	Versailles	748	99	1	Mont-de-Marsan, Bordeaux et Paris
	Visens (Le)	»	20	»	

LIEUX DE DÉPART	DESTINATIONS	DISTANCES EN KILOMÈTRES		NOMBRE de TRANSBORDEMENTS	LIEUX des CHANGEMENTS DE VOIE OU DE WAGON
		VOIES DE FER	VOIES DE TERRE		
Tarbes (suite).	Villers	991	99	1	Mont-de-Marsan, Bordeaux, Paris et Reims.
	Vincennes	731	99	1	Mont-de-Marsan et Bordeaux.
Thann	Thionville	351	«	2	
	Toul	366	«	2	
	Vesoul	129	«	2	
	Vitry-le-Français	351	«	2	
	Wissembourg	185	«	2	
Theux (Forges) (Ardennes.)	Vincennes	260	«	2	Reims.
Thionville	Toul	99	«	2	
	Toulon	899	65	1	Gray, Dijon et Marseille.
	Vendôme	599	32	1	Paris et Blois.
	Verdun	34	65	1	Metz.
	Vesoul	346	«	2	
	Villers	396	«	2	Reims.
	Vincennes	419	«	2	
	Vitry-le-Français	215	«	2	
	Wissembourg	282	«	2	
Tonneins	Toulouse	161	«	2	
	Tours	544	«	2	Bordeaux.
	Varennes	898	«	2	Bordeaux et Le Guétin.
	Vierzon	639	«	2	Bordeaux.
	Villeneuve-d'Agen	«	34	«	
Tonnerre	Tournus	212	«	2	
	Troyes	24	57	1	Saint-Florentin.
	Valence	416	«	2	
	Vienne	342	«	2	
	Villefranche (Rhône)	282	«	2	
Toul	Toulon	900	65	1	Gray, Dijon et Marseille.
	Tours	557	«	2	Paris.
	Troyes	289	«	2	
	Tulle	721	89	1	Paris et Limoges.
	Valenciennes	414	«	2	Reims, Laon et Busigny.
	Verdun	96	54	1	Commercy.
	Vernon	466	«	2	Paris.
	Vienne	580	«	2	Gray et Dijon.
	Villers	297	«	2	Reims.
	Vincennes	320	«	2	
	Vitry-le-Français	115	«	2	
	Wissembourg	281	«	2	
Toulon	Toulouse	528	65	1	Marseille et Cette.
	Tours	937	65	1	Marseille, Lyon et Le Guétin.
	Troyes	865	65	1	Marseille, Dijon et Gray.

LIEUX DE DÉPART	DESTINATIONS	DISTANCES EN KILOMÈTRES		NOMBRE de transbordements	LIEUX des transbordements de voie ou de wagon
		voies de fer	voies de terre		
Toulon (suite)	Tulle	624	205	»	Marseille, Lyon et Clermont-Ferrand.
	Uzès	126	87	»	Marseille et Nîmes.
	Valence	256	65	1	Marseille.
	Valenciennes	1167	65	1	Marseille, Dijon, Gray, Reims, Laon et Busigny.
	Vannes	1168	151	»	Marseille, Lyon, Le Guétin et Savenay.
	Vendôme	880	97	»	Marseille, Lyon, Le Guétin et Blois.
	Verdun	875	119	»	Marseille, Dijon, Gray et Commercy.
	Vernon	954	65	1	Marseille et Paris.
	Versailles	881	65	1	Marseille et Paris.
	Vesoul	787	65	1	Marseille, Dijon et Gray.
	Vidauban	»	63	»	
	Vienne	320	65	1	Marseille.
	Vincennes	864	65	1	Marseille.
	Vonges (poudrerie)	597	65	1	Marseille et Dijon.
	Voulte (La) (forges)	246	85	»	Marseille et Valence.
	Wissembourg	959	65	1	Marseille, Dijon et Belfort.
Toulouse	Tours	604	»	2	Bordeaux.
	Troyes	1067	»	2	Bordeaux et Paris.
	Tulle	51	195	1	Montauban.
	Valence	475	»	2	Cette.
	Valenciennes	1117	»	2	Bordeaux et Paris.
	Verdun	1167	54	1	Cette, Dijon, Gray et Commercy.
	Vernon	926	»	2	Bordeaux et Paris.
	Vienne	549	»	2	Cette.
	Villefranche-de-Lauragais	33	»	2	
	Villefranche (Aveyron)	155	»	2	Montauban.
	Villefranche (Rhône)	615	»	2	Cette.
	Vincennes	846	»	2	Bordeaux.
	Voulte (La) (forges)	475	20	1	Cette et Valence.
Tournus	Troyes	250	»	2	Dijon et Gray.
	Valence	204	»	2	
	Vienne	139	»	2	
	Villefranche (Rhône)	70	»	2	
Tours	Troyes	404	»	2	Paris.
	Tulle	395	89	1	Limoges.
	Valence	691	»	2	Le Guétin et Lyon.
	Valenciennes	513	»	2	Paris.
	Vannes	235	76	1	Savenay.
	Varennes	364	»	2	Le Guétin.
	Vendôme	56	32	1	Blois.
	Vernon	317	»	2	Paris.
	Versailles	254	»	2	Paris.
	Vierzon	196	»	2	
	Villers	497	»	2	Paris et Reims.
	Vincennes	237	»	2	
	Vitry-le-Français	542	»	2	Paris.
	Wissembourg	787	»	2	Paris.

LIEUX DE DÉPART	DESTINATIONS	DISTANCES EN KILOMÈTRES		NOMBRE de TRANSBORDEMENTS	LIEUX des CHANGEMENTS DE VOIE OU DE WAGON
		VOIES DE FER	VOIES DE TERRE		
Trédion (forges) (Morbihan)	Brest	»	230	»	
	Concarneau	»	119	»	
	Port-Louis	»	72	»	
	Quiberon	»	64	»	
	Rennes	»	92	»	
	Vannes	»	20	»	
Troyes	Tulle	568	89	1	Paris et Limoges.
	Valence	559	»	2	Gray et Dijon.
	Valenciennes	456	»	2	Paris.
	Vendôme	347	32	1	Paris et Blois.
	Verdun-sur-Meuse	263	54	1	Commercy.
	Versailles	190	»	2	Paris.
	Vesoul	215	»	2	
	Vienne	485	»	2	Gray et Dijon.
	Villers	379	»	2	Reims.
	Vincennes	167	»	2	
	Vitry-le-François	199	»	2	
	Vonges (poudrerie)	268	»	2	Gray.
Tulle	Ussel	»	61	»	
	Uzerche	»	36	»	
	Uzès	350	216	»	Montauban, Cette et Nîmes.
	Valence	378	143	1	Clermont-Ferrand et Lyon.
	Valenciennes	673	89	1	Limoges et Paris.
	Vannes	639	165	»	Limoges et Savenay.
	Vendôme	359	121	»	Limoges et Blois.
	Vernon	461	89	1	Limoges et Paris.
	Versailles	418	89	1	Limoges et Paris.
	Vierzon	201	89	1	Limoges.
	Vincennes	401	89	1	Limoges.
	Vitry-le-François	606	89	1	Limoges et Paris.
	Wissembourg	951	89	1	Limoges et Paris.
Valence	Valenciennes	861	»	2	Dijon, Gray, Reims, Laon et Busigny
	Vans (Les)	213	39	1	Alais.
	Verdun	629	54	1	Dijon, Gray et Commercy.
	Versailles	635	»	2	Paris.
	Vesoul	491	»	2	Dijon et Gray.
	Vienne	75	»	2	
	Villefranche (Rhône)	135	»	2	
	Vincennes	618	»	2	
	Vonges (poudrerie)	352	»	2	Dijon.
	Voulte (La) (forges)	»	20	»	
Valenciennes	Doullens	61	35	1	Arras.
	Vannes	651	164	1	Paris et Rennes.
	Vendôme	457	32	1	Paris et Blois.
	Verdun	385	54	1	Busigny, Laon, Reims et Commercy
	Vernon	357	»	1	Paris.
	Versailles	294	»	2	Paris.
	Vesoul	547	»	2	Busigny, Laon et Reims.

LIEUX DE DÉPART	DESTINATIONS	DISTANCES EN KILOMÈTRES — Voies de fer	DISTANCES EN KILOMÈTRES — Voies de terre	NOMBRE de cantonnements	LIEUX des changements de voie ou de wagon
Valenciennes (suite)	Villers	290	»	2	Busigny et Laon.
	Vincennes	277	»	2	
	Vitry-le-Français	296	»	2	Busigny, Laon et Reims.
	Wissembourg	631	»	2	Busigny, Laon et Reims.
Varennes-sur-Allier	Vichy	»	25	»	
	Vierzon	168	»	2	Le Guétin.
	Vincennes	370	»	2	Le Guétin.
Vendôme	Verdun	475	86	»	Blois, Paris et Commercy.
	Vernon	260	32	1	Blois et Paris.
	Versailles	197	32	1	Blois et Paris.
	Vesoul	561	32	1	Blois et Paris.
	Villers	440	32	1	Blois, Paris et Reims.
Verdun	Vesoul	285	54	1	Commercy.
	Vienne	555	54	1	Commercy, Gray et Dijon.
	Vonges (poudrerie)	278	54	1	Commercy et Gray.
	Vernon	375	54	1	Commercy et Paris.
	Versailles	312	54	1	Commercy et Paris.
	Villers	»	105	»	
	Vitry-le-Français	90	54	1	Commercy.
	Wissembourg	256	54	1	Commercy.
Vernon	Versailles	97	»	2	Paris.
	Vienne	624	»	2	Paris.
	Villers	340	»	2	Paris et Reims.
	Vincennes	80	»	2	
	Yvetot	90	»	2	
Versailles	Dijon	332	»	2	Paris.
Vesoul	Vienne	417	»	2	Gray et Dijon.
	Villers	403	»	2	Reims.
	Vonges (poudrerie)	150	»	2	Gray.
Vienne	Villefranche (Rhône)	66	»	2	
	Villers	673	»	2	Dijon, Gray et Reims.
	Villeurbanne	31	»	2	
	Vonges (poudrerie)	278	»	2	Dijon.
Vincennes	Paris	»	8	»	
	Wissembourg	556	»	2	
	Vitry-le-Français	205	»	2	
	Vonges (poudrerie)	363	»	2	Dijon.
	Voulte (La) (forges)	618	20	1	Valence.
	Yvetot	178	»	2	

LIEUX DE DÉPART	DESTINATIONS	DISTANCES EN KILOMÈTRES		NOMBRE de CAMIONNAGES	LIEUX des CHANGEMENTS DE VOIE OU DE WAGON
		VOIE DE FER	VOIE DE TERRE		
Vitry-le-Français	Vonges (poudrerie)	214	»	2	Gray.
	Wissembourg	345	»	2	
Vonges (poudrerie)	Pontaillier (Côte-d'Or)	»	1	»	
	Wissembourg	394	»	2	Belfort.
Zinswiller (Forges) (Bas-Rhin.)	Thionville	248	18	1	Haguenau.
	Vincennes	517	15	1	Haguenau.

SERVICE DES ILES

Nota. — L'entreprise n'est point chargée des transports du continent aux îles. Son service s'arrête aux ports maritimes d'embarquement. Tout transport au delà doit faire l'objet d'une convention spéciale avec le fonctionnaire de l'intendance du port d'embarquement.

Les distances des lieux d'expédition aux ports d'embarquement se trouvent dans l'état des distances.

ILES	PORTS D'EMBARQUEMENT
Ile-d'Aix (Charente-Inférieure)......	Rochefort.
Ile-de-Batz (Finistère)...........	Roscoff.
Belle-Ile (Morbihan).............	Lorient. Port-Louis. Quiberon.
Ile-de-Borgamon (Var)..........	Toulon.
Ile-de-Bréhat (Côtes-du-Nord)......	Paimpol.
Château-d'If (Bouches-du-Rhône)..	Marseille.
Ile-Chaussey (Manche)...........	Granville.
Ile-Dieu (Vendée)..................	Barre-des-Monts. Beauvoir-sur-Mer. Les Sables-d'Olonne.
Ile-Dumet (Morbihan)............	Le Croisic. Guérande.
Ile-des-Embiers (Var)..........	La Seyne. Toulon.
Ile-d'Enet (Charente-Inférieure)....	Rochefort.
Ile-des-Glénans (Finistère)......	Concarneau.
Ile-de-Groix (Morbihan)..........	Lorient. Port-Louis.
Ile-d'Hoedic (Morbihan)..........	Le Croisic. Lorient. Port-Louis. Quiberon.
Ile-d'Houat (Morbihan)............	Le Croisic. Lorient. Port-Louis. Quiberon.
Iles-de-Lérins (Var)...............	Cannes.
Ile-de-Molène (Finistère).........	Conquet (Le).
Ile-aux-Moines (Côtes-du-Nord)..	Perros-Guirec.
Ile-aux-Moines (Morbihan)......	Vannes.
Ile-de-Noirmoutiers (Vendée)...	Barre-des-Monts. Beauvoir-sur-Mer.
Ile-d-Oléron (Charente-Inférieure).	Rochefort.

ILES	PORTS D'EMBARQUEMENT	ILES	PORTS D'EMBARQUEMENT
Iles-d'Ouessant (Finistère).......	Conquet (Le).	**Sept-Iles (Les)** (Côtes-du-Nord)....	Perros-Guirec.
Ile-du-Pilier (Vendée)...........	Barre-des-Monts. Beauvoir-sur-Mer.	**Ile-Saint-Marcouf** (Manche)....	Carentan. St-Waast-la-Hougue.
Ile-de-Porquerolles (Var)......	Toulon.	**Ile-Sainte-Marguerite** (Var)...	Cannes.
Ile-de-Port-Cros (Var)..........	Toulon.	**Ile-Saint-Michel** (Morbihan)......	Lorient. Port-Louis.
Ile-de-Ré (Charente-Inférieure)......	La Rochelle.	**Ile-de-Tatihou** (Manche)........	Carentan. St-Waast-la-Hougue.
Ile-de-Sein (Finistère)............	Audierne. Brest.		

CORSE

LIEUX DE DÉPART	DESTINATIONS	DISTANCES en kilomètres — VOIES DE TERRE	ITINÉRAIRES
Ajaccio	Bastia	151	Bocognano, Vivario et Corte.
	Bastelica	40	Cauro.
	Bocognano	40	Carasy.
	Bonifacio	139	Petreto et Sartène.
	Calvi	180	Corte, Ponte-Leccia et Muro.
	Cauro	16	
	Casaglione	30	
	Cervione	163	Bocognano et Corte.
	Chiavari	96	Sartène.
	Corte	84	Bocognano et Vivario.
	Evisa	70	Vico.
	Guagno	63	Sarrola et Vico.
	Guitera	50	
	Ile-Rousse	157	Corte et Ponte-Leccia.
	Olmeto	63	Petreto-Bicchisano.
	Petreto-Bicchisano	59	Cauro.
	Piana	67	Sarrola et Vico.
	Propriano	72	Petreto et Olmeto.
	Salice	38	Sarrola.
	Sainte-Lucie-de-Tallano	102	Olmeto et Sartène.
	Sainte-Marie-et-Sicche	35	
	Sari-d'Orcino	50	Sarrola.
	Sarrola	19	
	Sartène	86	Petreto et Olmeto.
	Soccia	66	Sarrola et Vico.
	Vico	52	Sarrola.
	Vivario	61	Bocognano.
	Vizzavona	50	
	Zicavo	52	Sainte-Marie-et-Sicche.
Aleria	Algajola	152	Piedicorte et Ponte-Leccia.
	Bastia	73	Cervione et Vescovato.
	Prunelli	25	
	Rogliano	113	Cervione et Bastia.
Algajola	Bastia	117	Bastia.
	Rogliano	157	
Bastia	Bocognano	111	Corte et Vivario.
	Bonifacio	169	
	Borda	10	
	Borgo	17	
	Brando	12	
	Calvi	121	Ponte-Leccia et Belgodère.
	Campitello	38	Borgo.

LIEUX DE DÉPART	DESTINATIONS	DISTANCES en kilomètres — VOIES DE TERRE	ITINÉRAIRES
Bastia (suite)	Cauro	167	Corte, Bocognano et Ajaccio.
	Cerviene	55	
	Corte	67	Ponte-Leccia.
	Guagno	214	Corte, Ajaccio et Vico.
	Ile-Rousse	114	
	Luri	37	
	Murato	24	
	Nonza	36	
	Oletta	16	
	Piedicorte	88	
	Pietralba	65	
	Pontenova	38	
	Pietra	62	
	Prunelli	76	
	Rogliano	50	
	Saint-Florent	22	
	Santa-Lucia	76	
	Sainte-Lucie-de-Tallano	253	Corte, Ajaccio et Sartène.
	Sainte-Marie-et-Sieche	186	Corte et Ajaccio.
	Santo-Pietro	30	
	Sartène	237	Corte, Ajaccio et Olmeto.
	Ucciani	125	
	Venzolasca	29	
	Vescovato	30	
	Vico	203	Corte, Ajaccio et Sarrola.
	Vivario	90	Ponte-Leccia et Corte.
	Vizzavona	121	Corte, Vavario et Bocognano.
Bocognano	Bonifacio	179	Ajaccio et Sartène.
	Corte	45	Vivario.
	Guagno	103	Ajaccio, Sarrola et Vico.
	Vivario	21	
	Vizzanova	10	
Bonifacio	Calvi	319	Sartène, Ajaccio, Corte et Ponte-Leccia.
	Chiavari	335	Ajaccio.
	Corte	223	Sartène, Ajaccio et Bocognano.
	Guagno	202	Sartène, Ajaccio et Vico.
	Ile-Rousse	316	Ajaccio et Ponte-Leccia.
	Monaccia	24	
	Sartène	54	
	Vico	191	Sartène, Ajaccio et Sarrola.
Calvi	Corte	95	Muro et Ponte-Leccia.
	Guagno	243	Muro, Ponte-Leccia, Ajaccio et Vico.
	Ile-Rousse	23	
	Saint-Florent	136	
	Sartène	266	Ponte-Leccia, Ajaccio et Olmeto.
	Vico	232	Ponte-Leccia, Ajaccio et Sarrola.
Cervione	Corte	79	
	Guagno	226	Corte, Ajaccio et Vico.
	Olmetto	226	Corte, Ajaccio et Petreto-Bicchisano.

LIEUX DE DÉPART	DESTINATIONS	DISTANCES en kilomètres — VOIES DE TERRE	ITINÉRAIRES
Cervione (suite)	Sartène	259	Corte, Ajaccio et Olmeto.
	Vico	215	Corte, Ajaccio et Sarrola.
Corte	Guagno	147	Bocognano, Ajaccio et Vico.
	Ile-Rousse	73	Ponte-Leccia.
	Novale	38	
	Orezza	45	
	Piedicorte de Gaggio	78	
	Piedicroce	57	
	Pietrapola	89	
	Prunelli	55	
	Puzzichello	66	
	Sartène	179	Bocognano, Ajaccio et Olmeto.
	Vezzani	32	
	Vico	136	Bocognano, Ajaccio et Sarrola.
	Vizzavona	54	
Guagno (Bains)	Ile-Rousse	220	Ajaccio, Corte et Ponte-Leccia.
	Olmeto	126	Ajaccio et Petreto-Bicchisano.
	Petreto-Bicchisano	112	Ajaccio et Cauro.
	Propriano	135	Ajaccio et Olmeto.
	Sainte-Marie-et-Sicche	98	Ajaccio.
	Sartène	159	Ajaccio et Olmeto.
	Vico	11	
Ile-Rousse	Olmeto	226	Corte et Ajaccio.
	Petreto-Bicchisano	206	Corte et Ajaccio.
	Propriano	229	Corte, Ajaccio et Olmeto.
	Saint-Florent	140	
	Sainte-Marie-et-Sicche	192	Corte et Ajaccio.
	Sartène	253	Corte, Ajaccio et Olmeto.
	Vico	209	Corte et Ajaccio.
Olmeto	Petreto-Bicchisano	14	
	Piana	130	Ajaccio et Vico.
	Propriano	10	
	Sartène	23	
	Soccia	129	Ajaccio et Vico.
	Vico	115	Ajaccio.
Petreto-Bicchisano	Piana	116	Ajaccio et Vico.
	Propriano	23	Olmeto.
	Sarrola	68	Ajaccio.
	Sartène	37	Olmeto.
	Soccia	115	Ajaccio et Vico.
	Sainte-Lucie-de-Tallano	53	Olmeto et Sartène.
	Vico	101	Ajaccio et Sarrola.
Piana	Propriano	139	Vico, Ajaccio et Olmeto.
	Sarrola	48	Vico.

LIEUX DE DÉPART	DESTINATIONS	DISTANCES EN [illegible] — VOIES DE TERRE	ITINÉRAIRES
Piana (suite)	Sartène	153	Ajaccio et Olmeto.
	Sainte-Lucie-de-Tollano	169	Ajaccio et Sartène.
	Sainte-Marie-et-Sicche	102	Ajaccio.
	Vico	15	
Porto-Vecchio	Propriano	110	Sartène et Olmeto.
	Salice	202	Sartène et Ajaccio.
	Sartène	78	
	Sarrola	183	Sartène et Ajaccio.
	Soccia	230	Sartène, Ajaccio et Vico.
	Sainte-Lucie-de-Tollano	94	Sartène.
	Vico	216	Sartène, Ajaccio et Sarrola.
	Vivario	225	Sartène, Ajaccio et Bocognano.
Propriano	Sarrola	91	Olmeto et Ajaccio.
	Sartène	32	Olmeto.
	Sainte-Lucie-de-Tollano	48	Olmeto et Sartène.
	Vico	124	Olmeto et Ajaccio.
Prunelli-di-Fiumorbo	Sartène	206	Corte et Ajaccio.
	Sainte-Lucie-de-Tollano	222	Corte, Ajaccio et Sartène.
	Sainte-Marie-et-Sicche	155	Corte et Ajaccio.
	Vescovato	46	Cervione.
	Vico	172	Corte et Ajaccio.
Rogliano	Salice	229	Bastia, Corte, Ajaccio et Sarrola.
	Sarrola	210	Bastia, Corte et Ajaccio.
	Sartène	277	Bastia, Ajaccio et Olmeto.
	Soccia	237	Bastia, Ajaccio et Vico.
	Sainte-Lucie-de-Tollano	293	Bastia, Ajaccio et Sartène.
	Sainte-Marie-et-Sicche	226	Bastia, Corte et Ajaccio.
	Vescovato	70	Bastia.
	Vivario	130	Bastia et Corte.
Salice	Sarrola	19	
	Sartène	124	Ajaccio et Olmeto.
	Sainte-Lucie-de-Tollano	140	Ajaccio et Sartène.
	Sainte-Marie-et-Sicche	73	Ajaccio.
	Zicavo	99	Ajaccio et Sainte-Marie-et-Sicche.
Sartène	Chiavari	75	
	Levie	70	
	Soccia	152	Olmeto, Ajaccio et Vico.
	Sainte-Lucie-de-Tollano	16	
	Vico	138	Olmeto, Ajaccio et Sarrola.
	Vivario	147	Olmeto, Ajaccio et Bocognano.
Saint-Florent	Sainte-Lucie-de-Tollano	275	Bastia, Ajaccio et Sartène.
	Sainte-Marie-et-Sicche	208	Bastia et Ajaccio.

LIEUX DE DÉPART	DESTINATIONS	DISTANCES EN kilomètres — VOIES DE TERRE	ITINÉRAIRES
Saint-Florent (suite)	Venzolasca	51	Bastia.
	Vescovato	52	Bastia.
	Vico	225	Bastia, Corte, Ajaccio et Sarrola.
	Vivario	112	Bastia et Corte.
Sainte-Lucie-de-Tallano	Vico	154	Sartène, Ajaccio et Sarrola.
	Vivario	163	Sartène, Ajaccio et Bocognano.

ERRATA

Page 51. — Calais à Mézières, supprimer ce changement à Reims.

Id. Cambray à Mézières. id. id.

Page 65. — Cherbourg à Rouen, au lieu de 395, », 2. *Lisez* : 228, 26, 2. Pont-l'Évêque, Honfleur et le Havre.

Page 123. — Lyon à Périgueux, au lieu de 953, », 2, Le Guétin. *Lisez* : 583, 95, 1. Le Guétin et Limoges.

Page 133. — Mézières à Phalsbourg, au lieu de 404 (voies de fer). *Lisez* : 409.

6060 Paris. — Impr. Renou et Maulde, r. de Rivoli, 144.

NOTICE

POUR SERVIR

A L'APPLICATION DE L'ÉTAT DES DISTANCES

Les distances qui n'ont pas été indiquées directement dans l'ordre alphabétique de l'État, doivent être composées au moyen des distances des points intermédiaires entre le lieu de départ et celui de destination, en suivant sur la carte des postes la voie la plus économique pour le décompte, en deniers des distances.

Il faut ajouter au décompte en deniers des distances indiquées dans cet État, 1° 10 kilomètres de roulage ordinaire pour chaque camionnage; 2° 6 kilomètres de roulage ordinaire pour la traversée de Lyon aux expéditions passant de la ligne de Genève sur une autre, et *vice versâ*, et pour la traversée de Bordeaux aux expéditions qui passent de la gare d'Orléans à celle du Midi et *vice versâ*.

La traversée de Paris, pour les expéditions qui passent d'une ligne sur une autre par le chemin de Ceinture, donne lieu à une allocation de 10 kilomètres de fer, à ajouter aux distances portées sur l'État. Cette allocation est augmentée de 6 kilomètres pour celles de ces expéditions qui passent sur la ligne de l'Ouest, route de Bretagne, à destination de

Versailles et au delà, ainsi que pour celles qui, venant de ces points, traversent Paris pour passer sur une autre ligne. Cette augmentation résulte de ce que la rive gauche (Montparnasse), sur laquelle les distances totales de cette ligne ont été calculées, n'est pas reliée au chemin de Ceinture, et qu'en conséquence il y a nécessité absolue de prendre la rive droite pour le trajet entre Versailles et Paris, dont la distance est de 23 kilomètres au lieu de 17 qui ont été comptés par la rive gauche.

Il est bien entendu que cette augmentation n'est point applicable aux expéditions dont Paris est le point de départ ou de destination.

Les transports dont le trajet total du point de départ à celui d'arrivée est au-dessous de 10 kilomètres, sont décomptés pour 10 kilomètres.

Les transports dont le point de départ est situé dans un rayon de 10 kilomètres de la gare qui doit les recevoir pour les expédier, n'ont droit à aucune allocation de roulage pour ce parcours, qui est considéré comme un camionnage. Il en est de même pour la gare d'arrivée lorsque la distance de cette gare au point de destination ne dépasse pas 10 kilomètres. Ces camionnages ont été compris dans l'État des distances.

Au delà de 10 kilomètres, les allocations de roulage ont lieu selon les règles générales du traité, tant pour le décompte que pour le calcul des délais.

La voie de terre, en Corse, est décomptée à 70 centimes par kilomètre et par tonne.

Les transports de poudres à vitesse accélérée seront décomptés aux prix fixés par la décision ministérielle du 7 août 1856.

Il est alloué un supplément de 50 pour 100 au décompte en deniers, pour les colis ou masses indivisibles, d'un poids supérieur à 3,000 kilogrammes, mais n'excédant pas 7,500 kilogrammes.

Les délais seront calculés sur le nombre total de kilomètres à parcourir du point de départ à celui de destination suivant les indications portées en l'État des distances, et d'après les conditions de parcours obligatoires fixées par l'article 23 du traité pour les *maxima* de poids qui y sont déterminés.

On ajoutera à ce calcul les délais stipulés par l'article 24 du traité pour l'enlèvement et la livraison, et un jour pour chaque changement de voie ou de wagon indiqué par l'État des distances.

Lorsque les ordres de transport délivrés le même jour, dans la même place, présenteront par l'addition de leurs poids un total supérieur aux *maxima* fixés par l'article 23 du traité, il sera ajouté aux délais de ces expéditions un jour de supplément par *maxima* ou fraction de *maxima* en excédant, et cet excédant sera en conséquence reporté sur les jours suivants.

Tout transport arrivé à la destination indiquée par l'ordre et y recevant une nouvelle destination, donne droit au camionnage d'arrivée et à celui de départ pour la réexpédition, s'il y a lieu, dans l'un et l'autre cas, ainsi qu'aux délais d'enlèvement et de remise à destination, comme s'il s'agissait d'un nouvel ordre de transport. Le décompte du parcours et des délais est établi en conséquence d'une manière distincte pour chaque trajet. Toutefois, si le transport était en exécution par voie de fer et si le contre-ordre était donné avant le déchargement de l'expédition dans la gare et pour suivre une autre direction par voie de fer, il serait accordé seulement un délai supplémentaire d'un jour.

Le présent État des distances sera appliqué *ne varietur* au décompte des transports de la guerre à partir du 1er trimestre 1859, jusqu'à l'expiration du traité en cours d'exécution, quelles que soient les modifications qui seraient apportées dans les lignes de fer depuis l'établissement du 4e État rectificatif; mais sous la réserve de la rectification des erreurs matérielles reconnues de concert avec les Compagnies dans les chiffres portés au présent État général et dans les itinéraires reconnus moins économiques, ainsi que les erreurs ou omissions dans l'indication des changements de voie ou de wagon.

Approuvé le présent État des distances et la Notice qui y fait suite.

Paris, le 14 Avril 1859.

LE MARÉCHAL DE FRANCE,
MINISTRE SECRÉTAIRE D'ÉTAT DE LA GUERRE,

Signé : **VAILLANT.**

2361 Paris. — Imp. Renou et Maulde, 144, rue de Rivoli.

www.ingramcontent.com/pod-product-compliance
Ingram Content Group UK Ltd.
Pitfield, Milton Keynes, MK11 3LW, UK
UKHW020555180726
13838UKWH00001B/267